| 严格依据全新
| 考试大纲组织编写

2018

基金从业资格考试专用教材

ZHENGQUAN TOUZI JIJIN JICHU ZHISHI

证券投资基金基础知识

基金从业资格考试研究中心 编

中国商业出版社

图书在版编目（CIP）数据

证券投资基金基础知识/基金从业资格考试研究中心编.—北京：中国商业出版社，2017.11
基金从业资格考试专用教材
ISBN 978-7-5208-0130-0

Ⅰ.①证… Ⅱ.①基… Ⅲ.①证券投资－投资基金－资格考试－自学参考资料 Ⅳ.①F830.91

中国版本图书馆 CIP 数据核字(2017)第 289354 号

责任编辑　朱丽丽

中国商业出版社出版发行
010—63180647　www.c-cbook.com
(100053　北京广安门内报国寺 1 号)
新华书店经销
三河市华润印刷有限公司
★ ★ ★ ★
787 毫米×1092 毫米　16 开　13.5 印张　336 千字
2017 年 11 月第 1 版　　2017 年 11 月第 1 次印刷
定价：49 元
★ ★ ★ ★
（如有印装质量问题可更换）

前言

基金从业资格考试由中国证券投资基金业协会组织举办。该考试采取闭卷、计算机考试方式进行。考试题型均为单选题，每科题量为100道，每题分值为1分，总分100分，60分为合格线。

为了适应基金从业资格考试的新要求、新变化，更好地满足广大考生的需求，帮助广大考生准确理解和掌握最新考试大纲的有关内容，我们组织了一批长期从事基金从业资格考试教学研究并具有丰富理论和实践知识的专家和老师，依据中国证券投资基金业协会最新发布的《基金从业资格考试大纲》（2017年修订版）的要求，精心编写了本册《证券投资基金基础知识》教材。在编写过程中作者紧贴最新考试大纲，精益求精。在教材内容上，突出了以"内容为王，品质最优"的指导思想，结合了最新的基金从业资格考试发展趋势及工作要求，力求推陈出新；在教材结构上，力求层级分明，脉络清晰。与市面上的其他同类图书相比，本册教材具有以下特色：

※ 双色印刷——提高阅读舒适度

本册教材的主要框架结构采用蓝色印刷，既使各标题层级分明，也使考生阅读更加舒适。

※ 本章概览——明确章节学习重点

在每章的开篇部分列明了本章包含的主要知识，方便考生了解章节结构，明确学习重点。

※ 知识结构——熟悉章节知识主干结构

将每章的主要知识点以框架图的形式罗列出来，层次清晰，便于考生在学习本章之前对本章的主要内容做到心中有数，便于识记。

※ 标注重点——一套带有现成笔记的通关教材

在编写过程中，编者分析整理了近年来的考试真题，将教材中的常考点、重点用"＿＿＿"一一画出，帮助考生分清主次轻重，快速掌握考试重点，准确把握复习方向，有针对性地学习。另外，对于一些需要特别注意的内容，以"注意"版块呈现；对于与考点相关联的、可能会在考试中考查的内容，以"拓展链接"版块呈现。

※ 扫码听课——直击重难点，实力助考

针对部分考试重难点，教材中配以环球网校名师录制的微课。学生通过扫码听课，可以在老师的带领下透彻研究考试重难点，使备考达到事半功倍的效果。

※ **图表归纳——条理化烦琐知识点，高效备考**

对于庞杂的知识点，利用图表进行归纳汇总，使得烦琐的知识点变得系统条理化，简单易学。

※ **学练结合——巩固考点，强化记忆**

在高频考点之后配以"考点回顾"，实现理论与实战相结合，使考生对各知识点的考查频率、命题形式及常考的关键词句一目了然，帮助考生快速掌握考试重点，抓住命题规律和趋势，准确把握复习方向。

虽然编者一再精益求精，但由于水平和时间有限，书中难免存在疏漏与不足之处，敬请广大考生和读者斧正。最后，衷心地祝愿广大考生能够考出好的成绩，顺利过关！

基金从业资格考试研究中心

目录 CONTENTS

第一章　投资管理基础

本章概览 ……………………………………………………………… 1
知识结构 ……………………………………………………………… 2
第一节　财务报表 …………………………………………………… 3
第二节　财务报表分析 ……………………………………………… 5
第三节　货币的时间价值与利率 …………………………………… 8
第四节　常用描述性统计概念 ……………………………………… 10

第二章　权益投资

本章概览 ……………………………………………………………… 15
知识结构 ……………………………………………………………… 16
第一节　资本结构 …………………………………………………… 17
第二节　权益类证券 ………………………………………………… 18
第三节　股票分析方法 ……………………………………………… 27
第四节　股票估值方法 ……………………………………………… 31

第三章　固定收益投资

本章概览 ……………………………………………………………… 35
知识结构 ……………………………………………………………… 36
第一节　债券与债券市场 …………………………………………… 37
第二节　债券价值分析 ……………………………………………… 41
第三节　货币市场工具 ……………………………………………… 47

第四章　衍生工具

本章概览 ……………………………………………………………… 53
知识结构 ……………………………………………………………… 54

· 1 ·

第一节	衍生工具概述	55
第二节	远期合约和期货合约	57
第三节	期权合约	61
第四节	互换合约	65

第五章 另类投资

本章概览		67
知识结构		68
第一节	另类投资概述	69
第二节	私募股权投资	70
第三节	不动产投资	73
第四节	大宗商品投资	75

第六章 投资管理流程与投资者需求

本章概览		77
知识结构		78
第一节	投资管理流程	79
第二节	投资者类型和特征	79
第三节	投资者需求和投资政策说明书	81
第四节	基金公司投资管理架构	83

第七章 投资组合管理

本章概览		85
知识结构		86
第一节	现代投资组合理论	87
第二节	资本市场理论	93
第三节	被动投资和主动投资	98
第四节	资产配置和投资组合构建	103

第八章 投资交易管理

本章概览		107
知识结构		108
第一节	证券市场的交易机制	109

第二节　交易执行 ·· 112

第三节　基金公司投资交易管理 ·· 115

第九章　投资风险的管理与控制

本章概览 ··· 117

知识结构 ··· 118

第一节　投资风险的类型 ··· 119

第二节　投资风险的测量 ··· 121

第三节　不同类型基金的风险管理 ·· 125

第十章　基金业绩评价

本章概览 ··· 133

知识结构 ··· 134

第一节　基金业绩评价概述 ··· 135

第二节　绝对收益与相对收益 ·· 135

第三节　业绩归因 ·· 139

第四节　基金主动管理能力、业绩持续性和风格分析 ······························ 140

第五节　基金业绩评价业务体系 ·· 142

第六节　全球投资业绩标准 ··· 142

第十一章　基金的投资交易与结算

本章概览 ··· 145

知识结构 ··· 146

第一节　基金参与证券交易所二级市场的交易与结算 ···························· 147

第二节　银行间债券市场的交易与结算 ··· 154

第三节　海外证券市场投资的交易与结算 ··· 161

第十二章　基金的估值、费用与会计核算

本章概览 ··· 165

知识结构 ··· 166

第一节　基金资产估值 ··· 167

第二节　基金费用 ·· 173

第三节　基金会计核算 ··· 174

第四节　基金财务会计报告分析 ································ 176

第十三章　基金的利润分配与税收

本章概览 ·· 179

知识结构 ·· 180

第一节　基金利润及利润分配 ·· 181

第二节　基金税收 ·· 183

第十四章　基金国际化的发展概况

本章概览 ·· 187

知识结构 ·· 188

第一节　海外市场发展 ·· 189

第二节　中国基金国际化发展 ·· 196

投资管理基础

本章共包含四个小节。

第一节主要讲述了资产负债表、利润表和现金流量表三大报表的概念和作用。

第二节主要讲述了常见的财务比率（4类）和杜邦分析法。

第三节主要讲述了货币时间价值的概念，终值、现值和贴现的概念及计算，利息率、名义利率和实际利率的概念，单利与复利终值现值的计算，即期利率与远期利率的概念和区别。

第四节主要讲述了随机变量概念、分布、数字特征与描述性统计量，正态分布和相关系数。

知 识 结 构

- **投资管理基础**
  - **财务报表**
    - 资产负债表
      - 资产、负债、所有者权益
    - 利润表
      - 收入、费用、利润
    - 现金流量表
      - 经营/投资/筹资活动产生的现金流量
  - **财务报表分析**
    - 财务比率分析
      - 流动性比率、财务杠杆比率、运营效率比率、盈利能力比率
    - 杜邦分析法
      - 杜邦恒等式
  - **货币的时间价值与利率**
    - 终值：$FV=PV\times(1+i)^n$
    - 现值：$PV=FV/(1+i)^n$
    - 费雪方程式：实际利率i_r=名义利率i_n−通货膨胀率p
    - 即期利率与远期利率
  - **常用描述性统计概念**
    - 随机变量
      - 期望（均值）、方差、标准差、分位数、中位数
    - 正态分布
      - 中间高两边低
    - 相关系数
      - 等于1/等于−1/大于−1小于1

第一节 财务报表

财务报表按照财务会计准则定期编制，将企业一定期间内的会计事项做一系列的汇总表示，用以显示企业实际的财务状况和经营业绩优劣。

财务报表主要包括资产负债表、利润表和现金流量表三大报表，此外还有所有者权益变动表（股东权益变动表）。根据上述三大财务报表的信息，投资者可以了解企业财务状况，计算财务比率，分析企业的营运状况、价值和风险特征。

一、资产负债表

（一）资产负债表的概念

扫码听课

资产负债表，也称企业的"第一会计报表"，反映了企业在特定时点（如会计季末、半年末或会计年末）的财务状况，即资产、负债和所有者权益的状况，是企业经营管理活动结果的集中体现。

通过分析企业的资产负债表，能够了解企业资产要素的信息、长期或短期偿还债务能力、资本结构是否合理、企业经营稳健与否或经营风险的大小以及股东权益结构状况等。

（二）资产负债表的基本逻辑关系

根据会计恒等式，资产负债表的基本逻辑关系可以表述为：

$$资产 = 负债 + 所有者权益$$

资产表示企业拥有或控制的，以及被其他企业所欠的各种资源或财产。负债表示企业所应支付的所有债务。所有者权益，又称股东权益或净资产，是指企业总资产中减去负债后所余下的部分，表示企业的资产净值，即在清偿各种债务以后，企业股东所拥有的资产价值。

所有者权益的构成见表1-1。

表1-1　所有者权益的构成

构成	内容
股本	按照面值计算的股本金
资本公积	包括股票发行溢价、法定财产重估增值、接受捐赠资产、政府专项拨款转入等
盈余公积	分为法定盈余公积和任意盈余公积
未分配利润	企业留待以后年度分配的利润或待分配利润

（三）资产负债表的作用

资产负债表的基本作用包括：①资产负债表列出了企业占有资源的数量和性质；②资产负债表上的资源为企业分析收入来源性质及其稳定性提供了基础；③资产负债表的资产项可以揭示企业资金的占用情况，负债项则说明企业的资金来源和财务状况，有利于投资者分析企业长期债务或短期债务的偿还能力，以及是否存在财务困难及违约风险等；④资产负债表可以为收益把关。

二、利润表

（一）利润表的概念

利润表，也称损益表，反映一定时期（如一个会计季度或会计年度）的总体经营成果，揭示企业财务状况发生变动的直接原因。

利润表是一个动态报表，反映企业在一定时间内的业务经营状况，直接明了地揭示企业获取利润的能力以及经营趋势。

（二）利润表的构成

利润表由三个主要部分构成：①营业收入；②与营业收入相关的生产性费用、销售费用和其他费用；③利润。利润表的基本结构是收入减去成本和费用等于利润。

（三）利润表分析

利润表分析是指分析企业如何组织收入、控制成本费用支出以实现盈利的能力，用于评价企业的经营绩效。同时，还可以通过收支结构和业务结构分析，评价各部类业绩成长对企业总盈余的贡献度。通过对利润表的分析，可直接了解企业的盈利状况和获利能力，并通过收入、成本和费用的分析，解析企业获利能力高低的原因，进而评价企业是否具有可持续发展能力。由于企业盈余水平的高低是资本市场投资的基准"风向标"，因此投资者应高度关注利润表反映的企业盈利水平及其变化。

在评价企业的整体业绩时，重点在于企业的净利润，即息税前利润（EBIT）减去利息费用和税费。这其实是从普通股股东的角度去评价公司业绩。投资者若需要预测企业未来盈余和现金流量，则重点分析持续性经营利润。企业盈余稳定增长是推动股价上升的持续动力。

三、现金流量表

（一）现金流量表的概念

现金流量表，也称账务状况变动表，所表达的是在特定会计期间内，企业现金（包含现金等价物）的增减变动等情形。现金流量表是以收付实现制（实际现金流入和现金流出）为基础编制的，而非以权责发生制为基础编制的。

（二）现金流量表的作用

现金流量表的作用包括：①反映企业的现金流量，评价企业未来产生现金净流量的能力；②评价企业偿还债务、支付投资利润的能力，谨慎判断企业财务状况；③分析净收益与现金流量间的差异，并解释差异产生的原因；④通过对现金投资与融资、非现金投资与融资的分析，全面了解企业财务状况；⑤分析现金流量表，有助于投资者估计今后企业的偿债能力、获取现金的能力、创造现金流量的能力和支付股利的能力。

（三）现金流量表的构成

现金流量表的基本结构分为三部分，具体内容见表1-2。

表1-2 现金流量表的构成

构成	内容
经营活动产生的现金流量（CFO）	与生产商品、提供劳务、缴纳税金等直接相关的业务所产生的现金流量
投资活动产生的现金流量（CFI）	包括为正常生产经营活动投资的长期资产以及对外投资所产生的股权与债权
筹资（也称融资）活动产生的现金流量（CFF）	反映的是企业长期资本（股票和债券、贷款等）筹集资金状况

注意

现金流量表的三部分现金流加总则得到净现金流(NCF),其公式为:NCF=CFO+CFI+CFF。

第二节 财务报表分析

一、财务报表分析概述

财务报表分析是指通过对企业财务报表相关财务数据进行解析,挖掘企业经营和发展的相关信息,从而为评估企业的经营业绩和财务状况提供帮助。财务报表分析是基金投资经理或研究员进行证券分析的重要内容。通过财务报表分析,可以挖掘相关财务信息,进而发现企业存在的问题或潜在的投资机会。

二、财务比率分析

财务比率分析是指用财务比率来描述企业财务状况、盈利能力以及资产流动性的分析方法。财务比率通过不同的会计数据计算形成,通常以比值的形式出现。这种计算方法消除了企业规模的影响,既可以用来比较不同行业、不同规模企业之间的财务状况,也可以用来比较同一企业的各期财务变动情况。

(一)流动性比率

1. 流动性比率的概念

流动性比率是用来衡量企业的短期偿债能力的比率,旨在分析短期内企业在不使财务状况恶化的前提下,利用手中持有的流动资产偿还短期负债的能力大小。该比率重点关注的是企业的流动资产和流动负债。

企业的流动资产主要包括现金及现金等价物、应收票据、应收账款和存货等资产。它们能够在短期内快速变现,因而流动性很强。流动负债是指企业要在一年或一个营业周期内偿付的各类短期债务,主要包括短期借款、应付票据、应付账款等。流动资产和流动负债的一个共同特征是由于存续期较短,它们的市场价值与账面价值通常较接近。

2. 流动性比率的分类

常用的流动性比率主要有流动比率和速动比率两种,具体内容见表1-3。

表1-3 流动性比率的分类

类型	内容
流动比率	公式为:$$流动比率=\frac{流动资产}{流动负债}$$ 流动比率可以看成是流动资产对于流动负债的覆盖率。流动比率大于1,意味着企业可以运用流动资产的变现来足额偿付其短期债务,这是企业的短期债权人所希望看到的。对于短期债权人来说,流动比率越高越好,因为越高意味着他们收回债款的风险越低;但对于企业来说并不是这样,因为流动资产的收益率较低,这部分资产比重过大势必影响到企业的经营获利或者投资盈利状况
速动比率	公式为:$$速动比率=\frac{流动资产-存货}{流动负债}$$ 速动比率不会大于流动比率,相对于流动比率来说,速动比率对于短期偿债能力的衡量更加直观可信。一般来说,速动比率大于2时,企业才能维持较好的短期偿债能力和财务稳定状况。流动资产的内部转换不会改变流动比率,但可能改变速动比率

(二) 财务杠杆比率

财务杠杆比率是分析企业偿债能力的风险指标，衡量的是企业长期偿债能力。由于企业的长期负债与企业的资本结构即使用的财务杠杆有关，所以称为财务杠杆比率。常用的财务杠杆比率见表1-4。

表1-4 常用的财务杠杆比率

类型	内容
资产负债率	资产负债率是负债总额（包括短期负债和长期负债）占总资产的比例，其公式为：$$资产负债率=\frac{负债}{资产}$$ 资产负债率是使用频率最高的债务比率。资产负债率多大最为合适是难以精确计算决定的。资产负债率在同行业企业的比较中有较大的参考价值，在其余情况下，应该根据企业具体的资本结构与价值关系，遵循适中原则进行判断
权益乘数和负债权益比	权益乘数和负债权益比是由资产负债率衍生出来的两个重要比率，其公式分别为：$$权益乘数=\frac{资产}{所有者权益}=\frac{1}{1-资产负债率}$$ $$负债权益比=\frac{负债}{所有者权益}=\frac{资产负债率}{1-资产负债率}$$ 其中，权益乘数又称为杠杆比率。资产负债率、权益乘数和负债权益比这三个比率都是数值越大，代表财务杠杆比率越高，负债越重
利息倍数	衡量企业对于长期债务利息保障程度的是利息倍数，其公式为：$$利息倍数=\frac{EBIT}{利息}$$ 式中，EBIT是息税前利润。对于债权人来说，利息倍数越高越安全。对于举债经营的企业来说，为了维持正常的偿债能力，利息倍数至少应该为1，并且越高越好。若利息倍数过低，则企业将面临亏损、偿债的稳定性与安全性下降的风险

(三) 营运效率比率

营运效率比率用来体现企业经营期间的资产从投入到产出的流转速度，可以反映企业资产的管理质量和利用效率。营运效率比率可以分成两类：一类是短期比率，主要考察存货和应收账款两部分的使用效率，因为它们是流动资产中的主体部分，又是流动性相对较弱的；另一类是长期比率，主要指的是总资产周转率，考察的是企业账面上所有资产的使用效率。其具体内容见表1-5。

表1-5 营运效率比率的分类

类型	内容
存货周转率	存货周转率显示了企业在一年或者一个经营周期内存货的周转次数。其公式为：$$存货周转率=\frac{年销售成本}{年均存货}$$ $$存货周转天数=\frac{365天}{存货周转率}$$ 存货周转率越大，说明存货销售、变现所用的时间越短，存货管理效率越高 注：年均存货通常是指年期初存货和期末存货的算术平均数
应收账款周转率	应收账款周转率显示了企业在一年或一个经营周期内应收账款的周转次数。其公式为：$$应收账款周转率=\frac{销售收入}{年均应收账款}$$ $$应收账款周转天数=\frac{365天}{应收账款周转率}$$ 应收账款周转率越大，说明应收账款变现、销售收入收回所需的时间越短

类型	内容
总资产周转率	总资产周转率衡量的是一家企业所有资产的使用效率。其公式为：$$总资产周转率 = \frac{年销售收入}{年均总资产}$$ 总资产周转率越大，说明企业的销售能力越强，资产利用效率越高。 注：年均总资产是企业年内期初资产和期末资产的算术平均数

（四）盈利能力比率

企业的盈利能力决定了企业能否在市场上生存和发展下去。评价企业盈利能力的比率主要有：销售利润率（ROS）、资产收益率（ROA）、净资产收益率（ROE）。这三种比率都使用的是企业的年度净利润。其具体内容见表1-6。

表1-6 盈利能力比率的分类

类型	内容
销售利润率	销售利润率是指每单位销售收入所产生的利润，其公式为：$$销售利润率 = \frac{净利润}{销售收入}$$ 一般来说，其他条件不变时，销售利润率越高越好
资产收益率	资产收益率计算的是每单位资产能带来的利润，其公式为：$$资产收益率 = \frac{净利润}{总资产}$$ 资产收益率是应用最为广泛的衡量企业盈利能力的指标之一。资产收益率高，表明企业有较强的利用资产创造利润的能力。资产收益率的特点是它所考虑的净利润仅仅是股东可以获得的利润，而资产却是包括股东资产和债权人资产在内的总资产
净资产收益率	净资产收益率也称权益报酬率，强调每单位的所有者权益能够带来的利润，其公式为：$$净资产收益率 = \frac{净利润}{所有者权益}$$ 净资产收益率衡量的是企业最大化股东财富的能力。净资产收益率高，说明企业利用其自有资本获利的能力强，投资带来的收益高；净资产收益率低则相反

考点回顾 单项选择题

根据A公司2016年的财务数据，其总资产为10亿元，总负债为6亿元，销售收入为8亿元，净利润为1亿元。则A公司2016年的净资产收益率为（　　）。

A. 25%　　　　　　　　　　　　B. 16.7%
C. 12.5%　　　　　　　　　　　D. 10%

【答案】A

【解析】根据净资产收益率的计算公式，净资产收益率＝净利润/所有者权益，所有者权益＝总资产－总负债＝10－6＝4（亿元），所以净资产收益率＝1÷4＝25%。

三、杜邦分析法

（一）杜邦分析法概述

杜邦分析法是一种用来评价企业盈利能力和股东权益回报水平的方法。它主要是利用财务比率之间的关系来综合评价企业的财务状况。杜邦分析法的基本思想是将企业净资产收益率逐级分解为多项财务比率乘积，从而有助于深入分析比较企业的经营业绩。由于这一分析方法最早由美国杜邦公司使用，因此称为杜邦分析法。

（二）杜邦恒等式

净资产收益率是最常用到的评价企业盈利能力的指标，其公式为：

$$净资产收益率 = \frac{净利润}{所有者权益} = \frac{净利润}{总资产} \times \frac{总资产}{所有者权益} = 资产收益率 \times 权益乘数$$

进一步：

$$资产收益率 = \frac{净利润}{总资产} = \frac{净利润}{销售收入} \times \frac{销售收入}{总资产} = 销售利润率 \times 总资产周转率$$

最后得到：

$$净资产收益率 = 销售利润率 \times 总资产周转率 \times 权益乘数$$

通过杜邦恒等式，可以看出一家企业的盈利能力综合取决于企业的销售利润率、使用资产的效率和企业的财务杠杆。这三个方面是相互独立的，因而构成了解释企业盈利能力的三个维度。通过杜邦分析法，公司的管理层既能够方便地找出公司的优点，进而保持竞争优势，也能够找出公司的弱点与制约公司盈利能力增长的问题。

第三节　货币的时间价值与利率

一、货币时间价值的概念

货币时间价值是指货币随着时间的推移而发生的增值。由于货币具有时间价值，即使两笔金额相等的资金，如果发生在不同的时期，其实际价值量也是不相等的，因此，一定金额的资金必须注明其发生时间，才能确切地表达其准确的价值。把某一项投资活动作为一个独立的系统，在计算期内，资金的收入与支出叫作现金流量。其中，资金的支出叫作现金流出，资金的收入叫作现金流入。某一段时间的净现金流量是指该时间段内现金流量的代数和，即：

$$净现金流量 = 现金流入 - 现金流出$$

★**考点回顾** 单项选择题

下列属于货币时间价值的应用的是（　　）。

A. 不要为撒掉的牛奶哭泣
B. 谷贱伤农
C. 卖的比买的精
D. 早收晚付

【答案】D

【解析】货币时间价值是指货币随着时间的推移而发生的增值。由于货币具有时间价值，即使两笔金额相等的资金，如果发生在不同的时期，其实际价值量也是不相等的。D 项中"早"和"晚"体现了时间节点的不同。

二、终值、现值和贴现

终值、现值和贴现的具体内容见表 1-7。

表 1-7　终值、现值和贴现

项目	内容
终值	终值表示的是货币时间价值的概念。已知初投入的现值为 PV，求将来值即第 n 期期末的终值 FV，也就是求第 n 期期末的本利和，年利率为 i。资金的时间价值一般都是按照复利方式进行计算的。所谓复利，是指不仅本金要计利息，利息也要计利息，也就是通常所说的"利滚利"。第 n 期期末终值的一般计算公式为： $$FV=PV\times(1+i)^n$$ 式中，FV 表示终值，即在第 n 年年末的货币终值；n 表示年限；i 表示年利率；PV 表示本金或现值
现值和贴现	现在值即现值，是指将来货币金额的现在价值。由终值的一般计算公式 $FV=PV\times(1+i)^n$ 转换为求 PV，得一次性支付的现值计算公式为： $$PV=\frac{FV}{(1+i)^n}$$ 将未来某时点资金的价值折算为现在时点的价值称为贴现。因此，利率 i 被称为贴现率

三、利息率、名义利率和实际利率

利息率简称利率，是资金的增值同投入资金的价值之比，是衡量资金增值量的基本单位。

利率按债权人取得报酬的情况，可以分为实际利率和名义利率。实际利率是指在物价不变且购买力不变的情况下的利率，或者是指当物价有变化，扣除通货膨胀补偿以后的利息率。名义利率是指包含对通货膨胀补偿的利率，当物价不断上涨时，名义利率比实际利率高。

一般以年为计息周期，通常所说的年利率都是指名义利率。名义利率和实际利率的区别可以用下式（费雪方程式）表示：

$$i_r=i_n-p$$

式中，i_n 为名义利率；i_r 为实际利率；p 为通货膨胀率。

四、单利与复利

（一）单利

单利是计算利息的方法之一。按照这种方法，只要本金在计息周期中获得利息，无论时间多长，所生利息均不加入本金重复计算利息。单利利息的计算公式为：

$$I=PV\times i\times t$$

式中，I 为利息；PV 为本金；i 为年利率；t 为计息时间。

单利终值的计算公式为：

$$FV=PV\times(1+i\times t)$$

单利现值的计算公式为：

$$PV=FV/(1+i\times t)\approx FV\times(1-i\times t)$$

（二）复利

复利是指每经过一个计息期，要将所生利息加入本金再计利息的方法。计息期是指相邻两次计息的时间间隔，除非特别说明，一般计息期为一年。固定收益证券中常常是半年付息一次。复利终值的计算公式为：

$$FV=PV\times(1+i)^n$$

式中，$(1+i)^n$ 称为复利终值系数或 1 元的复利终值，用符号 (FV,i,n) 表示。例如，$(FV,5\%,4)$ 表示利率为 5%，4 期复利终值系数。

根据上述复利终值计算公式可以推算出复利现值的计算公式：

$$PV=\frac{FV}{(1+i)^n}=FV\times(1+i)^{-n}$$

式中，$(1+i)^{-n}$ 称为复利现值系数或 1 元的复利现值，用符号 (PV, i, n) 表示。

五、即期利率与远期利率

即期利率与远期利率的具体内容见表 1-8。

表 1-8　即期利率与远期利率

项目	内容
即期利率	即期利率是指已设定到期日的零息票债券的到期收益率，是金融市场中的基本利率，常用 S_t 表示。它表示的是从现在（$t=0$）到时间 t 的收益。利率和本金都是在时间 t 支付的。对于不同期限的现金流，人们通常采用不同的利率水平进行贴现。这个随期限而变化的利率就是即期利率。通过这一测度过程，就可以得到一条与收益率曲线相似的即期利率曲线
贴现因子	（1）一旦即期利率确定，很自然就要在每一个时间点上定义相应的贴现因子 d_t（$t=1, 2, \cdots, k$）。未来现金流必然通过这些因子成倍折现，以得到相当的现值 （2）贴现因子把未来现金流直接转化为相对应的现值。因此已知任意现金流（$x_0, x_1, x_2, \cdots, x_k$）与相应的市场即期利率，则现值的计算公式是： $$PV = x_0 + d_1 x_1 + d_2 x_2 + \cdots + d_k x_k$$ （3）贴现因子 d_t 的作用就好比时间 k 收到的现金的价格。通过该笔现金流的所有单笔现金用"价格乘以数量"的方法全部加总起来，就可以确定一笔现金流的值 注：贴现因子 $d_t = 1/(1+S_t)^t$，其中 S_t 为即期利率
远期利率	远期利率指的是资金的远期价格，即隐含在给定的即期利率中从未来的某一时点到另一时点的利率水平。具体表示为未来两个日期间借入货币的利率，也可以表示投资者在未来特定日期购买的零息票债券的到期收益率

注意

远期利率和即期利率的区别在于计息日起点不同，即期利率的起点在当前时刻，而远期利率的起点在未来某一时刻。在现代金融分析中，远期利率有着非常广泛的应用，不仅可以预示市场对未来利率走势的期望，一直是中央银行制定和执行货币政策的参考工具，而且在成熟市场中几乎所有利率衍生品的定价都依赖于远期利率。

考点回顾　单项选择题

（　　）是金融市场中的基本利率，常用 S_t 表示。

A. 到期利率　　　B. 远期利率　　　C. 贴现利率　　　D. 即期利率

【答案】D

第四节　常用描述性统计概念

一、随机变量与描述性统计量

（一）随机变量

1. 随机变量的概念

随机变量是指一个能取得多个可能值的数值变量 X。如果一个随机变量 X 最多只能取可数的不同值，则为离散型随机变量；如果 X 的取值无法一一列出，可以取遍某个区间的任意数值，则为连续型随机变量。

2. 随机变量的分布

如果 X 是一个离散型随机变量，则其最多可能取 n 个值 $x_1, x_2, \cdots, x_n$，并且记 $p_i =$

$P\{X=x_i\}$ 是 X 取 x_i 的概率，所有概率的总和 $\sum_{i=1}^{n}p_i=1$。

如果 X 是一个连续型随机变量，由于无法列出 X 取每个特定值的概率，则用概率密度函数来刻画 X 的分布性质。**概率密度函数是用来衡量随机变量 X 取值在特定范围内的函数**，其图像称为概率密度函数曲线，见图 1-1。

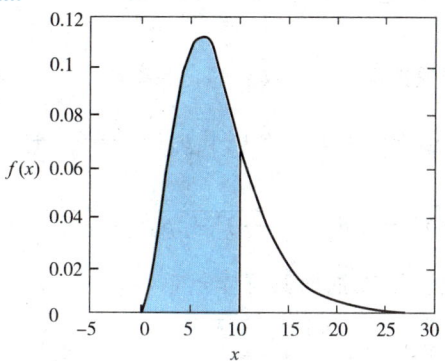

图 1-1　概率密度函数曲线

图 1-1 是某连续型随机变量的概率密度函数曲线，其中的阴影部分面积就是该变量取值在 (0，10] 的概率 $P\{0<X\leqslant 10\}$。

（二）随机变量的数字特征与描述性统计量

我们通常面对的随机变量是未知分布的，无法直接求得其数字特征，因而可以采取抽样的方法来估计它们，即选择 X 的一组样本 $X_1,\cdots,X_n$，然后构造适当的函数 $g(X_1,\cdots,X_n)$ 来作为 X 分布的数字特征的近似值，这样的 $g(X_1,\cdots,X_n)$ 便是描述性统计量。常用的一些数字特征和它们的描述性统计量如下所述。

1. 期望（均值）

随机变量 X 的期望（或称均值）记作 $E(X)$，衡量了 X 取值的平均水平。它是对 X 所有可能取值按照其发生概率大小加权后得到的平均值，用公式可表示为：

$$E(X)=\sum_{i=1}^{n}p_ix_i=p_1x_1+p_2x_2+\cdots+p_nx_n$$

当 X 的分布未知时，可以抽取样本 $X_1,\cdots,X_n$ 的算术平均数（样本均值）$\overline{X}=\dfrac{1}{n}\sum_{i=1}^{n}X_i$ 作为 $E(X)$ 的估计值。

利用随机变量期望的线性性质，可以计算以任意比例分配资金构造资产组合的总体期望收益率。由 n 项资产 $A_1,\cdots,A_n$ 构成资产组合 $A=w_1A_1+\cdots+w_nA_n$，其中 w_i 为投资于资产 A_i 的资金所占总资金的比例，$\sum_{i=1}^{n}w_i=1$；若 A_i 的期望收益率为 r_i，则资产组合 A 的期望收益率 $r=w_1r_1+\cdots+w_nr_n$。

★考点回顾｜单项选择题

A 证券的期望收益率为 10%，B 证券的期望收益率为 20%，A 证券和 B 证券占投资组合的比重分别为 40% 和 60%，则该投资组合的期望收益率为（　　）。

A. 16%　　　　　　B. 30%　　　　　　C. 15%　　　　　　D. 25%

【答案】A

2. 方差与标准差

数据分布越离散，其波动性和不可预测性也就越强。对于投资者而言，他们不仅关心投资的期望收益率，也关心实际收益率相对预期收益率可能有多大的偏差，即该投资回报的风险水平。对于投资收益率 r，通常用方差（σ^2）或者标准差（σ）来衡量它偏离期望值的程度。其中，$\sigma^2 = E[(r - Er)^2]$，它的数值越大，表示投资收益率 r 偏离期望收益率 $Er = \bar{r}$ 的程度越大；反之亦然。

假设从历史数据或者模型模拟得出投资收益率 r 的离散分布，其方差和标准差计算公式为：

$$\sigma^2 = \sum_{i=1}^{n} p_i (r_i - \bar{r})^2 = p_1(r_1 - \bar{r})^2 + p_2(r_2 - \bar{r})^2 + \cdots + p_n(r_n - \bar{r})^2$$

$$\sigma = \sqrt{\sum_{i=1}^{n} p_i (r_i - \bar{r})^2} = \sqrt{p_1(r_1 - \bar{r})^2 + p_2(r_2 - \bar{r})^2 + \cdots + p_n(r_n - \bar{r})^2}$$

对于 r 分布未知的情况，可以抽取其样本 $r_1, r_2, \cdots, r_n$，然后分别用样本方差 $S^2 = \frac{1}{n-1} \sum_{i=1}^{n} (r_i - \bar{r})^2$ 与样本标准差 $S = \sqrt{\frac{1}{n-1} \sum_{i=1}^{n} (r_i - \bar{r})^2}$ 来估计 σ^2 与 σ。

> **注意**
> 方差和标准差除了应用于分析投资收益率，还可以用来研究价格指数、股价指数等的波动情况。

3. 分位数

分位数通常被用来研究随机变量 X 以特定概率（或者一组数据以特等比例）取得大于等于（或小于等于）某个值的情况。

一般来说，设 $0 < \alpha < 1$，随机变量 X 的上 α 分位数是指满足概率值 $P\{X \geq x_\alpha\} = \alpha$ 的数 x_α，下 α 分位数是指满足概率值 $P\{X \leq x_\alpha^*\} = \alpha$ 的数 x_α^*。其统计意义见图 1-2。

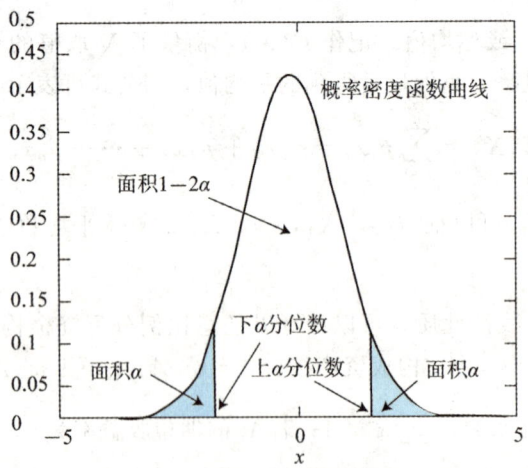

图 1-2 分位数的统计意义

左右两侧的阴影部分面积均为 α，于是变量 X 会以概率 α 取得不超过下 α 分位数的取值，也会以概率 α 取得不小于上 α 分位数的取值。

直接计算 X 的分位数比较困难，尤其是当 X 分布未知时，因此，可以用样本 $X_1, \cdots, X_n$ 来估计分位数。首先，将样本按照数值从小到大排列成 $X_{(1)}, \cdots, X_{(n)}$，然后用样本中第 $n\alpha$ 大的数作为上 α 分位数 x_α，用样本中第 $n\alpha$ 小的数作为下 α 分位数 x_α^*。如果 $n\alpha$ 不是整数，我们就取 $n\alpha$ 相邻两个整数位置的样本值的平均数作为分位数。

4. 中位数

中位数是用来衡量数据取值的中等水平或一般水平的数值。对于随机变量 X 来说，它的中位数就是上 50% 分位数 $x_{50\%}$，这意味着 X 的取值大于其中位数和小于其中位数的概率各为 50%。对于一组数据来说，中位数就是大小处于正中间位置的那个数值。

正是由于中位数能够代表一般水平，因此在基金投资管理领域，经常应用中位数来作为评价基金经理业绩的基准。基金经理的个人回报也往往取决于其管理基金的表现相对于中位数基准有多好。与另一个经常用来反映数据一般水平的统计量——均值相比，中位数的评价结果往往更为合理和贴近实际。

二、正态分布

正态分布是最重要的一类连续型随机变量分布。当一个随机变量的取值受到大量不同因素作用的共同影响，并且单个因素的影响都微不足道的时候，这个随机变量就服从或近似服从正态分布。在金融市场上，以股票为例，当没有任何决定性的消息发布的时候，股价走势很多时候呈现出"随机游走"的特点，这里的"随机游走"就是指股价的波动值服从正态分布。

如果连续型随机变量 X 的概率密度函数曲线见图 1-3，则称 X 服从参数为 (μ, σ^2) 的正态分布，记为 $X \sim N(\mu, \sigma^2)$，其中 μ 是 X 的期望，$\sigma > 0$ 为 X 的标准差。当 $\mu = 0$，$\sigma = 1$，即 $X \sim N(0, 1)$ 时，称 X 服从标准正态分布。

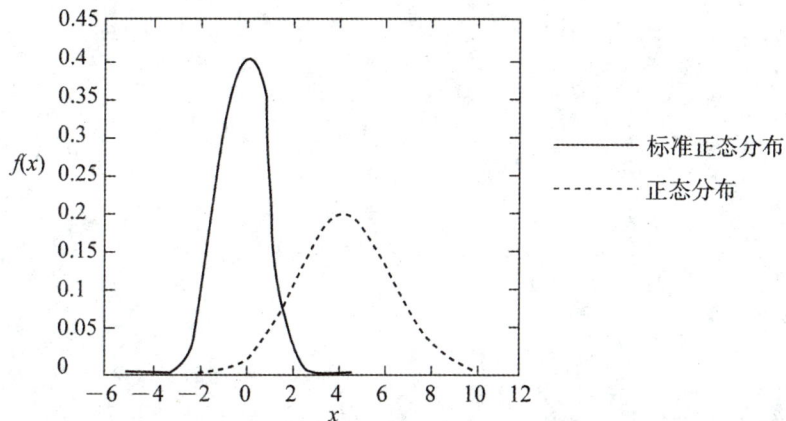

图 1-3 正态分布概率密度函数曲线

正态分布概率密度函数曲线的显著特点是中间高两边低，由中间（$X = \mu$）向两边递减，并且分布左右对称，是一条光滑的"钟形曲线"。

正态分布距离均值越近的地方数值越集中，而在离均值较远的地方数值则很稀疏，这意味着正态分布出现极端值的概率很低，而出现均值附近的数值的概率非常大。同时图像越"瘦"，正态分布集中在均值附近的程度也越大。

检验一个随机变量是否服从正态分布，可以绘制它的样本频率直方图，如果频率直方图呈现出钟形特征，则可认为该变量大致服从正态分布。常用的标准正态分布上分位数见表 1-9。

表 1-9 常用的标准正态分布上分位数

α	50%	10%	5%	2.5%	1%	0.5%	0.25%	0.1%
μ_α	0	1.28	1.65	1.96	2.33	2.58	2.81	3.01

三、随机变量的相关性——相关系数

相关系数是从资产回报相关性的角度分析两种不同证券表现的联动性。通常用 ρ_{ij} 表示证券 i 和证券 j 的收益回报率之间的相关系数。

相关系数的绝对值大小体现两只证券收益率之间相关性的强弱。如果 a 与 b 证券之间的相关系数绝对值 $|\rho_{ab}|$ 比 a 与 c 证券之间的相关系数绝对值 $|\rho_{ac}|$ 大,则说明前者之间的相关性比后者之间的相关性强。

相关系数 ρ_{ij} 总处于 $+1$ 和 -1 之间,亦即 $|\rho_{ij}| \leqslant 1$。若 $\rho_{ij}=1$,则表示 r_i 和 r_j 完全正相关;相反,若 $\rho_{ij}=-1$,则表示 r_i 和 r_j 完全负相关。如果两个变量间完全独立,无任何关系,即零相关,则它们之间的相关系数 $\rho_{ij}=0$。

通常情况下,两只证券收益率完全相关和零相关的情形都不会出现,其相关系数往往是区间 $(-1, 1)$ 中的某个值,即 $0<|\rho_{ij}|<1$,这种情况称为两者不完全相关。当 $0<\rho_{ij}<1$ 时,r_i 与 r_j 正相关,其中一个数值的增加(降低)往往意味着另一个数值的增加(降低)。而当 $-1<\rho_{ij}<0$ 时,r_i 与 r_j 负相关,其中一个数值的增加(降低)往往意味着另一个数值的降低(增加)。

权益投资

本章共包含四个小节。

第一节主要讲述了资本结构的概念、资本类型和比较、最优资本结构。

第二节主要讲述了股票、存托凭证、可转换债券和权证的概念、特征、种类与基本要素,以及不同种类权益资产的风险收益特征和影响公司在外发行股本的行为。

第三节主要讲述了股票基本面分析和技术分析的概念与区别。

第四节主要讲述了内在估值法与相对估值法的概念、各类模型与区别。

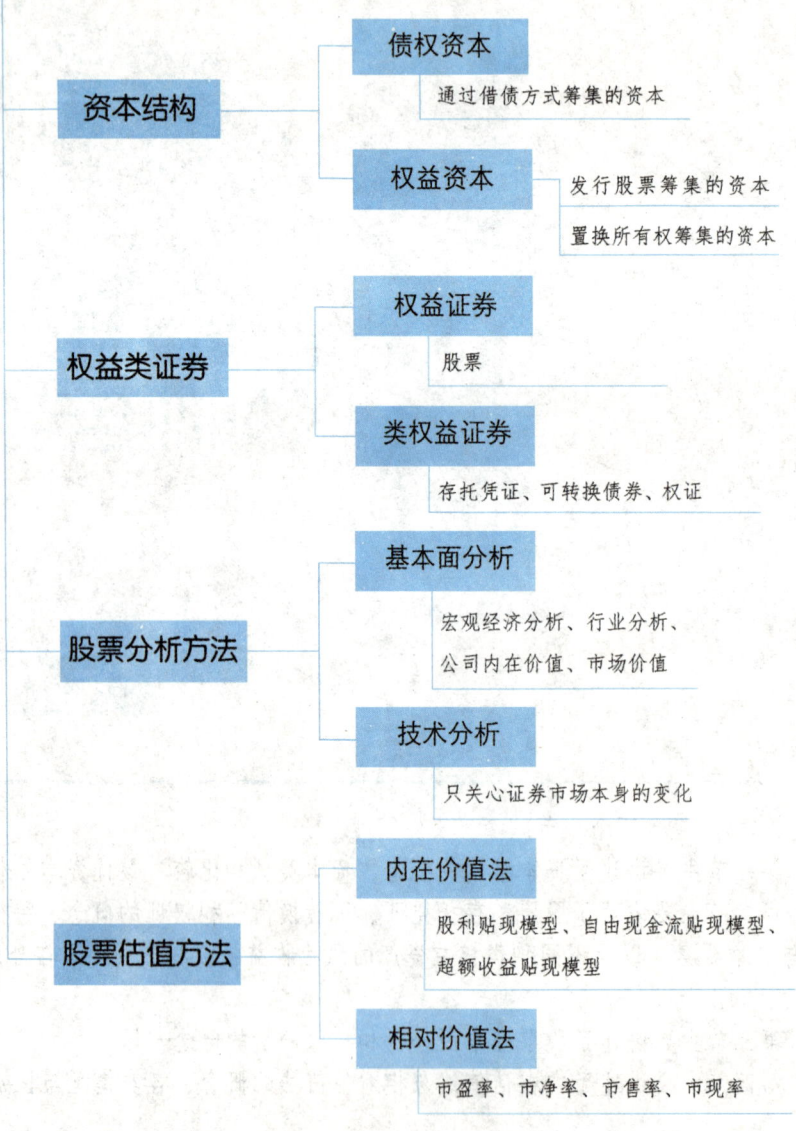

第一节 资本结构

一、资本结构概述

(一) 资本结构的概念

资本结构是指企业资本总额中各种资本的构成比例。最基本的资本结构是债权资本和权益资本的比例,通常用债务股权比率或资产负债率表示。有负债的公司被称为杠杆公司。一家拥有100%权益资本的公司被称为无杠杆公司,因为它没有债权资本。

(二) 资本的类型

资本分为债权资本和权益资本,具体内容见表2-1。

表2-1 资本的类型

类型	内容
债权资本	债权资本是通过借债方式筹集的资本。公司向债权人(如银行、债券持有人及供应商等)借入资金,定期向他们支付利息,并在到期日偿还本金。利息的高低与公司经营的风险相关。经营状况稳健的公司支付较低的利息,而风险较高的公司则需要支付较高的利息
权益资本	(1) 权益资本是通过发行股票或置换所有权筹集的资本。与债权资本不同的是,权益资本在正常经营情况下不会偿还给投资人。公司可能发行不同类型的权益证券来筹集资本 (2) 普通股和优先股是两种最主要的权益证券。普通股是股份有限公司发行的一种基本股票,代表公司股份中的所有权份额,其持有者享有股东的基本权利。股东凭借股票可以获得公司的分红,参加股东大会并对特定事项进行投票。优先股和普通股一样都代表对公司的所有权,同属权益证券。但优先股是一种特殊股票,它的优先权主要在于:持有人分得公司利润的顺序先于普通股,在公司解散或破产清偿时先于普通股获得剩余财产。优先股的股息率往往是事先规定好的、固定的,它不因公司经营业绩的好坏而有所变动

(三) 各类资本的比较

1. 现金流量权与投票权

公司债权方对公司事务没有表决权,但有权要求公司按期支付利息且到期归还本金。

普通股股东可以选出董事,组成董事会以代表他们监督公司的日常运行;董事会选聘公司的经理,由经理负责公司日常的经营管理。经理拥有对公司大部分业务的决策权,无须经过董事会的同意。但对于一些重大事务的决定,如公司合并、分立、解散等则需要股东投票表决通过。普通股股东有分配盈余及剩余财产的权利,但分配多少股利取决于公司的经营成果、再投资需求和管理者对支付股利的看法。

优先股没有到期期限,无须归还股本,每年有一笔固定的股息,相当于永久年金(没有到期期限)的债券,但其股息一般比债券利息要高一些。优先股一般情况下不享有表决权,但其享有对公司盈利和剩余财产的优先分配权。

不同类型证券的现金流量权和投票权不一样,具体内容见表2-2。

表2-2 不同类型证券的现金流量权和投票权

证券	现金流量权	投票权
普通股	按公司表现和董事会决议获得分红	按持股比例投票
优先股	获得固定股息	无
债券	获得承诺的现金流(本金+利息)	无

2. 清偿顺序

债权资本是一种借入资本，代表了公司的合约义务，因此债券持有者/债权人拥有公司资产的最高索取权。公司解散或破产清算时，公司的资产在不同证券持有者中的清偿顺序如下：债券持有者先于优先股股东，优先股股东先于普通股股东。

3. 风险和收益特征

不管公司盈利与否，公司债权人均有权获得固定利息且到期收回本金；而股权投资者只有在公司盈利时才可获得股息。在面临清算时，债权投资的清偿顺序先于股权投资，当剩余价值不够偿还权益资本时，股东只能收回一部分投资；更严重的是，可能损失所有投资。因此，股权投资的风险更大，要求更高的风险溢价，其收益应该高于债权投资的收益。

★ 考点回顾 | 单项选择题

公司资产在不同证券持有者中享有不同的清偿顺序，享有公司资产的最高索取权的是（   ）。
A. 优先股股东　　　　　　　　B. 普通股股东
C. 债券持有者　　　　　　　　D. 实际控股人
【答案】C

二、最优资本结构

1958 年，莫迪利亚尼和米勒提出关于资本结构与企业价值之间关系的莫迪利亚尼—米勒定理，简称 MM 定理。该定理认为，在不考虑税、破产成本、信息不对称并且假设在有效市场中，企业价值不会因为企业融资方式改变而改变。也就是说，不论公司选择发行股票还是债券，或采用不同的红利政策，都不会影响企业价值。因此 MM 定理也被称为资本结构无关原理。MM 定理的前提是无摩擦环境的资本市场条件，即资本自由进出、平等地获得信息、不存在交易成本和税收等，这些假设显然与经济现实不符。

为了使 MM 定理更能够揭示现实经济，莫迪利亚尼和米勒放松了没有企业所得税的假设，对 MM 定理进行了修正，认为企业可以运用避税政策，通过改变企业的资本结构来改变企业的市场价值，即企业发行债券或获取贷款越多，企业市场价值越大。20 世纪 70 年代，学术界提出对负债带来的收益与风险进行适当平衡来确定企业价值的权衡理论，认为随着企业债务增加而提高的经营风险和可能产生的破产成本会增加企业的额外成本，而最佳的资本结构应当是负债和所有者权益之间的一个均衡点，这一均衡点就是最佳负债比率。

第二节　权益类证券

公司发行的权益类证券主要包括权益证券和类权益证券，常见的有股票、存托凭证、可转换债券和权证。

一、股票

（一）股票的概念

股票是股份有限公司发行的，用以证明投资者的股东身份，并据以获取股息和红利的凭证。股票一经发行，购买股票的投资者即成为公司的股东。

（二）股票的特征

股票的特征见表2-3。

表2-3　股票的特征

特征	内容
收益性	收益性是股票最基本的特征，它是指持有股票可以为持有人带来收益的特性。股票的收益主要有：①股息和红利；②资本利得
风险性	风险性是指持有股票可能产生经济利益损失的特性。股票风险的内涵是预期收益的不确定性。股票可能给股票持有者带来收益，但这种收益是不确定的，股东能否获得预期的股息红利收益，完全取决于公司的盈利情况。股票的市场价格也会受公司的盈利水平、市场利率、宏观经济状况、政治局势等各种因素的影响而变化，如果股价下跌，则股票持有者会因股票贬值而蒙受损失
流动性	流动性是指股票可以依法自由地进行交易的特征。股票持有人虽然不能直接从股份公司退股，但可以在股票市场上很方便地卖出股票来变现，在收回投资（可能大于或小于原出资额）的同时，将股票所代表的股东身份及其各种权益让渡给受让者
永久性	永久性是指股票所载有权利的有效性是始终不变的，因为它是一种无期限的法律凭证。股票的有效期与股份公司的存续期间相联系，两者是并存的关系。这种关系实质上反映了股东与股份公司之间稳定的经济关系
参与性	参与性是指股票持有人有权参与公司重大决策的特性。股票持有人作为股份公司的股东，有权出席股东大会，通过选举公司董事来实现其参与权。不过，股东参与公司重大决策的权利大小取决于其持有股票数额的多少，如果某股东持有的股票数额达到决策所需的有效多数时，就能实质性地影响公司的经营方针

（三）股票的价值与价格

1. 股票的价值

股票的价值见表2-4。

表2-4　股票的价值

类型	内容
票面价值	股票的票面价值又称面值，即在股票票面上标明的金额。该种股票被称为有面额股票。股票的票面价值在初次发行时有一定参考意义。以面值发行称为平价发行，此时公司发行股票募集的资金等于股本的总和。发行价格高于面值称为溢价发行，募集的资金大于股本的总和，其中等于面值总和的部分记入股本，超额部分记入资本公积
账面价值	股票的账面价值又称股票净值或每股净资产，是每股股票所代表的实际资产的价值。在没有优先股的条件下，每股账面价值根据公司净资产除以发行在外的普通股票的股数求得。公司的净资产是公司营运的资本基础。在盈利水平相同的前提下，账面价值越高，股票的收益越高，股票就越有投资价值。因此，账面价值是股票投资价值分析的重要指标，在计算公司的净资产收益率时也有重要的作用
清算价值	股票的清算价值是公司清算时每一股份所代表的实际价值。理论上，股票的清算价值应与账面价值一致，但实际上并非如此。只有当清算时的资产实际出售额与财务报表上反映的账面价值一致时，每一股的清算价值才会和账面价值一致。但在公司清算时，其资产往往只能压低价格出售，再加上必要的清算费用，故大多数公司股票的清算价值低于其账面价值
内在价值	股票的内在价值即理论价值，是指股票未来收益的现值。股票的内在价值决定股票的市场价格，股票的市场价格总是围绕其内在价值波动

2. 股票的价格

股票的价格见表2-5。

表 2-5　股票的价格

类型	内容
理论价格	从理论上说，股票价格应由其价值决定，但股票本身并没有价值。股票之所以有价格，是因为它代表收益的价值，即能给它的持有者带来股息红利。股票交易实际上是对未来收益权的转让买卖，股票价格就是对未来收益的评定。股票及其他有价证券的理论价格是根据现值理论而来的。将股票的未来值按市场利率和有效期限折算成今天的价值，即为股票的现值
市场价格	股票的市场价格一般是指股票在二级市场上买卖的价格。股票的市场价格由股票的价值决定，但同时受着许多其他因素的影响。其中，供求关系是最直接的影响因素，其他因素都是通过作用于供求关系而影响股票价格的

（四）股票的类型

根据股东权利分类，股票可以分为普通股和优先股。

1. 普通股

普通股，即公司通常发行的无特别权利的股票，是最主要的权益类证券。普通股股东享有股东的基本权利，概括起来为收益权和表决权。其具体内容见表 2-6。

表 2-6　普通股股东享有的基本权利

权利	内容
收益权	收益权是指普通股股东享有公司盈余和剩余财产的分配权。普通股股东有权按照实缴的出资比例分配股利，但普通股股东只有在公司支付债息和优先股股息之后才能分配股利。普通股的股利不固定，它是根据公司净利润的多少来决定的，完全随公司盈利的变化而变化
表决权	表决权是指普通股股东享有决定公司一切重大事务的决策权。股东的表决权是通过股东大会来行使的，通常是每一股份的股东享有一份表决权，即所谓的"一股一票"。但有些公司出于不想稀释控制权的考虑，会发行一些有收益权但没有表决权的股票

2. 优先股

优先股是一种相对普通股而言有某种优先权利（优先分配股利和剩余资产）的特殊股票。优先股的股息率是固定的。在公司盈利和剩余财产的分配顺序上，优先股股东先于普通股股东，但是优先股股东的权利是受限制的，一般无表决权。优先股通常有一个规定的票面价值，并按照票面价值支付一定比例的股息。根据公司是否要补发盈利不足时未发的优先股股息，优先股可分为累积优先股和非累积优先股。其具体内容见表 2-7。

表 2-7　优先股的类型

类型	内容
累积优先股	累积优先股通常承诺一个固定的股息，任何未支付的股息可以累积起来，在普通股持有人收到股息前，由以后财会年度的盈利一起付清
非累积优先股	非累积优先股是指只能按当年盈利分取股息的优先股股票。如果当年公司经营不善而不能分取股息，则未分的股息不能予以累积，以后也不能补付，但是任何时期的股息都应在普通股股东收到股息之前予以支付

3. 普通股和优先股的风险收益比较

优先股在分配股利和清算时剩余财产的索取权优先于普通股，因而风险较低。此外，固定的股息收益也降低了优先股的风险。然而，优先股的收益也因此被限定为固定的股息收益，当公司盈利多时，相比普通股而言，优先股获利更少。

因为普通股在分配股利及清算时剩余财产的索取权都在优先股之后，因此被认为风险较高。然而，普通股股东享有对剩余利润的要求权意味着其有较高的潜在收益率。当公司运营良好时，普通股股东可以获得丰厚的收益，而优先股股东只能取得固定的股息。因此，相比于优先股，普通股具有较高风险和较高收益的特征。

二、存托凭证

（一）存托凭证的概念

存托凭证是指在一国证券市场上流通的代表外国公司有价证券的可转让凭证。存托凭证一般代表外国公司股票。

（二）存托凭证的种类

存托凭证起源于20世纪20年代的美国证券市场，由J.P.摩根首创。它包括美国存托凭证、全球存托凭证、欧洲存托凭证、中国香港存托凭证和中国台湾存托凭证。

全球存托凭证（GDRs）的发行地既不在美国，也不在发行公司所在国家，而是大多数在伦敦证交所和卢森堡证交所进行交易，通常以美元计价。

美国存托凭证（ADRs）是以美元计价且在美国证券市场上交易的存托凭证。ADRs是最主要的存托凭证，其流通量最大。按基础证券发行人是否参与存托凭证的发行，美国存托凭证可分为无担保的存托凭证和有担保的存托凭证。无担保的存托凭证是指存券银行不通过基础证券发行公司，直接根据市场需求和自有基础证券的数量自行向投资者发行的存托凭证，目前已经很少应用。有担保的存托凭证是由发行公司委托存券银行发行的。根据交易能力和对基础证券公司要求的不同，有担保的ADRs可分为一级、二级、三级公募ADRs和144A规则下的私募ADRs。其具体内容见表2-8。

表2-8 有担保的ADRs的类型

	一级公募ADRs	二级公募ADRs	三级公募ADRs	144A私募ADRs
美国证券交易委员会登记的要求	有	有	有	有
美国会计准则	无须符合	部分符合	完全符合	无须符合
交易地点	场外交易市场	纽约证券交易所、纳斯达克交易所和美国证券交易所	纽约证券交易所、纳斯达克交易所和美国证券交易所	私下
在美国募集资金的能力	没有	没有	有	有
公司上市的费用	低	高	高	低

（三）存托凭证的作用

对发行人来说，发行存托凭证可以扩大市场容量，增强筹资能力；对于投资者来说，购买存托凭证可以规避跨国投资的风险（如汇率风险）。

三、可转换债券

（一）可转换债券的概念和特征

可转换债券的概念和特征见表2-9。

表2-9 可转换债券的概念和特征

项目	内容
概念	可转换债券，简称可转债，是指在一段时期内，持有者有权按照约定的转换价格或转换比率将其转换成普通股股票的公司债券。可转换债券是一种混合债券，它既包含了普通债券的特征，也包含了权益特征，还具有相应于标的股票的衍生特征

续表

项目	内容
特征	（1）可转换债券是含有转股权的特殊债券。在转股前，它是一种公司债券，有规定的期限和利率，体现了公司和可转债持有者之间的债权债务关系；在转股后，它变成了股票，可转债持有者变成公司股东，体现所有权关系 （2）可转换债券有双重选择权。对于投资者来说，拥有转股权，可自行选择是否转股，可转换债券是一种较低债息收益和转股权组合的证券；对于发行人来说，拥有提前赎回的权利，可自行选择是否提前赎回，可转换债券是一种较高债息成本（相比没有赎回条款的债券而言）和提前赎回权组合的证券

（二）可转换债券的基本要素

可转换债券的基本要素见表2-10。

表2-10 可转换债券的基本要素

基本要素	内容
标的股票	标的股票一般是发行公司自己的普通股股票
票面利率	可转换债券的票面利率是指可转换债券作为债券的票面年利率，它一般低于相同条件的普通债券的票面利率，因为可转换债券持有者有特殊的选择权。可转换债券应半年或1年付息1次，到期后5个工作日内应偿还未转股债券的本金及最后一期利息
转换期限	可转换债券的期限最短为1年，最长为6年，自发行结束之日起6个月后才能转换为公司股票
转换价格	转换价格是指可转换债券转换成每股股票所支付的价格。用公式表示为： $$转换价格 = \frac{可转换债券面值}{转换比例}$$ 可转换债券的转换价格一般高于其发行时的股票市价
转换比例	转换比例是指每张可转换债券能够转换成的普通股股数。用公式表示为： $$转换比例 = \frac{可转换债券面值}{转换价格}$$
赎回条款	赎回条款是指发行企业有权在约定的条件触发时按照事先约定的价格赎回所发行的可转债的规定
回售条款	回售条款是指可转债持有者有权在约定的条件触发时按照事先约定的价格将可转债卖回给发行企业的规定

（三）可转换债券的价值

1. 可转换债券价值的构成

可转换债券的价值包含两部分：纯粹债券价值和转换权利价值，用公式表示为：

$$可转换债券价值 = 纯粹债券价值 + 转换权利价值$$

纯粹债券价值和转换权利价值的具体内容见表2-11。

表2-11 纯粹债券价值和转换权利价值

项目	内容
纯粹债券价值	纯粹债券价值来自债券利息收入，定价方式与普通债券并无差异
转换权利价值	转换权利价值，即转换价值，是指立即转换成股票的债券价值。转换价值的大小须视普通股的价格高低而定。股价上升，转换价值也上升；相反，若普通股的价格远低于转换价格，则转换价值就很低

2. 可转换债券价值、转换价值、债券价值之间的关系

可转换债券价值、转换价值、债券价值之间的关系见图2-1。

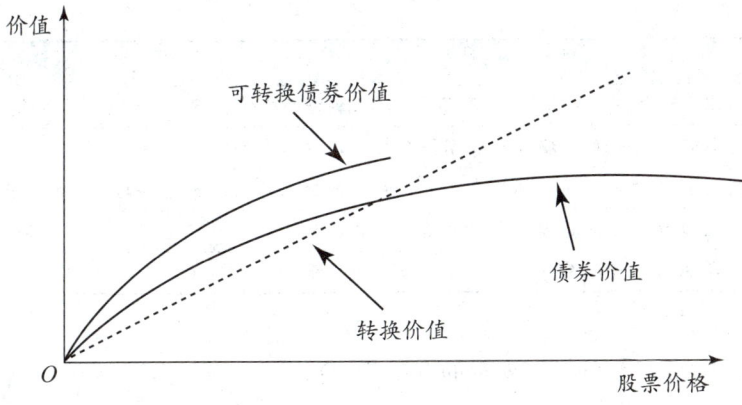

图 2-1 可转换债券价值、转换价值及债券价值三者之间的关系

可转换债券的市场价值表现为其在二级市场的价格,其市场价值通常高于转换价值。若可转换债券不能转换成股票,则其价值会是普通债券的价值或者"债券底价"。可转换债券的价值必须高于普通债券的价值,因为可转换债券的价值实际上是一个普通债券加上一个有价值的看涨期权。

当股价很低时,普通债券价值是实际有效的底限,而与转换期权关系不大,可转换债券像普通债券一样交易,其价值主要体现了固定收益类证券的属性;而当股价很高时,可转换债券的价格主要由其转换价值所决定,并且可转换债券的价值主要体现了权益证券的属性。

四、权证

(一) 权证的概念

权证是指标的证券发行人或其以外的第三人发行的,约定在规定期间内或特定到期日,持有人有权按约定价格向发行人购买或出售标的证券,或以现金结算方式收取结算差价的有价证券。

(二) 权证的分类

权证的分类见表 2-12。

表 2-12 权证的分类

分类标准	内容
按标的资产分	可分为股权类权证、债权类权证及其他权证
按基础资产的来源分	可分为认股权证和备兑权证。认股权证是由股份公司发行的,行权时上市公司增发新股售予认股权证的持有人;备兑权证是由投资银行发行的,行权时备兑权证持有者认兑的是市场上已流通的而非增发的股票,上市公司股本不变
按持有人权利的性质分	可分为认购权证和认沽权证。认购权证近似于看涨期权,行权时其持有人可按照约定的价格购买约定数量的标的资产;认沽权证近似于看跌期权,行权时其持有人可按照约定的价格卖出约定数量的标的资产
按行权时间分	可分为美式权证、欧式权证、百慕大式权证等。美式权证可在权证失效日之前任何交易日行权;欧式权证仅可在失效日当日行权;百慕大式权证可在权证失效日之前一段规定时间内行权

(三) 权证的基本要素

权证的基本要素见表 2-13。

表 2-13 权证的基本要素

要素	内容
权证类别	即为认购权证或认沽权证

续表

要素	内容
标的资产	可以是股票、债券、外汇、商品等。股票权证的标的资产可以是单一股票或一篮子股票组合
存续时间	即权证的有效期，超过有效期仍未行权，权证自动失效
行权价格	发行权证时约定的权证持有人行权时向发行人购买或出售标的资产的价格
行权结算方式	包括证券给付结算方式和现金结算方式两种
行权比例	指单位权证可以购买或出售标的证券的数量

★ 考点回顾｜单项选择题

下列选项中，属于权证的基本要素的有（　　）。

Ⅰ. 权证类别　　　　　　　　　　　Ⅱ. 标的资产
Ⅲ. 存续时间　　　　　　　　　　　Ⅳ. 行权价格
Ⅴ. 行权比例

A. Ⅱ、Ⅲ、Ⅳ、Ⅴ
B. Ⅰ、Ⅲ、Ⅳ、Ⅴ
C. Ⅰ、Ⅱ、Ⅳ、Ⅴ
D. Ⅰ、Ⅱ、Ⅲ、Ⅳ、Ⅴ

【答案】D

（四）权证的价值

当认股权证行权时，标的股票的市场价格一般高于其行权价格。认股权证在其有效期内具有价值。认股权证的价值可以分为两部分：内在价值和时间价值。一份认股权证的价值等于其内在价值与时间价值之和。

认股权证的内在价值是指权证持有者执行权证时可以获得的收益，它等于认购差价乘以行权比例，用公式表示为：

$$认股权证的内在价值 = \max\{(普通股市价 - 行权价格) \times 行权比例, 0\}$$

当标的资产的市场价格低于行权价格时，认股权证持有者不会执行权证，因此权证的内在价值等于0。

认股权证的时间价值是指在权证有效期内标的资产价格波动为权证持有者带来收益的可能性隐含的价值。

五、权益类证券投资的风险和收益

（一）权益类证券投资的风险

权益类证券的价值会同时受到系统性风险和非系统性风险的影响。

1. 系统性风险

系统性风险也可称为市场风险，是由经济环境因素的变化引起的整个金融市场的不确定的加强，其冲击是全面性的，主要包括经济增长、利率、汇率与物价波动，以及政治因素的干扰等。当系统性风险发生时，所有资产均受到影响，只是受影响的程度因资产性质的不同而有所不同。如1929年美国发生经济大恐慌所引起的经济危机、2008年的次贷危机等。

2. 非系统性风险

非系统性风险是由于公司特定经营环境或特定事件变化引起的不确定性的加强，只对个别公司的证券产生影响，是公司特有的风险，主要包括财务风险、经营风险和流动性风险。其具体内容见表2-14。

表 2-14 非系统性风险

类型	内容
财务风险	又称违约风险,是企业在付息日或负债到期日无法以现金方式支付利息或偿还本金的风险,严重时可能导致企业破产或倒闭
经营风险	是指公司在经营过程中由于产业景气状况、公司管理能力、投资项目等企业个体因素,使得企业的销售额或成本变得不稳定,引起息税前利润大幅变动的可能性
流动性风险	是指投资者在买入资产后,届时无法按照公平市价进行成交的可能性。投资资产的流动性风险越低,投资者的投资意愿就越强烈;相反,流动性风险越高,投资者的投资意愿就越低

(二)权益类证券投资的收益

对于投资者而言,权益类证券本身隐含的风险越高,就必须有越多的预期报酬作为投资者承担风险的补偿,这一补偿称为风险溢价或风险报酬。

风险溢价是为风险厌恶的投资者购买风险资产而向他们提供的一种额外的期望收益率,即风险资产的期望收益率由两部分构成。用公式表示为:

$$风险资产期望收益率 = 无风险资产收益率 + 风险溢价$$

上式中,无风险资产收益率即无风险利率,是指将资金投资于某一项没有任何风险的投资对象而获得的收益率,是为投资者进行投资活动提供的必需的基准报酬。风险较高的权益类证券及公司对应着一个较高的风险溢价,其期望收益率一般也较高。

因此,权益类证券的收益率一般高于固定收益类证券(如债券);在其他条件都相同的情况下,股票投资者对那些风险更高的公司出价更低,要求的期望收益率更高。

六、影响公司发行在外股本的行为

公司在其成长、成熟或兼并收购时会经历一些重大变化,有些变化会影响公司发行在外的普通股股数。这类公司行为包括:首次公开发行、再融资、股票回购、股票拆分和分配股票股利、权证的行权、兼并收购和剥离等。

(一)首次公开发行

首次公开发行(IPO),是指拟上市公司首次面向不特定的社会公众投资者公开发行股票筹集资金并上市的行为。通常,首次公开发行是发行人在满足必备的条件,经证券监管机构审核、核准或注册后,通过证券承销机构面向社会公众公开发行股票并在证券交易所上市的过程。一般来说,首次公开发行完成后,公司即可申请到证券交易所或报价系统挂牌交易,成为上市公司。

(二)再融资

再融资是指上市公司为达到增加资本和募集资金的目的而再发行股票的行为。通常情况下,再融资发行的股票会使流通股股份增加5%~20%。因此,原有股东若在再融资时未增购股票,则新增股票会稀释老股东的持股比例。

上市公司再融资的方式有:向原有股东配售股份、向不特定对象公开募集、发行可转换债券、非公开发行股票。

1. 向原有股东配售股份

向原有股东配售股份,简称配股,是公司按照股东的持股比例向原有股东分配公司的新股认购权,允许其优先购买新股的方式。即按老股东持股比例一股配售若干股,以保护老股东的权益及其对公司的控制权。

> **考点回顾** 单项选择题
>
> 向原有股东配售股份,简称( )。
> A. 配股 　　　　　　　　　　B. 增发
> C. 定向增发 　　　　　　　　　D. 回购
> 【答案】A

2. 向不特定对象公开募集

向不特定对象公开募集,简称增发,是上市公司向不特定对象公开募集股份的行为,是常用的增资方式。

3. 发行可转换债券

可转换债券是指在一段时期内,持有者有权按照约定的转换价格或转换比率将债券转换成另一种形式的证券,通常是转换成普通股票。可转换债券持有者行权转股后,公司发行在外的股票增多。

4. 非公开发行股票

非公开发行股票,也称为定向增发,是上市公司向特定对象发行股票的增资方式。特定对象包括公司控股股东、实际控制人及其控制的企业、战略投资者等。

(三) 股票回购

股票回购是指上市公司利用现金等方式从股票市场上购回本公司发行在外股票的行为。股票回购会减少流通在外的股份,购回的股票会被注销或以库存股的形式存在。

股票回购的方式主要包括:场内公开市场回购、场外协议回购、要约回购。场内公开市场回购是指按照目前市场价格回购企业股票,此种方法的透明度比较高。场外协议回购是指股票发行方通过协议价格向一个或几个大股东回购股票。协议内容包括价格、数量及回购的时间,协议价格一般低于股票的市价。要约回购是以一个高于股票市价的价格回购一定数量的股票。这种回购方法的成本较高。

> **注意**
> 《公司法》规定,公司除减少注册资本、与持有本公司股份的其他公司合并、将股份奖励给本公司职工外,不得回购本公司股票。

(四) 股票拆分和分配股票股利

1. 股票拆分

股票拆分又称为股票拆细,即将一股面值较大的股票拆分成几股面值较小的股票。股票拆分对公司的资本结构和股东权益不会产生任何影响,一般只会使发行在外的股票总数增加,每股面值降低,并由此引起每股收益和每股市价下降,而股东的持股比例和权益总额及其各项权益余额都保持不变。

2. 分配股票股利

分配股票股利是股票分红方式的一种,是指上市公司将留存收益以股票形式支付给股东,又称送股。分红的另一种形式是现金股利。

(五) 权证的行权

发行权证的上市公司,一旦发生行权,公司发行在外的股份总数会相应增加或减少。当市场价格高于行权价格时,认购权证持有者行权,公司发行在外的股份增加;相反,当市场价格低于行权价格时，认沽权证持有者行权，公司发行在外的股份减少；公司其他股东的持股比例会因此而下降或上升。

（六）兼并收购

公司可以通过现金支付、股票支付或两者混合的方式完成并购的支付。股票支付是指通过换股方式获得目标公司的控制权。

对于被收购公司的股东来说，并购交易的完成意味着其所持有目标公司的流通股转化为现金或收购方的股票；对于收购公司来说，可能发行新股筹资以完成对被收购公司的现金支付，或者以股票支付的方式直接发行新股给被收购公司股东。

（七）剥离

剥离是指上市公司将其部分资产或附属公司（子公司或分公司）分离出去，成立新公司的行为。剥离后，母公司的资产因为剥离给新公司而减少，母公司的总价值下降；但母公司原有股东持有的新公司的股票份额会弥补其在母公司损失的价值。

公司的管理层进行剥离操作的目的通常在于试图通过将公司分成两个分离的公司，为股东创造价值。剥离的合理性在于，通常情况下，市场给予两个相互分离但业务更加聚焦的公司的估值要高于当它们作为母公司的组成部分时的估值。

第三节　股票分析方法

一、基本面分析

基本面分析是指诸如分析预期收益等价值决定因素的分析方法。公司未来的经营业绩和盈利水平正是基本面分析的核心所在。对于公司前景预测来说，"自上而下"的层次分析法（三步估价法，宏观—行业—个股）是比较适用的。

（一）宏观经济分析

对宏观经济的分析，主要是分析宏观经济指标，预测经济周期和宏观经济政策的变化。

1. 宏观经济指标

宏观经济指标的具体内容见表2-15。

表 2-15　宏观经济指标

指标	内容
国内生产总值（GDP）	国内生产总值（GDP）是衡量一个国家或地区的综合经济状况的常用指标，是指某一特定时期内在本国（或本地区）领土上所生产的产品和提供的劳务的价值综合，是衡量整体经济活动的总量指标。国内生产总值由消费、投资、净出口和政府支出四部分构成。其公式为： $$GDP = C + I + (X - M) + G$$ 式中，C代表消费；I代表投资；X－M代表净出口；G代表政府支出。快速增长的GDP表示该国经济正在迅速扩张，公司的经营环境较为有利。另一个应用较广的经济产出测度指标是工业增长率，它表示工业生产总值的增长速度，这个指标与经济景气程度密切相连
通货膨胀	通货膨胀的测量主要采用物价指数，如居民消费价格指数、生产者物价指数、商品价格指数等。不同的指数有着不同的受测经济范围和不同物品的价格比重
利率	利率是资金成本的主要决定因素。高利率会减少未来现金流的现值，因而减少投资机会的吸引力
汇率	汇率的变动直接影响本国产品在国际市场的竞争能力，从而对本国经济增长造成一定影响

续表

指标	内容
预算赤字	政府的预算赤字是政府支出和政府收入之间的差额。任何一个预算差额都会通过政府借债进行消除。一般认为，过量的政府借债会对私人部门的借债产生"挤出"效应，从而使得利率上升，进一步阻碍企业投资
失业率	失业率是评价一个国家或地区失业状况的主要指标，它测度了经济运行中生产能力极限的运用程度。从失业率可以得到有关其他生产要素的信息，从而对该经济体的生产能力进行深入评价
采购经理指数（PMI）	采购经理指数（PMI）是衡量制造业在生产、新订单、商品价格、存货、雇员、订单交货、新出口订单和进口8个方面状况的指数，是经济先行指标中一项非常重要的指标。当PMI大于50时，说明经济在发展；当PMI小于50时，说明经济在衰退

2. 经济周期

经济周期是根据实际国内市场总值将宏观经济运行划分为扩张期和收缩期。经济周期包括经济扩张期和经济收缩期。具体内容见图2-2。

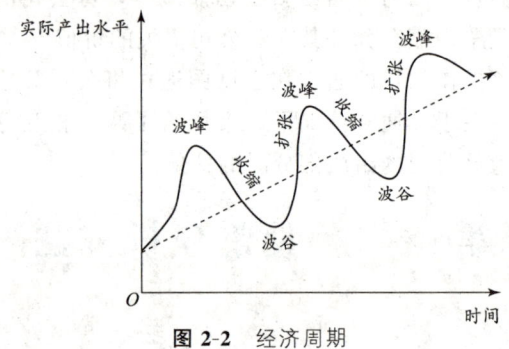

图2-2　经济周期

从长远经济走势看，总体经济增长随时间推移而向上移动，代表长期经济增长趋势。当经济处于收缩期时，实际国民生产总值低于长期正常增长率，最低点称为波谷，最终经济扩张达到经济周期的最高点，即波峰。从波谷到波峰，经济处于扩张阶段；从波峰到波谷，经济处于收缩阶段。由于证券市场与经济周期存在密切关系，如果投资者不能准确预测经济周期，就可能会遭受投资损失。尤其是如果投资者购买了随经济周期变动的股票（通常称为"周期性股票"），一旦经济不景气，这些股票就会使投资者损失惨重。

3. 宏观经济政策

在市场经济体制下，财政政策和货币政策是政府宏观经济调控的最重要的两大政策工具。政府通过运用财政政策和货币政策"熨平"经济周期波动对经济运行的负面冲击，促进国民生产总值稳定增长，从而实现充分就业和物价稳定的宏观经济目标。其具体内容见表2-16。

表2-16　宏观经济政策

政策	内容
财政政策	财政政策是指政府的支出和税收行为，通常采用的宏观财政政策包括扩大或缩减财政支出、减税或增税等。政府希望通过这些方法控制社会的投资和消费水平，从而提高经济增长率，增加就业水平或降低通货膨胀率。作为需求管理的一部分，财政政策是刺激或减缓经济发展的直接方式。政府支出的上升直接增加了对产品和劳务的需求；同样，税收的减少也会增加消费者的收入，从而导致消费水平的提高
货币政策	货币政策是另一种重要的需求管理政策。它通过控制货币供应量和影响市场的利率水平对社会总需求进行管理。中央银行的货币政策采用的三大政策工具包括：①公开市场操作，其主要内容是央行在货币市场上买卖短期国债；②利率水平的调节；③存款准备金率的调节

（二）行业分析

行业因素又称产业因素，主要影响某一特定行业或产业中所有上市公司的股票价格。这些因素包括行业生命周期、行业景气度、行业法令措施以及其他影响行业价值面的因素。

1. 行业生命周期

行业生命周期包括初创期、成长期、平台期（成熟期）和衰退期。具体内容见表2-17。

表 2-17　行业生命周期

周期	内容
初创期	在初创期，大量的新技术被采用，新产品被研制但尚未大批量生产，销售收入和收益急剧膨胀。公司的垄断利润很高，但风险较大，公司股价波动也较大。在行业初创期需要注意：①关注行业的动态分析；②关注不同区域或不同国家的分析
成长期	在成长期，各项技术已经成熟，产品的市场也基本形成并不断扩大，公司利润也开始逐步上升，公司股价逐步上涨。在这个阶段，行业的领导者开始出现。整个成长期可以进一步细分成高速成长期、稳健成长期和缓慢成长期。有助于投资者判断的四个指标包括：①市场容量；②核心产品的市场份额；③公司的新产品储备是否具备市场潜力；④公司的并购策略是否具备扩张潜力
成熟期	在成熟期，市场基本达到饱和，但产品更加标准化，公司的利润可能达到高峰。由于行业竞争激烈，边际利率逐渐降低，对利润产生压力，增长缓慢甚至停滞。这个阶段的公司称为"现金牛"，即拥有稳定的现金流
衰退期	在这个阶段，行业的增长速度低于经济增速，或者萎缩。原因是产品过时、新产品的竞争或低成本的供应商竞争所导致

★ 考点回顾｜单项选择题

被称为"现金牛"的公司处于行业生命周期的（　　）。

A. 初创期　　　　B. 成熟期　　　　C. 成长期　　　　D. 衰退期

【答案】B

2. 行业景气度

景气度又称景气指数，是对企业景气调查中的定性指标通过定量方法加工汇总，综合反映某一特定调查群体或某行业的动态变动特性。景气度最大的特点是具有信息超前性和预测功能，可靠性很高。

（三）公司内在价值与市场价格

"自上而下"分析法的第三步是利用证券估值模型对公司的内在价值进行判断，进而确定股票的合理市场价格。

1. 内在价值

股票的内在价值即理论价值，是指股票未来收益的现值，由公司资产、收益、股息等因素所决定。股票的内在价值决定股票的市场价格，股票的市场价格总是围绕其内在价值波动。各种价值模型计算出的"内在价值"只是股票真实的内在价值的估值。经济形势的变化、宏观经济政策的调整、供求关系的变化等都会影响股票未来的收益，引起内在价值的变化。

2. 市场价格

证券的市场价格是由市场供求关系所决定的，市场价格不仅受到资产内在价值与未来价值因素的影响，还可能受到市场情绪、技术、投机等因素的影响。

二、技术分析

（一）技术分析概述

技术分析是指通过研究金融市场的历史信息来预测股票价格的趋势。

技术分析的理论基础是建立在三个假设之上的，即：①市场行为涵盖一切信息；②股价具有趋势性运动规律，股票价格沿趋势运动；③历史会重演。

注意

以技术分析为基础的投资策略是在否定弱有效市场的前提下，以历史交易数据（过去的价格和交易量数据）为基础，预测单只股票或市场总体未来变化趋势的一种投资策略。

（二）常用技术分析方法

1. 道氏理论

道氏理论堪称市场技术派研究的鼻祖。它是由道琼斯公司的创办人、《华尔街日报》出版商查理斯·道提出的，并由威廉·汉密尔顿等人继承发展，其所著的《股市晴雨表》《道氏理论》成为道氏理论的经典代表作。

按照道氏理论，股票会随市场的趋势同向变化以反映市场趋势和状况。股票的变化表现为三种趋势：长期趋势、中期趋势及短期趋势。其具体内容见表2-18。

表2-18 股票变化的趋势

趋势	内容
长期趋势	长期趋势最为重要，也最容易被辨认，是投资者主要的观察对象
中期趋势	中期趋势对于投资者较为次要，是投机者的主要考虑因素。它与长期趋势的方向可能相同，也可能相反
短期趋势	短期趋势最难预测，唯有投机者才会重点考虑

道氏理论最成功的案例是：1929年纽约股市崩盘前1个月，给出了306点的一个卖出信号；直到市场出现很好的调整后，在1933年给出了84点的一个买入信号。

2. 过滤法则与止损指令

过滤法则是一种检验证券市场是否达到弱式有效的方法。过滤法则又称百分比穿越法则，是指当某只股票的价格变化突破事先设置的百分比时，投资者就交易这种股票。过滤法则是技术分析常用的策略之一，其基本逻辑为：只要没有新的消息进入市场，股票价格就应该在其"正常价格"的一定范围内随机波动。如果某只股票的市场价格大大偏离其"正常价格"，市场上的投资者就会买入或卖出该股票，使其价格回到合理的价位。

与过滤法则密切相关的投资技术是"止损指令"。运用过滤法则和"止损指令"所基于的假设是：股票价格是序列正相关的，也就是说，过去价格攀升的股票，价格继续上扬而不是下跌的可能性高。如果一只股票触底后转而上涨，比如上涨6%，据此可以推断一个上升趋势就此确立。反过来，一只见顶后继而下跌6%的股票同样可以认为该股已经走入下降通道之中。应当买进自低点上涨6%的股票，并一直持有到股价从此后的高点下挫6%为止，此时便是卖出股票的绝佳时机，如果可能，甚至还可以卖空。之后，应当维持空头头寸，直至股价自下一个低点再次反弹6%，方可平仓了结。

3. "相对强度"理论体系

根据"相对强度"理论，投资者应购买并持有近期走势明显强于大盘指数的股票，也就是说要购买强势股。相反，对于走势弱于大盘的股票，则应尽可能地采取回避的态度，如果条件允许，"卖空"也是可以考虑的。虽然在历史上"相对强度"策略的确实战胜过"买入持有"策略，但尚无证据显示这种格局是始终如一的。

4. "量价"理论体系

利用量价关系判断买卖时机，是比较重要的技术分析方法。量价理论最早见于美国股市分析家葛兰碧所著的《股票市场指标》，该理论认为成交量是股市的元气与动力。

按照"量价"理论体系,当一只股票(或大盘)放量上涨或者呈现价升量增的态势时,则表明买方意愿强烈,股票有望再续升势;相反,如果一只股票放量下跌,则表明卖压较为沉重,发出空头信号。

三、基本面分析与技术分析的区别

基本面分析对经济情况、行业动态以及各家公司的经营管理状况等因素进行分析,以此来研究股票的价值,衡量股价的高低;而技术分析则通过股价、成交量、涨跌幅、图形走势等研究市场行为,以推测未来价格的变动趋势。技术分析只关心证券市场本身的变化,而不考虑基本面因素。

第四节 股票估值方法

一、股票估值模型的分类

通常而言,股票价值与相关资产的现金流水平和预期增长直接相关。股票之所以有价值,是因为它有潜在的现金流,即股票持有人预计从所拥有的公司获得股利。

一般来说,股票估值可以分为内在价值法和相对价值法两种基本方法。

二、内在价值法

(一)内在价值法的概念

内在价值法又称绝对价值法或收益贴现模型,是按照未来现金流的贴现对公司的内在价值进行评估。具体又分为股利贴现模型、自由现金流贴现模型、超额收益贴现模型等。

(二)内在价值法的现金流贴现原理

股票内在价值法是直接从公司股权价值的内在驱动因素出发对股票进行价值评估。它是按照现金流贴现对公司内在价值进行评估。按照公司金融理论,企业现金流进行分配的第一个环节是进行投资,第二个环节是为所有资本提供者提供报酬。由于企业为了未来发展而需要进行再投资,所以分配给普通股股东的红利往往是再投资和留存收益之后的现金流。其具体内容见图2-3。

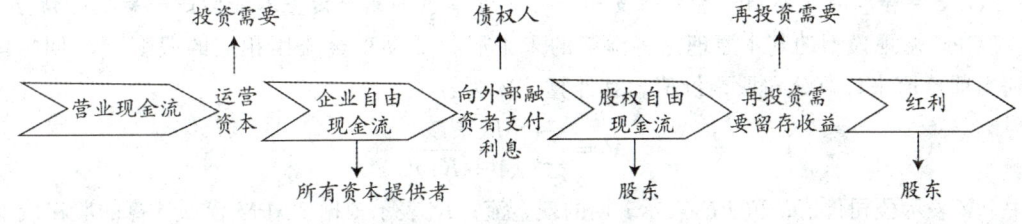

图 2-3 现金流分配的过程

与现金流的分配次序相匹配,不同的现金流决定了不同的现金流贴现模型。现金流贴现模型采用的现金流分配方式如下:①股利贴现模型采用的是现金股利;②权益现金流贴现模型采用的是权益自由现金流;③企业贴现现金流模型采用的是企业自由现金流。

(三)股利贴现模型(DDM)

若假定股利是投资者在正常条件下投资股票所直接获得的唯一现金流,则可以建立估价模型对普通股进行估值,这就是著名的股利贴现模型。这一模型最早由威廉姆斯和戈登提出,实质是将收入资本化法运用到权益证券的价值分析之中,这在概念上与债券估值方法没有本质性差别。该模型股票现值表达为未来所有股利的贴现值。股利贴现模型的公式为:

$$D = \frac{D_1}{(1+r)} + \frac{D_2}{(1+r)^2} + \cdots + \frac{D_t}{(1+r)^t} = \sum_{t=1}^{\infty} \frac{D_t}{(1+r)^t}$$

式中,D 表示普通股的内在价值;D_t 表示普通股第 t 期支付的股息或红利;r 表示贴现率,又称资本化率。贴现率是预期现金流量风险的函数。风险越大,现金流的贴现率越大;风险越小,现金流的贴现率越小。

根据对股利增长率的不同假定,股利贴现模型可以分为零增长模型、不变增长模型、三阶段增长模型和多元增长模型。

(四) 自由现金流贴现模型 (FCFF)

根据自由现金流贴现模型,公司价值等于公司预期现金流量按公司资本成本进行折现,将预期的未来自由现金流用加权平均资本成本(WACC)折现到当前价值来计算公司价值,然后减去债券的价值进而得到股票的价值。该模型的公式为:

$$V = \sum_{t=1}^{n} \frac{FCFF_t}{(1+WACC)^t}$$

式中,$FCFF_t$ 表示公司 t 期的自由现金流;WACC 表示加权平均资本成本,即债务资本价值与股本价值之和。

由于公司自由现金流是公司支付了所有营运费用,进行了必需的固定资产与营运资产投资后,可以向所有投资者分派的税后现金流量,所以该指标体现了普通股股东、优先股股东和债权人的现金流总和。其计算公式为:

$$FCFF = EBIT \times (1-\text{所得税率}) + \text{折旧} - \text{资本性支出} - \text{追加营运资本}$$

式中,$EBIT$ 为息税前利润。

(五) 股权资本自由现金流贴现模型 (FCFE)

股权自由现金流量是在公司用于投资、营运资金和债务融资成本之后可以被股东利用的现金流。它是公司支付所有营运费用、再投资支出、所得税和净债务(利息、本金支付减发行新债务的净额)后可分配给公司股东的剩余现金流量。FCFE 的计算公式为:

$$FCFE = \text{净收益} + \text{折旧} - \text{资本性支出} - \text{营运资本追加额} - \text{债务本金偿还} + \text{新发行债务}$$

FCFE 贴现模型的基本原理是将预期的未来股权活动现金流用相应的股权要求回报率折现到当前价值来计算公司股票价值。其计算公式为:

$$V = \sum_{t=1}^{n} \frac{FCFE_t}{(1+K_e)^t}$$

式中,V 表示公司价值;$FCFE_t$ 表示 t 期的现金流;K_e 表示根据 CAPM 模型计算的股权成本。

(六) 超额收益贴现模型:经济附加值 (EVA) 模型

经济附加值(EVA)指标用于企业经营绩效考核,是传统业绩衡量指标体系的重要补充。经济附加值等于公司税后净营业利润减去全部资本成本(股本成本与债务成本)后的净值。其计算公式为:

$$EVA = NOPAT - \text{资本成本}$$

式中,EVA 表示经济附加值;$NOPAT$ 表示税后经营利润,或称息前税后利润,是指息税前

利润 $EBIT$ 扣除经营所得税;资本成本等于 $WACC$ 乘以实际投入资本总额;$WACC$ 表示加权平均资本成本。其计算公式也可以等同于:

$$EVA = (ROIC - WACC) \times 实际资本投入$$

式中,$ROIC$ 表示资本收益率,即投资资本回报率,为息前税后利润除以实际投入资本。

如果计算出的 EVA 为正,则说明企业在经营过程中创造了财富;否则就是在毁灭财富。

经济附加值模型之所以被称为当今投资银行进行股票估值的重要工具,在很大程度上是因为应用市盈率指标进行定价估值太简单,容易产生误解,缺乏现金流概念,对亏损企业很难运用。经济附加值指标克服了传统业绩衡量指标的缺陷(股东价值与市场价值不一致问题),比较准确地反映了上市公司在一定时期内为股东创造的价值。

三、相对价值法

(一)相对价值法的概念

相对价值法是使用一家上市公司的市盈率、市净率、市售率、市现率等指标与其竞争者进行对比,以决定该公司价值的方法。

(二)市盈率模型

对盈余进行估值的重要指标是市盈率。对于普通股而言,投资者应得到的回报是公司的净收益。市盈率指标表示股票价格和每股收益的比率,该指标揭示了盈余和股价之间的关系。其计算公式为:

$$市盈率(P/E) = \frac{每股市价}{每股收益(年化)}$$

市盈率是投资回报的一种度量标准,即股票投资者根据当前或预测的收益水平收回其投资所需要的年数;而市盈率的倒数就是收益率,即 E/P。如果股票市值代表了普通股股东当前对未来的预测,且如果当前盈余是未来盈余的指示器,则该比率就表明 1 元盈余代表的 P/E 的现值。

当前市盈率的高低表明投资者对该股票未来价值的主要观点。投资者必须将 P/E 与整体市场、该公司所属行业以及其他类似公司股票的 P/E 进行比较,以决定他们是否认同当前的 P/E 水平。也就是说,根据市盈率偏高或偏低,判断该股票价格是被高估还是被低估。市盈率不适用于对亏损公司或周期性公司的证券进行估值。

(三)市净率模型

账面价值是公司净资产的会计指标。市价/账面价值比率(P/B)是衡量公司价值的重要指标,这就是市净率的表达公式,即:

$$市净率(P/B) = \frac{每股市价}{每股净资产} = \frac{P_t}{BV_{t+1}}$$

式中,BV_{t+1} 表示公司每股账面价值的年末估计值;P_t 表示每股市价。

> ★ **考点回顾** 单项选择题
>
> 股票价格与账面价值的比值被称为( )。
> A. 市盈率　　　B. 市净率　　　C. 净值收益率　　　D. 净现值
> 【答案】B

1. 市净率的优点

与市盈率相比,市净率有其特有的优点:①每股净资产通常是一个累积的正值,因此市净率也适用于经营暂时陷入困难的以及有破产风险的公司;②统计学证明每股净资产数值普遍比每股收益稳定得多;③对于资产包含大量现金的公司,市净率是更为理想的比较估值指标。这样,P/B 尤其适用于公司股本的市场价值完全取决于有形账面价值的行业,如银行、房地产公司。而对于没有明显固定成本的服务性公司,其账面价值意义不大。市净率不适用于对重置成本变动较大的公司、固定资产较少的服务行业的证券进行估值。

2. 市净率的缺点

市净率在使用过程中存在一定的局限性,具体包括:①由于会计计量的局限,一些对企业非常重要的资产并没有确认入账,如商誉、人力资源等;②当公司在资产负债表上存在显著差异时,作为一个相对值,P/B 可能对信息使用者有误导作用。

(四)市售率模型

市售率也称价格营收比,是股票市价与销售收入的比率。该指标反映的是单位销售收入所体现的股价水平。其计算公式为:

$$P/S = \frac{P_t}{S_{t+1}}$$

式中,P_t 为第 t 期股票的价格;S_{t+1} 为公司在第 $t+1$ 期的每股销售额。

市售率指标的引入主要是为克服市盈率等指标的局限性,在评估股票价值时需要对公司的收入质量进行评价。由于主营业务收入对公司未来发展评价起着决定性的作用,因此市售率有助于考察公司收益基础的稳定性和可靠性,有效把握其收益的质量水平。该指标不适用于对销售不稳定的公司的证券进行估值。

(五)市现率模型

由于公司盈利水平容易被操纵而现金流价值通常不易操纵,市价/现金比率(市现率)越来越多地被投资者所采用。根据信用评价"现金为王"的法则,现金流价值在基本估值中是很关键的。市现率(P/CF)的计算公式为:

$$P/CF = \frac{P_t}{CF_{t+1}}$$

式中,P_t 为第 t 期股票的价格;CF_{t+1} 为公司在第 $t+1$ 期的预期每股现金流。

(六)企业价值倍数

企业价值倍数($EV/EBITDA$)是一种被广泛使用的公司估值指标。它反映了投资资本的市场价值和未来一年企业收益间的比例关系。其中,企业价值(EV)的计算公式为:

$$企业价值 = 公司市值 + 净负债$$

扣除利息、税款、折旧及摊销前的收益($EBITDA$)用以计算公司经营业绩。其计算公式为:

$$EBITDA = 净利润 + 所得税 + 利息 + 折旧 + 摊销$$

或:

$$EBITDA = EBIT + 折旧 + 摊销$$
$$EBIT = 净销售量 - 营业费用$$

$EV/EBITDA$ 和市盈率等相对估值指标的用法一样,$EV/EBITDA$ 使用 EV,即投入企业的所有资本的市场价值代替市盈率模型中的股价,使用 $EBITDA$ 代替市盈率模型中的每股净利润。其倍数相对于行业平均水平或历史水平较高则通常说明高估,较低则说明低估,不同行业或板块有不同的估值(倍数)水平。

固定收益投资

　　本章共包含三个小节。
　　第一节主要讲述了债券与债券市场的概念、债券的种类，债券受尝时的违约顺序，投资证券的风险，中国债券交易市场体系。
　　第二节主要讲述了债券的估值方法，当期收益率、到期收益率与债券价格之间的关系，利率期限结构和信用利差概念和应用，债券的久期和凸性的概念和应用。
　　第三节主要讲述了货币市场工具概念及特点，常用货币市场工具的类型。

知 识 结 构

- **固定收益投资**
  - **债券与债券市场**
    - 债券
      - 种类/违约时的受偿顺序/投资债券风险
    - 债券市场
      - 参与方/功能/中国债券交易市场体系
  - **债券价值分析**
    - 债券估值方法
      - 零息债券估值法、固定利率债券估值法、统一公债估值法
    - 当期收益率和到期收益率与债券价格的关系
    - 利率期限结构和信用利差
      - 收益率曲线类型/特点/信用利差
    - 财务比率分析
      - 麦考利久期D_{mac}/修正久期/凸性/久性和凸性的应用
  - **货币市场工具**
    - 货币市场工具特点
    - 常用货币市场工具类型
      - 银行定期存款、协议回购、中央银行票据、短期政府债券、短期融资券等

第一节 债券与债券市场

一、债券市场概述

(一) 债券与债券市场的概念

债券,又称固定收益证券,因为这类金融工具能够提供固定数额或根据固定公式计算出的现金流。

债券市场是债券发行和买卖交易的场所,将需要资金的政府机构或公司与资金盈余的投资者联系起来。债券市场交易的对象是债券。

(二) 债券市场的参与方

债券市场的参与方包括债券承销商、债券发行人和债券投资人。债券承销商负责债券的发行与承销,他们在债券发行人和债券投资人之间起到金融中介作用。债券发行人包括中央政府、地方政府、金融机构、公司和企业。债券发行人通过发行债券筹集的资金一般都有固定期限,债券到期时债务人必须按时归还本金并支付约定的利息。债券是债权凭证,债券持有人与债券发行人之间是债权债务关系。

(三) 债券市场的功能

债券市场的基本功能是筹资功能,同时还为各种资产的定价提供基本的参照。这是通过市场环境下不同期限的国债市场形成的国债收益率曲线来实现的。国债收益率曲线是反映远期利率的有效途径,其水平和斜率反映了经济主体对未来通货膨胀的预期和对未来基本经济形势的判断,蕴含了关于经济主体的风险态度的信息。由于国债的发行主体是国家,其被认为不存在违约风险,所以国债收益率曲线便成为对市场无风险利率最合适的替代。

考点回顾 单项选择题

(　　)是市场无风险利率最合适的替代,为其他债券和金融资产以及投资项目提供定价的基准。

A. 国债价格指数　　　　　　　　B. 到期收益率
C. 经济周期曲线　　　　　　　　D. 国债收益率曲线

【答案】D

二、债券的种类

(一) 按发行主体分类

按发行主体分类,债券可分为政府债券、金融债券、公司债券等。其具体内容见表3-1。

表3-1 债券的类型(按发行主体分类)

类型	内容
政府债券	政府债券是政府为筹集资金而向投资者出具并承诺在一定时期支付利息和偿还本金的债务凭证。我国政府债券包括国债和地方政府债。其中,国债是财政部代表中央政府发行的债券,地方政府债包括由中央财政代理发行和地方政府自主发行的由地方政府负责偿还的债券

续表

类型	内容
金融债券	金融债券是由银行和其他金融机构经特别批准而发行的债券。金融债券包括政策性金融债、商业银行债券、特种金融债券、非银行金融机构债券、证券公司债、证券公司短期融资券等。政策性金融债的发行人是政策性金融机构，即国家开发银行、中国农业发展银行、中国进出口银行。商业银行债券的发行人是商业银行。特种金融债券是指经中国人民银行批准，由部分金融机构发行的，所筹集的资金专门用于偿还不规范证券回购债务的有价证券。非银行金融机构债券由非银行金融机构发行。证券公司债和证券公司短期融资券由证券公司发行
公司债券	公司债券是公司依照法定程序发行、约定在一定期限还本付息的有价证券。公司债券的发行主体是股份公司，但有的国家也允许非股份制企业发行债券。所以在归类时可将公司债券和企业债券合称公司（企业）债券

★ 考点回顾 | 单项选择题

按（　　）分类，债券可分为政府债券、金融债券、公司债券等。
A. 发行主体　　　　　　　　　　　　B. 偿还期限
C. 债券持有人收益方式　　　　　　　D. 计息与付息方式

【答案】A

（二）按偿还期限分类

按偿还期限分类，债券可分为短期债券、中期债券和长期债券。一般而言，短期债券的偿还期在1年以下，中期债券的偿还期一般为1~10年，长期债券的偿还期一般在10年以上。

（三）按债券持有人收益方式分类

按债券持有人收益方式分类，债券可分为固定利率债券、浮动利率债券、累进利率债券、零息债券和免税债券等。下面主要阐述固定利率债券、浮动利率债券以及零息债券，具体内容见表3-2。

表3-2　债券的类型（按债券持有人收益方式分类）

类型	内容
固定利率债券	固定利率债券是由政府和企业发行的主要债券种类，有固定的到期日，并在偿还期内有固定的票面利率和不变的面值。通常，固定利率债券在偿还期内定期支付利息，并在到期日支付面值
浮动利率债券	浮动利率债券和固定利率债券的主要不同是其票面利率不是固定不变的，而通常与一个基准利率挂钩，在其基础上加上利差以反映不同债券发行人的信用。前述关系可表示为： 浮动利率＝基准利率＋利差 （1）基准利率通常选用市场上信誉良好、金融实力强大、违约可能性低的债券发行人提供的利率。在国际金融市场上，伦敦银行间同业拆借利率（Libor）是被广泛采纳的基准利率；在我国金融市场上，上海银行间同业拆借利率（Shibor）是被广泛采纳的货币市场基准利率 （2）利差在债券的偿还期内是固定的百分点，浮动利率债券的利息会通过基准利率的变化随市场利率的波动而波动。国际惯例将利差用基点表示，1个基点等于0.01%
零息债券	零息债券和固定利率债券一样有一定的偿还期限，但在期间不支付利息，而在到期日一次性支付利息和本金，一般其值为债券面值。零息债券以低于面值的价格发行，到期日支付的面值和发行时价格的差额即为投资者的收益

(四)按计息与付息方式分类

按计息与付息方式分类,债券可分为息票债券和贴现债券。其具体内容见表3-3。

表3-3 债券的类型(按计息与付息方式分类)

类型	内容
息票债券	息票债券是指债券发行时规定,在债券存续期内,在约定的时间以约定的利率按期向债券持有人支付利息的中、长期债券
贴现债券	贴现债券是无息票债券或零息债券,在发行时不规定利率,不附息票,折价发行,到期按债券面额兑付

(五)按嵌入的条款分类

许多债券都含有给予发行人或投资者某些额外权利的嵌入条款,例如赎回条款、回售条款、转换条款等。按嵌入的条款分类,债券可分为可赎回债券、可回售债券、可转换债券、通货膨胀联结债券和结构化债券等。其具体内容见表3-4。

表3-4 债券的类型(按嵌入的条款分类)

类型	内容
可赎回债券	可赎回债券为发行人提供在债券到期前的特定时段以事先约定价格买回债券的权利。约定的价格称为赎回价格,包括面值和赎回溢价。赎回价格可以是固定的,也可以是浮动的。赎回条款是发行人的权利而非持有者,换句话说,是保护债务人而不是债权人的条款,对债权人不利
可回售债券	(1)可回售债券为债券持有者提供在债券到期前的特定时段以事先约定价格将债券回售给发行人的权利。约定的价格称为回售价格。回售价格通常是债券的面值 (2)与可赎回债券的受益人是发行人不同,可回售债券的受益人是持有者。因此,和一个其他属性相同但没有回售条款的债券相比,可回售债券的利息更低,可降低所投资债券的价格下跌风险
可转换债券	可转换债券是指在一段时间后,持有者有权按约定的转换价格或转换比率将公司债券转换为普通股股票。可转换债券是一种混合债券,它既包含了普通债券的特征,也包含了权益特征,同时还具有相应于标的股票的衍生特征
通货膨胀联结债券	大多数通货膨胀联结债券的面值(而不是票面利率)在每个支付日会根据某一消费价格指数调整来反映通货膨胀的变化。美国政府发行的通货膨胀保护债券、英国的指数联结金边债券、我国香港特别行政区的通货膨胀挂钩债券都是通货膨胀联结债券
结构化债券	(1)资产证券化指以其他债券组成的资产池为支持,构建新的债券产品形式。此类新构建的债券称为结构化债券,主要包括住房抵押贷款支持证券(MBS)和资产支持证券(ABS)。具体内容为:①住房抵押贷款支持证券是以居民住房抵押贷款或商用住房抵押贷款组成的资金池为支持的,资金流来自住房抵押贷款人定期还款,由金融中介机构打包建立资产池;②资产支持证券的发行和住房抵押贷款支持证券类似,其贷款的种类是其他债务贷款,如汽车消费贷款、学生贷款、信用卡应收款等 (2)MBS和ABS的现金流可组成资金池打包成更复杂的金融工具。不同于传统债券的持有者每季度或半年或一年得到利息,购买结构化债券的投资者通常定期获得资金池里的一部分现金,包括本金和利息

(六)按交易方式分类

按交易方式分类,银行间债券市场的交易品种有现券交易、质押式回购、买断式回购、远期交易、债券借贷;交易所债券市场的交易品种有现券交易、质押式回购、融资融券;商业银行柜台市场的交易品种是现券交易。

(七)按币种分类

按币种分类,我国债券可分为人民币债券和外币债券。

三、债券违约时的受偿顺序

在企业破产时,债务人优先于股权持有者获得企业资产的清偿。在企业有足够资金清偿时,面值和拖欠的利息是债权人能获得的最多支付。然而不是所有的债券都有平等的受偿等级。其具体内容见图 3-1。

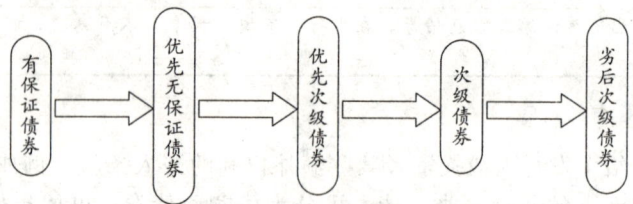

图 3-1 债券违约时的受偿顺序

债券有无保证是影响债券信用等级的重要因素,根据这一标准可将债券分为有保证债券和无保证债券。其具体内容见表 3-5。

表 3-5 有保证债券和无保证债券

类型	内容
有保证债券	(1) 有保证债券意味着投资者对相关资产及其产生的现金流有直接受偿权。在有保证债券中,最高受偿等级的是第一抵押权债券或有限留置权债券,前者的保证物是实体资产,后者的保证物可以是房屋也可以是专利、品牌等资产。此外,还有第二抵押权债券、第三抵押权债券等,对保证资产的受偿权依次递减 (2) 有保证债券根据保证的形式不同,可分为抵押债券、质押债券和担保债券。抵押债券的保证物是土地、房屋、设备等不动产;质押债券的保证物是债券发行者持有的债权或股权,而非真实资产;担保债券是由另一实体提供保证发行的债券
无保证债券	(1) 无保证债券也称信用债券。无保证债券是对债务人的资产有普遍的受偿权,在破产清偿时在有保证债券之后获得清偿 (2) 在无保证债券中,受偿等级最高的是优先无保证债券,这也是公司债的主要形式。接下来依次是优先次级债券、次级债券、劣后次级债券,这些等级的债券在清偿时仅有少量补偿甚至没有

四、投资债券的风险

投资债券的风险的具体内容见表 3-6。

表 3-6 投资债券的风险

风险	内容
信用风险	(1) 债券的信用风险又叫违约风险,是指债券发行人未按照契约的规定支付债券的本金和利息,给债券投资者带来损失的可能性。发行人财务状况越差,债券违约风险越大,意味着不会按计划支付利息和本金的可能性越大 (2) 债券信用评级是反映债券违约风险的重要指标。国际上知名的独立信用评级机构有三家:穆迪投资者服务公司、标准·普尔评级服务公司、惠誉国际信用评级有限公司 (3) 信用评级机构一般按照从低信用风险到高信用风险进行债券评级,最高的信用等级(如标准·普尔和惠誉的 AAA 级,穆迪的 Aaa 级)表明债券几乎没有违约风险,如国债;而最低的信用等级(如标准·普尔和惠誉的 D 级,穆迪的 C 级)表明债券违约的可能性很大,或债务人已经产生违约。在最高级和最低级之间,尽管这些公司的债券评级分类有所不同,但是基本上将债券分成两类:投资级和投机级。标准·普尔和惠誉的 BBB-级,以及穆迪 Baa3 级以上等级的债券是投资级债券。投资级债券的称谓源于监管机构规定保险公司和共同基金等投资者持有一定量的高信用等级的债券。投机级债券又被称为高收益债券或垃圾债券,该类债券的信用风险较高,垃圾债券市场中大约 25% 的债券曾经是投资级,但后来被降到 BB 级或以下。由发行时的投资级转变为投机级的债券被形象地称为"失落的天使"

续表

风险	内容
利率风险	利率风险是指利率变动引起债券价格波动的风险。这种风险对固定利率债券和零息债券来说特别重要
通胀风险	所有种类的债券都面临通胀风险，因为利息和本金都是不随通胀水平变化的名义金额。对通胀风险特别敏感的投资者可购买通货膨胀联结债券来避免通胀风险
流动性风险	（1）债券的流动性（流通性）是指债券投资者将手中的债券变现的能力。通常用债券的买卖价差的大小反映债券的流动性大小。买卖价差较小的债券的流动性比较高；反之，流动性较低 （2）债券的流动性风险是指未到期债券的持有者只能以明显低于市值的价格变现债券形成的投资风险
再投资风险	再投资风险指在市场利率下行的环境中，附息债券收回的利息或者提前于到期日收回的本金只能以低于原债券到期收益率的利率水平再投资于相同属性的债券而产生的风险
提前赎回风险	提前赎回风险又称为回购风险，是指债券发行者在债券到期日前赎回有提前赎回条款的债券所带来的风险

注意

我国资信评级机构的业务范围主要包括金融机构资信评级、贷款项目评级、企业资信评级、企业债券及短期融资债券资信等级评级、保险公司及证券公司等级评级等。国内主要的债券评级机构包括大公国际资信评估有限公司、中诚信国际信用评级有限公司、联合资信评估有限公司、上海新世纪资信评估投资服务有限公司和中债资信评估有限责任公司等。

五、中国债券交易市场体系

中国债券市场是从20世纪80年代开始逐步发展起来的，经历了以柜台市场为主、以交易所市场为主和以银行间市场为主三个发展阶段。其具体内容见表3-7。

表3-7 中国债券交易市场体系

阶段	内容
以柜台市场为主 （1988—1991年）	这一时期国债和企业债交易市场刚刚起步，还处于初级阶段，此时的债券投资者以个人投资者为主体，因此债券交易市场以柜台市场为主，通过商业银行和证券经营机构的柜台进行交易。这种市场模式符合个人投资者的交易需求，在一定程度上促进了债券市场的发展
以交易所市场为主 （1992—2000年）	①1990年12月，上海证券交易所成立，国债逐步进入了交易所交易。②1997年，国务院开始规范银行资金，要求商业银行退出交易所市场，将托管在交易所的债券全部转到中央结算公司，并通过全国银行间同业拆借中心提供的交易系统进行交易。③1997年6月16日，全国银行间市场正式运行。此阶段，中国的债券市场形成了场内交易所市场和场外银行间市场并存的格局，并且以交易所市场为主
以银行间市场为主 （2001年至今）	目前，我国债券市场形成了以银行间债券市场、交易所市场和商业银行柜台市场三个基本子市场为主的统一分层的市场体系

第二节 债券价值分析

一、债券的估值方法

根据贴现现金流（DCF）估值法，任何资产的内在价值等于投资者对持有该资产预期的未来现金流的现值。债券的估值方法包括零息债券估值法、固定利率债券估值法、统一公债估值法。其具体内容见表3-8。

表 3-8 债券的估值方法

项目	内容
零息债券估值法	零息债券是一种以低于面值的贴现方式发行，不支付利息，到期按债券面值偿还的债券。债券发行价格与面值之间的差额就是投资者的利息收入。贴现债券的内在价值公式为：$$V=\frac{M}{(1+r)^t}$$ 式中，V 表示贴现债券的内在价值；M 表示面值；r 表示市场利率；t 表示债券到期时间。由于多数零息债券期限小于 1 年，因此上述贴现公式可调整为：$$V=M\left(1-\frac{t}{360}r\right)$$
固定利率债券估值法	固定利率债券是一种按照票面金额计算利息，票面上附有（也可不附有）作为定期支付利息凭证的息票的债券。投资者不仅可以在债券期满时收回本金（面值），而且可以定期获得固定的利息收入。投资者未来的现金流包括两部分：本金和利息。其内在价值公式为：$$V=\frac{C}{1+r}+\frac{C}{(1+r)^2}+\cdots+\frac{C}{(1+r)^n}+\frac{M}{(1+r)^n}$$ 式中，C 表示每期支付的利息；V 表示贴现债券的内在价值；M 表示面值；r 表示市场利率；n 表示债券到期时间
统一公债估值法	统一公债是一种没有到期日的特殊债券。在现代企业中，优先股股东可以无限期地获得固定股息，因此也相当于一种统一公债。统一公债的内在价值公式为：$$V=\frac{C}{1+r}+\frac{C}{(1+r)^2}+\cdots+\frac{C}{(1+r)^n}=\frac{C}{r}$$

二、当前收益率、到期收益率与债券价格之间的关系

（一）当期收益率

当期收益率，又称当前收益率，是债券的年利息收入与当前的债券市场价格的比率。其公式为：

$$I=\frac{C}{P}$$

式中，I 表示当期收益率；C 表示年息票利息；P 表示债券市场价格。

由以上公式可知，当期收益率没有考虑债券投资所获得的资本利得或损失，只是债券某一期间所获得的现金收入相较于债券价格的比率。

（二）到期收益率

1. 到期收益率的概念

到期收益率，又称内部收益率，是可以使投资购买债券获得的未来现金流的现值等于债券当前市价的贴现率。它相当于投资者按照当前市场价格购买并且一直持有至到期可获得的年平均收益率。

2. 到期收益率包含的假设

到期收益率隐含两个重要假设：①投资者持有至到期；②利息再投资收益率不变。

3. 债券市场价格和到期收益率的关系

到期收益率一般用 y 表示，债券市场价格和到期收益率的关系式为：

$$P=\sum_{t=1}^{n}\frac{C}{(1+y)^t}+M\left(\frac{1}{1+y}\right)^n$$

式中，P 表示债券市场价格；C 表示每期支付的利息；n 表示时期数；M 表示债券面值。

4. 到期收益率的影响因素

到期收益率的影响因素见表 3-9。

表 3-9　到期收益率的影响因素

因素	内容
票面利率	在其他因素相同的情况下，票面利率与债券到期收益率呈同方向增减
债券市场价格	在其他因素相同的情况下，债券市场价格与到期收益率呈反方向增减
计息方式	在其他因素相同的情况下，固定利率债券比零息债券的到期收益率要高
再投资收益率	在市场利率波动的情况下，再投资收益率的变动会影响投资者实际的到期收益率

✦ 考点回顾 单项选择题

到期收益率的影响因素主要有（　　）。

Ⅰ．票面利率　　　Ⅱ．债券市场价格　　　Ⅲ．计息方式　　　Ⅳ．再投资收益率

A．Ⅰ、Ⅱ、Ⅲ　　B．Ⅱ、Ⅲ、Ⅳ　　C．Ⅰ、Ⅱ　　D．Ⅰ、Ⅱ、Ⅲ、Ⅳ

【答案】D

（三）债券当期收益率与到期收益率之间的关系

债券当期收益率与到期收益率之间的关系如下：

（1）债券市场价格越接近债券面值，期限越长，则当期收益率就越接近到期收益率。

（2）债券市场价格越偏离债券面值，期限越短，则当期收益率就越偏离到期收益率。

但是，不论当期收益率与到期收益率近似程度如何，当期收益率的变动总是预示着到期收益率的同向变动。

三、利率期限结构和信用利差

（一）利率期限结构与债券收益率曲线

债券之间收益率的差异在某种程度上可以由各种债券具有不同的信用等级来解释。另一个能部分解释不同债券的收益率差异的是到期期限。到期期限和到期收益率之间存在显著的正相关性，其一般规则是：长期债券倾向于比短期的有相同质量的债券提供更高的收益率。

描述债券到期收益率和到期期限之间关系的曲线称为收益率曲线，用来描述利率期限结构。该曲线在以期限为横坐标、以收益率为纵坐标的直角坐标系上显示出来。收益率曲线的类型和特点见表 3-10。

表 3-10　收益率曲线的类型和特点

项目		内容
类型	正收益率曲线	或称上升收益率曲线，其显示的期限结构特征是短期债券收益率较低，而长期债券收益率较高
	反转收益率曲线	或称下降收益率曲线，其显示的期限结构特征是短期债券收益率较高，而长期债券收益率较低
	水平收益率曲线	正、反转收益率曲线转换过程中会出现第三种形态的收益率曲线，其特征是长短期债券收益率基本相等。通常而言，上升收益率曲线是一种正常形态，而其他两类则是非正常的
特点		（1）短期收益率曲线一般比长期收益率曲线更富有变化性 （2）收益率曲线一般向上倾斜 （3）当利率整体水平较高时，收益率曲线会呈现向下倾斜的（甚至是倒转的）形状

（二）信用利差

1. 信用利差概述

信用利差是指除信用评级不同外，其余条件全部相同的两种债券收益率的差额。一般而言，

投资者会要求更高的收益率来补偿较高的违约风险,即违约风险越高,投资收益率也应该越高。

风险溢价是指某一风险债券的预期到期收益率与某一具有相同期限和票面利率的无风险债券的到期收益率之间的差额。风险溢价可以用来度量违约风险与投资收益率之间的关系。

2. 信用利差的特点

信用利差的特点包括:

(1) 对于给定的非政府部门的债券、给定的信用评级,信用利差随着期限增加而扩大。

(2) 信用利差随着经济周期(商业周期)的扩张而缩小,随着经济周期(商业周期)的收缩而扩张。

(3) 信用利差的变化本质上是市场风险偏好的变化,受经济预期影响。

四、债券的久期和凸性

利率变化是影响债券价格的主要因素之一。久期和凸性是衡量债券价格随利率变化特性的两个重要指标。

(一) 久期

债券的到期期限是度量其寿命的传统指标,但不是充分性指标。1938年,麦考利为评估债券的平均还款期限,引入了久期的概念。

1. 久期的概念

麦考利久期又称为存续期,是指债券的平均到期时间,从现值角度度量了债券现金流的加权平均年限,即债券投资者收回其全部本金和利息的平均时间。

2. 久期的计算公式

$$D_{mac} = \left[\frac{1C}{1+y} + \frac{2C}{(1+y)^2} + \cdots + \frac{nC}{(1+y)^n} + \frac{nM}{(1+y)^n}\right]\frac{1}{P} = \frac{\sum_{t=1}^{n}\frac{tC}{(1+y)^t} + \frac{nM}{(1+y)^n}}{P}$$

式中,D_{mac} 表示麦考利久期;C 为每次付息金额;P 表示当前债券的市场价格;M 为面值;n 为付息周期数;y 为每个付息周期应计收益率。

> **注意**
>
> (1) 若付息周期为半年付息一次,则付息周期数为年数乘以2;若付息周期为每季度付息一次,则付息周期数为年数乘以4。
>
> (2) 已知年化收益率,若半年付息一次,则每个付息周期应计收益率为年化收益率的一半;若每季度付息一次,则每个付息周期应计收益率为年化收益率的四分之一。

3. 修正久期的计算公式

修正久期等于麦考利久期除以 (1+y),即:

$$D_{mod} = \frac{D_{mac}}{1+y}$$

在给定收益率变化下,债券价格的百分比变化与修正久期变化方向相反。修正久期越大,由给定收益率变化所引起的价格变化越大。公式如下:

$$\frac{dP}{P} = -D_{mod}dy$$

(二) 凸性

利用久期来估计债券价格的波动性是近似值,在收益率变动较小时适用。若收益率变动较大，则需要使用凸性来估算。凸性是债券价格与到期收益率之间的关系用弯曲程度来表示的方式。债券价格与到期收益率呈反比关系，但这种反比关系是非线性的，即债券的到期收益率下降所引起的债券价格上升的幅度不等于到期收益率同比上升所引起的债券价格下降的幅度，该现象就是由凸性引起的，见图3-2。

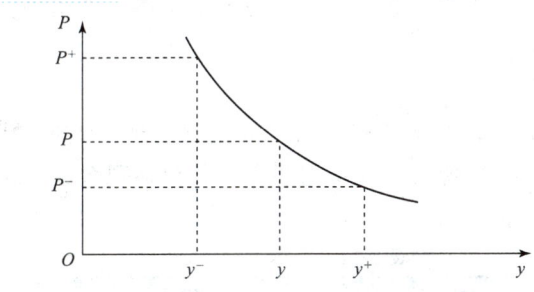

图 3-2 债券价格—收益率曲线

如图3-2所示，债券的到期收益率和债券价格分别用 y 和 P 表示。当债券的到期收益率增加或减少同样的比率时，分别表示为 y^+ 和 y^-，债券价格则呈现不同幅度的变化特征。从图3-2中可以看出，当债券的到期收益率从 y 增加到 y^+ 时，债券价格相应地减少到 P^-；相反，当债券的到期收益率从 y 减少到 y^- 时，债券价格相应地增加到 P^+。但是，在债券价格与到期收益率反向变动的过程中，债券价格上升的幅度大于债券价格下降的幅度。

债券的凸性即为上述债券价格—收益率曲线的曲率。凸性意味着债券的价格—收益曲线的斜率随着收益率而变化。如图3-3所示，对于凸性为正的债券（不含期权的债券都有正的凸性），收益率升高时，斜率是较小的负值，久期估算价格的下降幅度大于实际价格的下降幅度；收益率降低时，斜率是较大的负值，久期估算价格的上涨幅度小于实际价格的上涨幅度。图3-3中，债券B与债券A在切点位置斜率相同，但由于债券B的凸性更大，随着收益率的变化，债券B的价格将优于债券A。凸性对投资者是有利的，在其他特性相同时，投资者应当选择凸性更高的债券进行投资。

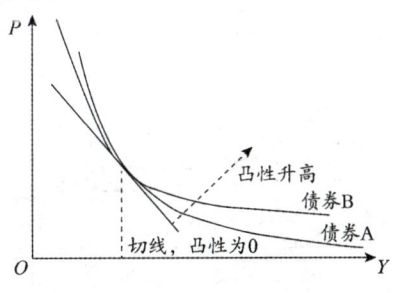

图 3-3 债券的凸性

考点回顾｜单项选择题

下列关于久期和凸性的说法中，错误的是（　　）。
A. 麦考利久期是指债券的平均到期时间
B. 利用久期来计算债券价格的波动性是精确值
C. 凸性是债券价格—收益率曲线的曲率
D. 凸性导致债券收益率下降所引起的债券价格上升的幅度不等于收益率同比上升所引起的债券价格下降的幅度

【答案】B

(三) 久期和凸性的应用

债券基金经理可以通过合理运用久期和凸性这两种工具实现资产组合现金流匹配和资产负债有效管理。如果债券基金经理能够较好地确定持有期，就能够找到所有的久期等于持有期的债券，并选择凸性最高的债券，这类策略称为免疫策略。常用的免疫策略主要包括所得免疫、价格免疫和或有免疫。

1. 所得免疫

所得免疫策略保证投资者有充足的资金可以满足预期现金支付的需要，对于养老基金、社保基金、保险基金等机构投资者具有重要的意义。其包括现金配比策略、久期配比策略和水平配比策略，具体内容见表 3-11。

表 3-11 所得免疫策略

策略	内容
现金配比策略	现金配比策略可以投资于债券投资组合，获得的利息和收回的本金恰好满足未来现金需求。现金配比策略限制性强，弹性很小，这就可能会排斥许多缺乏良好现金流量特性的债券
久期配比策略	久期配比策略只要求负债流量的久期和债券投资组合的久期相同即可，因而有更多的债券可供选择。其不足之处在于，为了满足负债的需要，债券管理者可能不得不在价格极低时抛出债券
水平配比策略	水平配比策略是将现金配比策略与久期配比策略的优点结合起来。按照这一策略要求，投资者可以设计出一种债券投资组合，在短期内运用现金配比策略，在较长的时期内运用久期配比策略。这样，既具有了现金配比策略中流动性强的优点，又具有了久期配比策略中弹性较大的优点

2. 价格免疫

价格免疫由那些保证特定数量资产的市场价值高于特定数量负债的市场价值的策略组成。价格免疫使用凸性作为衡量标准，实现资产的凸性与负债的凸性相匹配。债券投资组合的价格免疫策略见图 3-4。

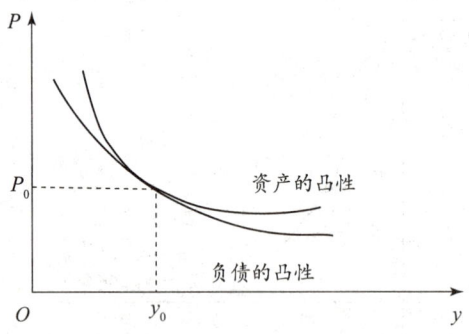

图 3-4 债券投资组合的价格免疫策略

由图 3-4 可知，若某一基金有足够的资金支持，则可以使其债券投资组合（资产）的市场价值等于未来支出（负债）的现值。只要资产的凸性高于负债的凸性，两者间差额的市场价值就将随着利率的变化而增减。而且凸性越大，从利率变化所获得的利得也就越大。因此，在这种情况下，就可以判断这家基金"价格免疫"了。

3. 或有免疫

或有免疫策略与所得免疫和价格免疫有所不同。它不是真正意义上的主动策略或被动策略。此策略指出了投资者允许组合在一定范围内（保证最低收益率或价值）进行主动型投资管理，一旦超出该范围，投资者就会立即停止采用此方法，而用市场利率来对剩余资产进行免疫，这样可以确保资产的最终值。

第三节 货币市场工具

一、货币市场工具概述

(一) 货币市场工具的概念

货币市场工具一般指短期的（1年之内）、具有高流动性的低风险证券，具体包括回购协议、银行定期存款、商业票据、银行承兑汇票、短期国债、中央银行票据等。货币市场工具产生于信用活动，交易价格为利率，是固定收益证券的一部分。

(二) 货币市场工具的功能

货币市场工具在金融市场中具有十分重要的功能，具体包括：①货币市场工具为商业银行管理流动性以及企业融通短期资金提供了有效的手段；②因货币市场工具交易而形成的短期利率在整个市场的利率体系中充当了基准利率，为市场上其余证券利率的确定提供了重要的参考依据，是判断市场上银根松紧程度的重要指标。

(三) 货币市场工具的特点

货币市场工具的特点包括：①均是债务契约；②期限在1年以内（含1年）；③流动性高；④大宗交易，主要由机构投资者参与，个人投资者很少有机会参与买卖；⑤本金安全性高，风险较低。

二、常用的货币市场工具

常用货币市场工具的具体内容见表3-12。

表3-12 常用的货币市场工具

项目	内容
发达国家的货币市场工具	①银行间短期资金（同业拆借）；②短期政府债券；③短期金融债券；④中央银行票据；⑤商业票据；⑥商业汇票；⑦大额可转让存单；⑧银行贷款等
我国的货币市场工具	①现金；②期限在1年以内（含1年）的银行存款、债券回购、中央银行票据、同业存单；③剩余期限在397天以内（含397天）的债券、非金融企业债务融资工具、资产支持证券；④中国证监会、中国人民银行认可的其他具有良好流动性的货币市场工具

(一) 银行定期存款

1. 银行定期存款的概念

银行定期存款指银行与存款人双方在存款时事先约定期限、利率，到期后支取本息的存款，是银行资金的主要来源。

2. 银行定期存款的特点

银行定期存款的特点包括：①银行定期存款具有较低的存款准备金率，且方便商业银行管理，因此其深受金融机构喜爱。②银行定期存款可以提前支取本金或部分本金；若提前支取，则提前支取部分的利息按支取日的活期利率付息。③银行定期存款一般有3个月、6个月、1年、2年、3年、5年等期限。一般情况下，期限越长，利率越高。④对投资者来说，银行定期存款具有期限、金额选择余地大，流动性好，利息收益较稳定等特点。

(二) 回购协议

1. 回购协议的概念

回购协议是指资金需求方在出售证券的同时与证券的购买方约定在一定期限后按约定价格购回所卖证券的交易行为。其中,证券的出售方为资金借入方,即正回购方;证券的购买方为资金贷出方,即逆回购方;正、逆回购是一个问题的两个方面。本质上,回购协议是一种证券抵押贷款,抵押品以国债为主。

2. 回购协议的功能

回购协议的功能包括:①中国人民银行以此工具进行公开市场操作,方便中央银行投放(收回)基础货币,形成合理的短期利率;②为商业银行的流动性和资产结构的管理提供了必要的工具;③各类非银行金融机构可以通过证券回购协议实现套期保值、头寸管理、资产管理、增值等目的。

3. 回购协议市场

我国金融市场上的回购协议以国债回购协议为主。由于历史沿革的因素,我国存在两个分离的国债回购市场——场内交易市场与场外交易市场。其具体内容见表3-13。

表3-13 场内交易市场与场外交易市场

项目	内容
场内交易市场	在我国,场内交易指上海证券交易所和深圳证券交易所开办的国债标准回购业务,参与者包括个人投资者和企业。因为标准化的缘故,场内交易的回购协议对国债种类、期限、合约金额、清算方式都有极其严格的规定
场外交易市场	场外交易市场指银行间国债回购市场,参与者包括中国人民银行、商业银行(包括非国有商业银行)、证券公司、基金管理公司等金融机构

注意

货币基金在银行间回购市场兼有资金需求方和资金供给方的角色。货币基金使用回购协议作为其资金的来源有两方面原因:①基金的资产中存在大量的政府债券,可以作为回购协议的抵押品;②回购协议市场交易量大,可以方便地获得资金。同时,基金会将部分资金配置在短期回购协议中,以保持基金有适当的流动性和收益。

★考点回顾 单项选择题

下列关于回购协议市场的说法,不正确的是( )。
A. 我国存在两个分离的国债回购市场
B. 我国金融市场上的回购协议以国债回购协议为主
C. 场外交易的参与者包括个人和企业
D. 场内交易指上海证券交易所和深圳证券交易所
【答案】C

4. 回购协议的主要类型

按回购期限划分,我国在交易所挂牌的国债回购按回购期限可以分为1天(隔夜回购)、2天、3天、4天、7天、14天、28天、91天及182天。国债回购作为一种短期融资工具,在各国市场中最长期限均不超过1年。

按逆回购方是否有权处置回购协议的标的国债划分,国债回购可以分为质押式回购(封闭式回购)和买断式回购(开放式回购)。其具体内容见表3-14。

表 3-14　质押式回购和买断式回购

类型	内容
质押式回购	对于质押式回购，质押的国债的所有权仍属于国债的出让方（正回购方），受让方（逆回购方）无权处置，国债被证券交易中心冻结。质押式回购历史很长，是目前回购市场的主要交易品种
买断式回购	对于买断式回购，出售的国债的所有权转移给国债的受让方（逆回购方），受让方有权处置该国债，只需在到期日按约定价格回售先前的国债

5. 影响回购协议利率的因素

影响回购协议利率的因素见表 3-15。

表 3-15　影响回购协议利率的因素

因素	内容
抵押证券的质量	抵押证券的流动性越好、信用程度越高，回购利率越低
回购期限的长短	一般来说，回购期限越短，抵押品的价格风险越低，回购利率越低
交割的条件	若采用实物交割，则回购利率较低。目前的大部分回购协议尤其是期限较短的回购协议一般不采用实物交付，而是将抵押的证券交付至贷款人的清算银行的保管账户或借款人专用的证券保管账户中
货币市场其他子市场的利率	货币市场的各个子市场的利率主要反映市场短期的流动性情况，并且具有很强的联动性，其他子市场如同业拆借市场、票据市场等利率的高低会对回购市场利率的高低产生正向影响

6. 回购协议的定价

$$回购价格 = 本金 \times \left(1 + \frac{回购时应付的利率 \times 回购协议的期限}{360}\right)$$

7. 回购协议的风险

回购协议的风险主要是信用风险，具体内容见表 3-16。

表 3-16　回购协议的风险

项目	内容
信用风险类型	①到期时，证券的出让方（正回购方）无法按约定价格赎回，证券的受让方（逆回购方）只能保留作为抵押品的证券。此时，若适逢利率上升，则该抵押品价格下降，抵押品的价值便低于出借资金的价值，客户蒙受损失。②到期时，证券的受让方（逆回购方）不愿意按约定价格将抵押品回售给证券的出让方（正回购方）。此类信用风险一般发生在利率下跌、抵押品价格上涨的情形下
降低风险的方法	①对抵押品进行限定，且倾向于对流动性高、容易变现抵押物的要求，如只接受短期国债或中央银行票据为抵押品。②提高抵押率的要求。一般要求提供更多的抵押品

（三）中央银行票据

中央银行票据的具体内容见表 3-17。

表 3-17　中央银行票据

项目	内容
概念	中央银行票据是由中央银行发行的用于调节商业银行超额准本金的短期债务凭证，简称央行票据或央票。央行票据的期限有 3 个月、6 个月、1 年、3 年和远期票据，其中以 1 年以下的央票为主
发展历程	①1993年，中国人民银行发行了两期共计 200 亿元人民币的中央银行融资券，该融资券主要为解决当时中央银行缺少可用于公开市场操作的债券的困难；②2002年9月，真正的央行票据出现；③从 2003 年 4 月起，央票正式有规律地滚动发行
产生的原因	①加入WTO后，外汇储备暴增，央行投放基础货币购买外汇，为了回笼货币，减少流动性过剩的压力；②我国以中期国债为主，无法满足央行公开市场业务的需要，央票成为公开市场操作的有效工具

续表

项目	内容
特征	①中央银行票据市场的参与主体只有央行及经过特许的商业银行和金融机构；②央行通过与商业银行进行票据的交易改变商业银行超额准备金的数量，从而影响整个市场的货币供给水平
分类	央行票据分为普通央行票据和专项央行票据两种。普通央行票据是央行公开市场操作中使用的票据；专项央行票据主要用于置换商业银行和金融机构的不良资产，不改变市场上基础货币的供给水平

（四）短期政府债券

短期政府债券的具体内容见表3-18。

表3-18 短期政府债券

项目	内容
概念	短期政府债券是由一国的政府部门发行并承担到期偿付本息责任的，期限在1年及1年以内的债务凭证
	广义的短期政府证券不仅包括国家财政部发行的债券，还包括地方政府及政府代理机构发行的债券
	狭义的短期政府债券仅指由财政部发行的政府债券（本章的短期政府债券指狭义的短期政府债券）
发行方式	短期政府债券以贴现的形式发行，为无息票债券，投资者获得的投资收益是债券的购买价和债券票面价值的差额。短期政府债券投资收益根据拍卖竞价决定，因此不存在发行过多或发行不足的问题
特点	①违约风险小，由国家信用和财政收入作保证，在经济衰退阶段尤其受投资者喜爱；②流动性强，交易成本和价格风险极低，十分容易变现；③利息免税，根据我国相关法律规定，国库券的利息收益免征所得税

（五）短期融资券

短期融资券的具体内容见表3-19。

表3-19 短期融资券

项目	内容
概念	短期融资券是境内具有法人资格的非金融企业发行的，仅在银行间债券市场上流通的短期债务工具。短期融资券的期限不超过1年，交易品种有3个月、6个月、9个月、1年，其特征与商业票据十分相似
发行方式	（1）短期融资券由商业银行承销并采用无担保的方式发行（信用发行），通过市场招标确定发行利率。发行者必须为具有法人资格的非金融企业，投资者为银行间债券市场的机构投资者 （2）企业发行短期融资券的主要目的是获得短期流动性，对资金用途并无明确限制
发展状况	我国央票、国债和金融债发行量最大，短期融资券次之，截至2011年，短期融资券的发行总量超过企业债和公司债的总和。2010年年底，银行间市场交易商协会宣布正式启动超短期融资券业务（SCP），进一步丰富了短期融资券的期限结构

（六）证监会、中国人民银行认可的其他具有良好流动性的货币市场工具

1. 同业拆借

同业拆借的具体内容见表3-20。

表3-20 同业拆借

项目	内容
概念	同业拆借是指金融机构之间以货币借贷方式进行短期资金融通的行为。同业拆借的期限一般较短，最短的是隔夜拆借，最长的接近1年
交易主体	同业拆借市场属于银行间市场，交易主体为商业银行、保险公司、证券公司、基金公司等大型金融机构。交易过程涉及资金的拆入方（借方）和拆出方（贷方）

续表

项目	内容
意义	同业拆借对金融市场具有重要意义，拆借的资金一般用于缓解金融机构短期流动性紧张，弥补票据清算的差额等。对资金拆入方来说，同业拆借市场的存在降低了金融机构的流动性风险；对资金拆出方来说，同业拆借市场的存在提高了金融机构的获利能力，使得原本存放在中央银行无法生息的资产实现利息收入。对中央银行来说，其可以通过提高存款准备金率来影响同业拆借利率，从而实现货币政策的传导；对整个市场来说，同业拆借市场是对短期流动性最敏感的市场，同业拆借利率作为市场的基准利率，是衡量市场流动性的重要指标，为市场上其他利率的确定提供了重要的参考依据
起源	同业拆借活动起源于存款准备金制度，各国央行规定商业银行获得的存款必须按一定比例计提存款准备金（不生息），若准备金数额不足，则将受到一定的经济处罚
对象	目前，同业拆借的对象不仅仅限于商业银行的超额准备金，还包括商业银行的同业存款、证券交易商及政府拥有的活期存款
目的	拆借的目的除了满足准备金的需求，还拓展到解决临时性、季节性资金需求，轧平票据的差额等
交易方式	同业拆借市场并不是有形的交易市场，而是一个由参与其中的金融机构通过通信设备连接构筑的无形市场。整个交易过程通过中央银行的电子资金转账系统实现。同业拆借既可以通过交易商完成，也可以由双方直接联系完成交易。市场中的交易商有两类，一类是专门从事货币市场各子市场交易中介业务的交易商，另一类是由一些大银行组成的兼营交易商
主要的同业拆借市场	美国的联邦资金市场是美国的银行间同业拆借市场，主要目的是调剂联邦储备银行会员银行的准备金头寸。英国伦敦的银行间同业拆借市场是世界上规模最大的同业拆借市场之一，交易的货币包括欧洲美元、英镑及其他欧洲货币；相应地，伦敦同业拆借利率（Libor）则是国际金融市场中大多数浮动利率的基础利率，是衡量全球市场流动性的重要指标
我国的同业拆借市场	(1) 2007年1月4日，衡量我国市场上短期流动性水平的"上海银行间同业拆借利率"（Shibor）正式运行。我国同业拆借市场上交易活跃的品种有1天（隔夜）、7天、14天、1个月、3个月、6个月、9个月和1年。同业拆借的利息是按日结算的。拆息率则根据剔除该品种每天最高和最低报价后的算术平均数得到，并于每天上午11:30对外发布。各个品种的拆息率每天都会调整，灵敏度极高 (2) Shibor在我国债券定价的过程中发挥着十分重要的作用，市场上不仅有以Shibor发行的浮息债，Shibor也是公司（企业）债利率确定的重要参考，还是部分短期融资券和中期票据的定价基础

2. 银行承兑汇票

银行承兑汇票的具体内容见表3-21。

表3-21 银行承兑汇票

项目	内容
概念	银行承兑汇票是由在承兑银行开立存款账户的存款人出票，向开户银行申请并经银行审查同意承兑的，保证在指定日期无条件支付确定的金额给收款人或持票人的票据，是商业票据的一种
功能	方便商业交易活动，减少了因售货方对购货方信用不了解而产生的不信任，在对外贸易中运用较多
主要业务	银行承兑汇票的业务主要体现在银行承兑汇票的承兑和贴现业务上，在我国全部票据业务中占比超过90%。承兑业务由银行提供，其本质是由银行将其信用出借给企业，因此企业必须缴纳一定的手续费。贴现业务是持票人或收款人有资金需求时，将未到期的银行承兑汇票向银行申请贴现，银行扣除贴现利息后将余额支付给持票人或收款人。贴现银行可在到期日时凭该票据向承兑行收取票款。本质上，贴现业务就是向企业提供短期贷款。一般票据的贴现期不超过6个月，贴现期从贴现日起计算至票据到期日
转贴现和再贴现	银行承兑汇票可以进行转贴现和再贴现。银行A在持有贴现获得的银行承兑汇票的期间，因短期资金需要将该汇票向银行B（不包括中央银行及其分支机构）贴现的行为便是转贴现。若银行B是中央银行或其分支机构，则称为再贴现。转贴现大致存在两类：若转贴现后该汇票的所有权归银行B，银行A不再买回，则称其为买（卖）断式转贴现；若银行A转贴现后与银行B约定在某一到期日重新买回该汇票，则称其为回购式转贴现。转（再）贴现也需要向贴现行支付贴现息，计算过程与贴现过程一致

3. 商业票据

商业票据的具体内容见表3-22。

表3-22　商业票据

项目	内容
概念	商业票据指发行主体为满足流动资金的需求所发行的期限为2~270天的、可流通转让的债务工具。广义的商业票据指在金融市场上流通的商业汇票和商业本票，狭义的商业票据仅指商业本票
特点	商业票据的特点主要有三点：①面额较大；②利率较低，通常比银行优惠利率低，比同期国债利率高；③只有一级市场，没有明确的二级市场
发行方式	(1) 直接发行，指发行主体直接将票据销售给投资人，大多数资信好的公司采用这种发行方式 (2) 间接发行，指发行主体通过票据承销商将票据间接出售给投资者。和短期政府债券一样，商业票据也采用贴现发行的方式。货币市场利率越高，贴现率越高；发行主体资信越好，贴现率越低

4. 大额可转让定期存单

大额可转让定期存单的具体内容见表3-23。

表3-23　大额可转让定期存单

项目	内容
概念	大额可转让定期存单是银行发行的具有固定期限和一定利率的，且可以在二级市场上转让的金融工具
特点	①定期存款记名且不可转让；大额可转让定期存单不记名，并且可以在二级市场上转让，可转让是其最大的特点。②定期存款的金额一般由存款者自身决定，有零有整；大额可转让定期存单一般面额较大，且为整数。③定期存款的投资者可以是个人投资者、机构投资者、企业等；由于面额较大，大额可转让定期存单的投资者一般为机构投资者和资金雄厚的企业。④定期存款的利率固定；大额可转让定期存单的利率可以是固定的，也可以是浮动的，且一般比同期的定期存款利率要高，一般也高于同期国债的利率。⑤定期存款可以提前支取，但需要罚息；大额可转让定期存单原则上不能提前支取，只能在二级市场上转让。⑥定期存款期限较长，一般都在1年以上；而大额可转让定期存单的期限较短，一般在1年以内，最短的14天，以3个月、6个月为主
发行方式	大额可转让定期存单的一级市场即发行市场，发行人多为大银行。发行时按面额平价发行，票面利率取决于银行的信用级别、存单期限、存单面额、存单的供求关系、货币市场其他子市场的利率水平以及相关的法律法规。存单发行的形式有两类：①批发式发行，即发行银行将发行数量、面值大小、利率、发行日期、期限等信息预先公布，供投资者自行认购；②零售式发行，即为满足投资者的不同需求，不定时发行，利率、罚息方式也与投资者协商后确定
做市商	大额可转让定期存单的二级市场一般采取做市商制度。做市商的主要功能有两个：①以自有资金买入存单后再零售给投资者获取资本利得；②为投资者提供流动性充足的二级市场。值得注意的是，做市商会通过回购协议将部分大额可转让定期存单抵押出去以获得资金，但存单回购利率要高于国债回购利率
风险	①信用风险，指发行存单的银行在期满时无法偿付本金和利息；②市场风险，指投资者无法在二级市场上立即变现或不能以合理的价格变现

5. 同业存单

同业存单是存款类金融机构在全国银行间市场上发行的记账式定期存款凭证，其投资和交易主体为全国银行间同业拆借市场成员、基金管理公司及基金类产品（包括信托公司）。目前，同业存单已经成为银行业存款类金融机构的重要短期融资工具。

同业存单的利率参考同期限Shibor，发行期限原则上不超过1年，主要包括1个月、3个月、6个月、9个月和1年；浮动利率的同业存单则以Shibor为基准，发行期限原则上在1年以上，包括1年、2年和3年。同时，存款类金融机构在当年发行备案额度内，自行确定每期同业存单的发行金额、期限，但单期发行金额不得低于5 000万元人民币。

衍生工具

　　本章共包含四个小节。
　　第一节主要讲述了衍生工具的概念、参与方、特点和分类。
　　第二节主要讲述了远期合约的概念、特点及定价，期货合约的概念、要素、交易制度及功能。
　　第三节主要讲述了期货合约的概念、特点及类型，期货合约价值的分类及盈亏分布情况，影响期权价格的因素。
　　第四节主要讲述了互换合约的概念、类型，远期合约、期货合约、期权合约与互换合约的区别。

知识结构

- **衍生工具**
  - **衍生工具概述**
    - 基本概念
      - 参与方/组成/涉及的风险
    - 衍生工具特点
      - 跨期性、杠杆性、联动性、不确定性或高风险性
    - 衍生工具的分类
      - 按合约特点分类/按产品形态分类/按合约标的资产种类分类/按交易场所分类
  - **远期合约和期货合约**
    - 远期合约特点及定价
    - 期货合约发展历程
      - 国际/我国发展历程
    - 期货合约要素
    - 期货市场交易制度
      - 保证金制度、盯市制度、对冲平仓制度、交割制度
    - 期货市场的基本功能
      - 风险管理、价格发现、投机
  - **期权合约**
    - 要素
      - 标的资产、期权的买方、卖方等
    - 常见类型和价值
    - 影响期权价格因素
      - 期权的有效性、无风险利率水平等
  - **互换合约**
    - 类型
      - 利率互换、货币互换、股票收益互换
    - 与远期合约、期货合约、期权合约的区别

第一节 衍生工具概述

一、衍生工具的概念、参与方、组成及所涉及的风险

(一) 衍生工具的概念

衍生工具指的是由另一种基础资产（股票、债券、货币或商品等）构成或衍生而来的交易合约。其价值取决于一种或多种基础资产，即合约标的资产。合约标的资产可以是金融资产，也可以是黄金、原油等大宗商品或贵金属。

(二) 衍生工具的参与方

衍生工具的参与方包括多头和空头。在未来买入合约标的资产（或者有买入合约标的资产权利）的一方称为多头；在未来卖出合约标的资产（或者有卖出合约标的资产权利）的一方称为空头。

(三) 衍生工具的组成

衍生工具的组成要素的具体内容见表4-1。

表4-1 衍生工具的组成要素

要素	内容
合约标的资产	衍生工具是在合约标的资产的基础上创造出来的。常见的合约标的资产包括：市场利率，股票，股票市场指数和债券市场指数，小麦、大豆等农产品
到期日	所有的衍生工具都会规定一个合约到期日
交易单位	交易单位，又称合约规模，是指在交易时每一份衍生工具所规定的交易数量。在交易时，只能以交易单位的整数倍进行买卖。确定期货合约交易单位的大小时，主要应当考虑合约标的资产的市场规模、交易者的资金规模等因素。当合约标的资产的市场规模、交易者的资金规模较大时，交易单位应该较大
交割价格	衍生工具的交割价格是未来买卖合约标的资产的价格，通常取决于合约标的资产的价格和交易双方的预期
结算	衍生工具的结算可以按合约规定在到期日或者在到期日之前结算。一些衍生工具在结算时要求实物交割；其他的衍生工具允许计算出现净现金盈亏，用现金结算

(四) 衍生工具涉及的风险

在衍生工具的交易中，交易双方中某一方违约的风险被称作交易对手风险。履约保函是第三方（通常是保险公司）开具的当某一方违约时保证偿付的保单。另外，抵押品也能保护交易双方免受违约带来的损失。

二、衍生工具的特点

与股票、债券等金融工具相比，衍生工具具有跨期性、杠杆性、联动性、不确定性或高风险性四个显著的特点。其具体内容见表4-2。

表4-2 衍生工具的特点

特点	内容
跨期性	衍生工具是交易双方根据对价格（如商品价格、利率、股价等）变化的预测，约定在未来某一确定的时间按照某一条件进行交易或有选择是否交易的权利，涉及基础资产的跨期转移。每一种衍生工具都会影响交易者在未来某一时间的现金流，跨期交易的特点非常明显

续表

特点	内容
杠杆性	衍生工具只要支付少量保证金或权利金就可以买入。例如，如果期货交易保证金为合约金额的5%，则可以控制20倍于所投资金额的合约资产，实现"以小博大"的效果，这也在很大程度上决定了衍生工具所具有的高风险性
联动性	联动性指衍生工具的价值与合约标的资产价值紧密相关，衍生资产价格与标的资产的价格具有联动性
不确定性或高风险性	衍生工具的价值与合约标的资产紧密相关，合约标的资产的价格变化会导致衍生工具的价格变动，而且衍生工具通常存在较大的杠杆，所以常常会有比较大的风险。除了这几种风险，衍生工具还可能有以下风险：①交易中对方违约，没有履行承诺造成损失的信用风险；②因资产价格或指数变动导致损失的市场风险；③因市场缺少交易对手而导致投资者不能平仓或变现的流动性风险；④因为交易对手无法按时付款或者按时交割带来的结算风险；⑤因为操作人员人为错误或系统故障或控制失灵导致的操作风险；⑥因为合约不符合所在国法律带来的法律风险

★ 考点回顾｜单项选择题

衍生工具的特点不包括（　　）。

A. 跨期性　　　　　B. 杠杆性　　　　　C. 联动性　　　　　D. 低风险性

【答案】D

三、衍生工具的分类

（一）按合约特点分类

按照自身的合约特点，衍生工具可以分为远期合约、期货合约、期权合约、互换合约和结构化金融衍生工具。远期合约、期货合约、期权合约、互换合约是四种基本的衍生工具，所有的金融衍生工具均可以由这四种合约构造出来。其具体内容见表4-3。

表4-3　衍生工具的类型（按合约特点分类）

类型	内容
远期合约	远期合约是指交易双方约定在未来某一确定的时间，按约定的价格买入或卖出一定数量的某种合约标的资产的合约
期货合约	期货合约是指交易双方签署的在未来某个确定的时间按确定的价格买入或卖出某项合约标的资产的合约
期权合约	期权合约，也称选择权合约，是指赋予期权买方在规定期限内按双方约定的价格买入或卖出一定数量的某种金融资产的权利的合约
互换合约	互换合约是指交易双方约定在未来某一时期相互交换某种合约标的资产的合约。更为准确地说，互换合约是指交易双方之间约定的在未来某一期间内交换他们认为具有相等经济价值的现金流的合约
结构化金融衍生工具	通过上述四种基础衍生工具的相互结合或者与基础金融工具相结合，能够开发和设计出的金融衍生工具被称为结构化金融衍生工具或者简称"结构化产品"

（二）按产品形态分类

按照衍生工具的产品形态，衍生工具可以分为独立衍生工具和嵌入式衍生工具。其具体内容见表4-4。

表4-4　衍生工具的类型（按产品形态分类）

类型	内容
独立衍生工具	独立衍生工具指本身即独立存在的金融合约，如期权合约、期货合约或者互换合约等

续表

类型	内容
嵌入式衍生工具	嵌入式衍生工具是指嵌入非衍生合约（简称主合约）中的衍生工具，该衍生工具使主合约的部分或全部现金流量将按照特定利率、金融工具价格、汇率、价格或者利率指数、信用等级或信用指数，或类似变量的变动而发生调整，例如，公司债券条款中包含的赎回条款、返售条款、转股条款、重设条款等

（三）按合约标的资产的种类分类

按照合约标的资产，衍生工具可以分为货币衍生工具、利率衍生工具、股权类产品的衍生工具、信用衍生工具、商品衍生工具及其他衍生工具。其具体内容见表4-5。

表4-5　衍生工具的类型（按合约标的资产的种类分类）

类型	内容
货币衍生工具	货币衍生工具是指以各种货币作为合约标的资产的金融衍生工具，主要包括远期外汇合约、货币期货合约、货币期权合约、货币互换合约以及上述合约的混合交易合约
利率衍生工具	利率衍生工具是指以利率或利率的载体为合约标的资产的金融衍生工具，主要包括远期利率合约、利率期货合约、利率期权合约、利率互换合约以及上述合约的混合交易合约
股权类产品的衍生工具	股权类产品的衍生工具是指以股票或股票指数为合约标的资产的金融衍生工具，主要包括股票期货合约、股票期权合约、股票指数期货合约、股票指数期权合约以及上述合约的混合交易合约
信用衍生工具	信用衍生工具是指以基础产品所蕴含的信用风险或违约风险为合约标的资产的金融衍生工具，用于转移或防范信用风险，主要包括信用互换合约、信用联结票据等
商品衍生工具	商品衍生工具是指以商品为合约标的资产的金融衍生工具，主要包括各种大宗商品的期货合约
其他衍生工具	其他衍生工具包括用于管理气温变化风险的天气期货合约、用于管理政治风险的政治期货合约、用于管理巨灾风险的巨灾衍生产品等

（四）按交易场所分类

按照交易场所，衍生工具可以分为交易所交易的衍生工具和场外交易市场交易的衍生工具两类。其具体内容见表4-6。

表4-6　衍生工具的类型（按交易场所分类）

类型	内容
交易所交易的衍生工具	是指在有组织的交易所上市交易的衍生工具，例如，在股票交易所交易的股票期权产品，在期货交易所和专门的期权交易所交易的各类期货合约、期权合约等
场外交易市场（OTC）交易的衍生工具	是指通过各种通信方式，不通过集中的交易所，实行分散的、一对一交易的衍生工具。例如，金融机构之间、金融机构与大规模交易者之间进行的各类互换交易和信用衍生工具交易

第二节　远期合约和期货合约

一、远期合约概述

（一）远期合约的概念及特点

远期合约的具体内容见表4-7。

表 4-7 远期合约

项目	内容
概念	远期合约是指交易双方约定在未来某一确定的时间,按约定的价格买入或卖出一定数量的某种合约标的资产的合约。它是一种最简单的衍生品合约。合约标的资产通常为大宗商品和农产品(如大豆和石油等),以及外汇和利率等金融工具
组成	金融远期合约主要包括远期利率合约、远期外汇合约和远期股票合约
特点	远期合约是一种非标准化的合约,即远期合约一般不在交易所进行交易,而是在金融机构之间或金融机构与客户之间通过谈判后签署。远期合约通常用实物交割。已经签订的远期合约也可以在场外市场交易。在签署远期合约之前,双方可以就交割地点、到期日、交割价格、交易单位和合约标的资产的质量等细节进行谈判,以便尽量满足双方的需要
优点	远期合约最主要的优点是比较灵活
缺点	①因为远期合约没有固定的、集中的交易场所,不利于市场信息的披露,也就不能形成统一的市场价格,所以远期合约市场的效率偏低;②每份远期合约在交割地点、到期日、交割价格、交易单位和合约标的资产的质量等细节上差异很大,给远期合约的流通造成很大不便,因此远期合约的流动性比较差;③远期合约的履行没有保证,当价格变动对其中一方有利时,交易对手有可能没有能力或没有意愿按规定履行合约,因此远期合约的违约风险会比较高

(二)远期合约的定价

远期价格是远期市场为当前交易的一份远期合约而提供的交割价格。它使得远期合约的当前价值为零。远期价格与标的资产的现货价格紧密相关。这个远期价格显然是理论价格,它与远期合约在实际交易中形成的实际价格(双方签约时确定的交割价格)并不一定相等。但是,一旦理论价格与实际价格不相等,就会出现套利机会。若交割价格高于远期价格,套利者就可以通过买入标的资产现货、卖出远期并等待交割来获取无风险利润,从而促使现货价格上升,交割价格下降,直至套利机会消失;若交割价格低于远期价格,套利者就可以通过卖空标的资产现货、买入远期来获取无风险利润,从而促使现货价格下降,交割价格上升,直至套利机会消失。最终,远期价格又等于实际价格。

假设交割价格为 F_0、远期价格为 F 和当前价值为 f。远期价格 F 是这样决定的:在期初,由于签署远期合约是没有任何货币支付的,因此当前价值 $f=0$,从而使得远期价格等于合约的交割价格,即 $F=F_0$。初始时间过后,当前价值 f 会随远期价格的改变而发生变化,这种变化实际上取决于标的资产的现货价格、市场利率和其他因素的变化。

下面研究时间 $t=0$ 时签署、时间 T 时交割一种资产的远期合约的远期价格 F 的定价问题。为确定远期价格 F,在此首先假设:①没有交易成本;②标的资产是任意可分的;③标的资产的储存是没有成本的;④标的资产是可以卖空的。

若标的资产当前的现货价格(时间 $t=0$)为 S_0,理论上的远期价格(到期日为 T)是:

$$F=F_0=S_0 e^{rT}$$

式中,r 为无风险利率。

二、期货合约概述

(一)期货合约的概念及发展历程

1. 期货合约的概念

期货合约是指交易双方签署的在未来某个确定的时间按确定的价格买入或卖出某项合约标的资产的合约。期货合约在交易所中交易,一般用现金进行结算。

2. 期货合约的发展历程

期货市场的发展大致经历了由商品期货到金融期货，交易品种不断增加，交易规模不断扩大的过程。其具体内容见表4-8。

表4-8 期货合约的发展历程

历程	内容
国际期货市场的发展历程	（1）商品期货是最早产生的期货合约，其标的资产为实物商品。按照实物商品的种类不同，商品期货可分为农产品期货、金属期货和能源期货三种 （2）商品期货推出后，随着布雷顿森林体系的解体，20世纪70年代初国际经济的形势发生剧烈变化，占主导地位的固定汇率制被浮动汇率制所取代，利率管制等金融管制政策也被逐渐取消，汇率、利率频繁剧烈波动，促使人们重新认识期货市场。在这种背景下，金融期货开始被普遍使用。金融期货主要包括货币期货、利率期货、股票指数期货和股票期货四种。率先出现的是外汇期货，利率期货和股票指数期货也紧接着产生 （3）20世纪90年代之后，在欧洲和亚洲市场，金融期货交易已经占据了市场的大部分份额；而在国际期货市场上，金融期货也成为交易的主要品种 （4）近年来，不少交易所又陆续推出更多新型的期货品种，例如，房地产价格指数期货、通货膨胀指数期货等
我国期货市场的发展历程	（1）我国的商品期货市场开始于20世纪90年代 （2）2006年9月，中国金融期货交易所正式成立 （3）2010年4月，中国金融期货交易所推出沪深300指数期货，结束了我国股票现货和股指期货市场割裂的局面，对于降低投资者的操作成本、提高资产配置效率，以及完善我国多层次资本市场结构均具有重大意义 （4）2013年9月6日，首批3个5年期国债期货合约正式在中国金融期货交易所推出。国债期货对债券市场定价和避险具有关键作用

（二）期货合约的要素

期货合约主要包括期货品种、交易单位、最小变动单位、价格波动限制和最后交易日等一系列内容。对于每一份期货合约中的确切条款，期货交易所一般会做出规定。其具体内容见表4-9。

表4-9 期货合约的要素

要素	内容
期货品种	期货品种是指具有期货商品性能，并经过批准允许进入交易所进行期货买卖的标的资产品种，通常分为商品期货和金融期货两种
交易单位	（1）交易单位，也称合约规模，是指在期货交易所交易的每一份期货合约上所规定的交易数量。在交易期货合约时，只能以交易单位的整数倍进行买卖 （2）确定期货合约交易单位的大小，主要应该考虑合约标的资产的市场规模、交易者的资金规模、期货交易所会员结构以及这种标的资产现货交易习惯等因素。一般来说，某种标的资产的市场规模较大，交易者的资金规模比较大，则这种期货合约的交易单位就可以相应地设计得比较大
最小变动单位	最小变动单位是指期货交易所公开竞价过程中，某一商品报价单位在每一次报价时所允许的最小价格变动量。最小变动单位乘以交易单位就是该合约的最小变动值。在期货交易中，每次报价必须是其合约规定的最小变动单位的整数倍。期货合约最小变动单位的确定取决于该合约标的资产的种类、性质、市场价格波动情况和商业规范等
每日价格最大波动限制	（1）每日价格最大波动限制，也称为每日涨跌停板制度，即期货合约在一个交易日中的交易价格波动不得高于规定的涨跌幅度或者低于规定的涨跌幅度，超过该涨跌幅度的报价将被视为无效，不能成交。涨跌停板一般是以合约上一交易日的结算价为基准确定的。该条款的规定在于防止价格波动幅度过大造成交易者重大损失，但同时阻碍了价格迅速移向新的均衡水平。从经济效益上讲，它由于阻止了市场及时恢复均衡，因而限制了价格发现功能的实现 （2）涨跌停板的确定主要取决于该种标的资产现货市场价格波动的频繁程度和波幅的大小。一般来说，现货的价格波动越频繁、越剧烈，该标的资产合约的每日涨跌停板就应设置得大一些；反之则应小一些

续表

要素	内容
合约月份	合约月份是指期货合约到期交收实物的月份。期货的合约月份由期货交易所规定，期货交易者可自由选择不同合约月份的期货合约。在金融期货中，绝大多数合约的交割月份都定为每年的3月、6月、9月和12月。商品期货合约月份的确定一般由其生产、使用和消费等特点决定。此外，合约月份的确定还会受到该合约商品的储藏、保管、流通、运输方式和特点等的影响
交易时间	期货合约的交易时间是固定的。每个交易所对交易时间都有严格的规定，不同的交易所可以规定不同的交易时间。一般每周营业日5天，周六、周日及国家法定节假日休息。一般每个交易日分为两盘，即上午盘和下午盘。各交易品种的交易时间也可以不同，由交易所安排
最后交易日	最后交易日是指期货合约在合约月份中可以进行交易的最后一个交易日。在期货交易中，绝大多数成交的合约都是通过对冲交易结清的，如果过了最后交易日仍未做对冲，就必须进行实物交割或现金结算。根据不同期货合约标的资产的生产、消费和交易特点，期货交易所确定其不同的最后交易日
交割等级	交割等级是指由交易所统一规定的、准许上市交易的标的资产的质量等级。在进行期货交易时，交易双方没有必要对标的资产的质量等级进行协商，发生实物交割时按期货合约规定的标准质量等级进行交割。交易所在制定标的资产的等级时，常常采用国内或国际贸易中最通用和交易量较大的标准品的质量等级作为标准交割等级
其他交割条款	其他交割条款是指由交易所规定的各种期货合约因到期未做对冲平仓而进行实物交割的各项条款，包括交割日、交割方式和交割地点等

★ 考点回顾 | 单项选择题

期货合约的要素包括（　　）。

Ⅰ. 期货品种　　Ⅱ. 交易单位　　Ⅲ. 最小变动单位　　Ⅳ. 最后交易日

A. Ⅰ、Ⅱ、Ⅲ　　B. Ⅰ、Ⅱ、Ⅳ　　C. Ⅰ、Ⅱ　　D. Ⅰ、Ⅱ、Ⅲ、Ⅳ

【答案】D

（三）期货市场的交易制度

期货交易涉及的交易制度包括清算制度、价格报告制度、保证金制度、盯市制度、对冲平仓制度和交割制度等。

1. 保证金制度

保证金制度的具体内容见表4-10。

表4-10　保证金制度

项目	内容
概念	保证金制度是指在期货交易中，任何交易者必须按其所买入或者卖出期货合约价值的一定比例交纳资金，这个比例通常在5%～10%，作为履行期货合约的保证，并视价格确定是否追加资金，然后才能参与期货合约的买卖
目的	期货交易设定保证金是为了维护交易的安全性，防止期货交易者因期货价格波动不能履行支付义务而给期货经纪商或结算公司造成损失
影响	保证金比率的确定会直接影响到期货交易的效率。比率过高会增加交易者的成本，影响期货市场的流动性；过低则会增加市场风险
我国与国际上保证金制度的异同	国际上各期货交易所保证金分为初始保证金和维持保证金。初始保证金是初次合约成交时应交纳的保证金，相当于我国的交易保证金或保证金；维持保证金是在价格朝买入合约不利方向变动时，初始保证金除去用于弥补亏损外，剩下的余额须达到的最低水平。一旦保证金账户中的余额低于维持保证金水平，交易所应通知客户追加一笔资金，即追加保证金。追加后的保证金水平应达到初始保证金标准。若客户不及时存入追加保证金，则经纪人将予以强行平仓

2. 盯市制度

盯市制度的具体内容见表4-11。

表 4-11 盯市制度

项目	内容
概念	盯市是期货交易最大的特征，又称为"逐日结算"，即在每个营业日的交易停止以后，成交的经纪人之间不直接进行现金结算，而是将所有清算事务都交由清算机构办理。后者依据清算价进行清算，清算价即每个营业日收盘前30秒或60秒内成交的所有交易的价格平均数，或者可以直接采用期货收盘价进行清算
目的	盯市是为了避免因发生违约导致另一方当事人蒙受巨大损失而设计的，它对于保证期货合约的履行至关重要
作用	盯市的作用在于使期货合约每天得到结算，而不像远期交易那样一直要等到到期日才对整个合约存续期间发生的盈亏进行一次性收付。这项制度性安排使得期货合约的价格在每个营业日末回到零

3. 对冲平仓制度

对冲平仓这一交易行为是指若持仓者在到期日之前改变已有的头寸，在市场上买卖与自己合约品种、数量相同但方向相反的期货。期货交易中的头寸是指多头或空头。无论投资者的初始交易是买入还是卖出期货合约，都把这一行为称为开仓；无论投资者持有的是多头头寸还是空头头寸，都把这一行为称为持仓。

交易者进行期货交易的目的有两种，即套期保值或者进行投机。这种目的决定了期货交易是一种不以实物商品的交割为目的的交易。期货交易中最后进行实物交割的比例很小，一般只有1%～3%，绝大多数期货交易者都以对冲平仓的方式了结交易。

4. 交割制度

交割分为实物交割和现金结算两种形式。如果合约在到期日没有对冲，则一般是交割实物商品的，如小麦或一笔外汇等。有些金融期货合约的标的资产不方便或不可能进行有形交割，只能以现金结算，如股票指数期货。现金结算很大程度上模拟了实物交割，只是空头方在收到期货价格的同时，交割的是等于资产值的现金而非资产本身。

（四）期货市场的基本功能

期货市场的基本功能见表 4-12。

表 4-12 期货市场的基本功能

功能	内容
风险管理	现货价格风险是指商品生产者或者商品经营者在生产、经营过程中不可避免地会遇到的风险，即无论价格向哪个方向变动，总会使一部分商品生产者或者商品经营者遭受损失。期货市场最基本的功能就是风险管理，具体表现为利用商品期货管理价格风险，利用外汇期货管理汇率风险，利用利率期货管理利率风险，以及利用股指期货管理股票市场系统性风险
价格发现	期货市场中形成的价格能真实地反映供求状况，同时又为现货市场提供了参考价格，起到了"价格发现"的功能。由于市场的高度可竞争性以及交易者为了获利而进行的信息搜寻活动，使期货合约的价格能够及时、准确地反映标的资产所包含的信息的变化，交易者也将迅速调整自己的资产组合，使得期货的价格能够更好地反映未来市场的变化。期货合约具有的价格发现功能以及降低信息不对称的功能，有利于实现社会资源的合理配置
	期货市场本身所具有的价格发现功能使得商品期货价格成为现货交易的基准价格
投机	投机者是期货市场的重要组成部分，是期货市场必不可少的润滑剂。投机交易增强了市场的流动性，承担了套期保值交易转移的风险，是期货市场正常运营的保证

第三节　期权合约

一、期权合约概述

较早的期权交易主要用于实物商品、房地产和贵金属业务，即都是现货期权。20 世纪 20

年代,美国已经出现了股票的期权交易。全美范围内的标准化的期权合约是从1973年芝加哥期权交易所(CBOE)的看涨期权交易开始的。我国的期权交易还处在起步阶段,目前仅有上证50 ETF期权于2015年2月9日上市。

(一) 期权合约的概念

期权合约,又称选择权合约,是指赋予期权买方在规定期限内按双方约定的价格买入或卖出一定数量的某种金融资产权利的合约。约定的价格被称作执行价格或协议价格。

(二) 期权合约的要素

期权合约的要素见表4-13。

表4-13 期权合约的要素

要素	内容
标的资产	即期权合约中约定交易的资产,可以是实物商品、金融资产、利率、汇率或各种综合价格指数等
期权的买方	买入期权的一方,即支付费用从而获得权利的一方,也称期权的多头
期权的卖方	卖出期权的一方,即获得费用因而承担着在规定的时间内履行该期权合约义务的一方,也称期权的空头
执行价格	又称协议价格,是指期权合约所规定的,期权买方在行使权利时所实际执行的价格。在金融期权交易中,交易所内交易合约的执行价格是由交易所根据标的资产的价格变化趋势确定的,场外交易合约的执行价格则由交易双方商定
期权费	是指期权买方为获取期权合约所赋予的权利而向期权卖方支付的费用。它是期权合约中唯一的变量,其大小取决于期权合约的要素,包括合约标的资产、到期日和执行价格等。对于卖方而言,它是期权的回报;对于买方而言,它是买入期权所遭受损失的最高限度。期权费是交易双方在期权交易所内竞价形成的
通知日	当期权买方要求履行标的物的交付时,它必须在预先确定的交货和提运日之前的某一天先通知卖方,以便让卖方做好准备,这一天就是通知日
到期日	是指期权合约必须履行的时间

注意

执行价格指的是期权合约中标的资产的价格;而期权费是期权合约的价格,更准确地说,是期权合约所规定的权利的价格。

(三) 期权合约的常见类型

期权合约的常见类型见表4-14。

表4-14 期权合约的常见类型

分类依据	类型	具体内容
按期权买方执行期权的时限分类	欧式期权	欧式期权的买方只有在期权到期日才能执行期权(行使买入或卖出标的资产的权利),既不能提前也不能推迟。如果买方要提前执行权利,则期权卖出者可以拒绝履约;如果推迟,则期权将被作废
	美式期权	美式期权允许期权买方在期权到期前的任何时间执行期权。美式期权的买方既可以在期权到期日这一天行使期权,也可以在期权到期日之前的任何一个交易时段执行期权。超过到期日,美式期权同样也失效
按执行价格与标的资产市场价格的关系分类	实值期权	是指如果期权立即被执行,买方具有正的现金流
	平价期权	是指买方此时的现金流为零
	虚值期权	是指买方此时具有负的现金流

续表

分类依据	类型	具体内容
按期权买方的权利分类	看涨期权（认购权）	看涨期权赋予期权的买方在事先约定的时间以执行价格从期权卖方手中买入一定数量的标的资产的权利，又称买入期权。为取得这种买的权利，期权买方需要在买入期权时支付给期权卖出者一定的期权费。因为它是人们预期某种标的资产的未来价格上涨时买入的期权，所以被称为看涨期权
	看跌期权（认沽权）	看跌期权买方拥有一种权利，即在预先规定的时间以执行价格向期权卖出者卖出规定的标的资产，又称卖出期权。为取得这种卖的权利，期权买方需要在买入期权时支付给期权卖出者一定的期权费。因为它是人们预期某种标的资产的未来价格下跌时买入的期权，所以被称为看跌期权

★ 考点回顾 单项选择题

（　　）指期权的买方只有在期权到期日才能执行期权，既不能提前也不能推迟。

A．美式期权　　　　B．欧式期权　　　　C．看涨期权　　　　D．看跌期权

【答案】B

二、期权合约的价值

（一）期权合约价值的分类

期权合约的价值可以分为两部分：内在价值和时间价值。一份期权合约的价值等于其内在价值与时间价值之和。其具体内容见表4-15。

表4-15　期权合约的价值

项目	内容
内在价值	多头行使期权时可以获得的收益的现值，即资产的市场价格与执行价格之间的差额
时间价值	在期权有效期内标的资产价格波动为期权持有者带来收益的可能性所隐含的价值

（二）期权合约的盈亏分布情况

期权合约与远期合约及期货合约的不同之处主要在于期权合约损益的不对称性。

1. 看涨期权的盈亏分布

因为期权买卖双方是零和博弈，所以买方的盈亏和卖方的盈亏正好相反，见图4-1。

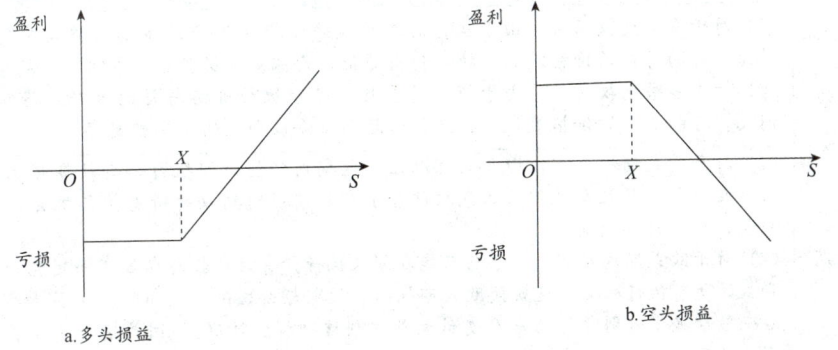

图4-1　看涨期权的盈亏分布

由图4-1可知，看涨期权买方的亏损是有限的，其最大亏损额为期权价格，而盈利可能是无限大的。相反，看涨期权卖方的盈利是有限的，其最大盈利为期权价格，而亏损可能是无限大的。期权的买方以较小的期权价格作为代价换取大幅盈利的可能性，而期权的卖方则为赚取期权费而承担了大幅亏损的风险。

2. 看跌期权的盈亏分布

看跌期权的卖方的盈利和买方的亏损是有限的,见图4-2。

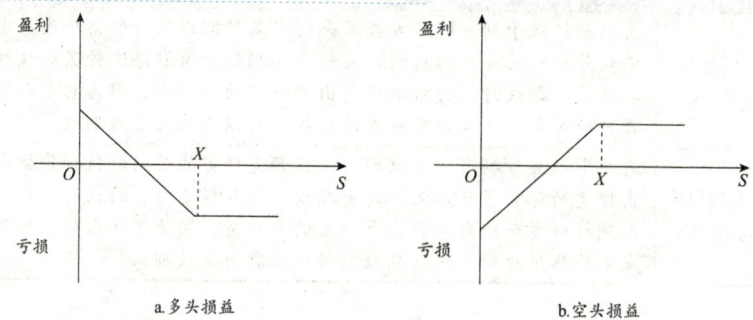

图 4-2　看跌期权的盈亏分布

由图4-2可知,当标的资产的价格跌至盈亏平衡点(等于执行价格减去期权费)以下时,看跌期权买方的最大盈利是执行价格减去期权费后再乘以每份期权合约所包含的合约标的资产的数量,此时合约标的资产的价格为零。如果合约标的资产价格高于执行价格,看跌期权买方就会亏损,其最大亏损是期权费总额,如图4-2的a图所示。看跌期权卖方的盈亏状况则与买方刚好相反,即看跌期权卖方的盈利是有限的期权费。亏损也是有限的,其最大限度为协议价格减去期权价格后再乘以每份期权合约所包括的标的资产的数量。

3. 到期日各类期权的损益状态

如果以 X 表示执行价格,S_T 代表标的资产的到期日价格,假设在计算时不包括初始期权成本,则:

欧式看涨期权多头的损益为:$\max(S_T-X, 0)$;欧式看涨期权空头的损益为:$\min(X-S_T, 0)$;欧式看跌期权多头的损益为:$\max(X-S_T, 0)$;欧式看跌期权空头的损益为:$\min(S_T-X, 0)$。

三、影响期权价格的因素

影响期权价格的因素见表4-16。

表 4-16　影响期权价格的因素

因素	内容
合约标的资产的市场价格与期权的执行价格	(1) 对于看涨期权而言,由于执行时其收益等于标的资产的市场价格与执行价格之差,因此,标的资产的价格越高、执行价格越低,看涨期权的价格就越高 (2) 对于看跌期权而言,由于执行时其收益等于执行价格与标的资产市场价格的差额,因此,标的资产的价格越低、执行价格越高,看跌期权的价格就越高
期权的有效期	(1) 对于美式期权而言,由于它可以在有效期内任何时间执行,有效期越长,买方获利机会就越大,而且有效期长的期权包含了有效期短的期权的所有执行机会,所以有效期越长,期权价格越高 (2) 对于欧式期权而言,由于它只能在期末执行,有效期长的期权不一定包含有效期短的期权的所有执行机会。这就使欧式期权的有效期与期权价格之间的关系显得非常复杂。但在一般情况下(剔除标的资产支付大量红利这种特殊情况),因为有效期越长,合约标的资产的风险就越大,空头亏损的风险也越大,所以期权合约的有效期越长,期权价格越高
无风险利率水平	(1) 对买方而言,期权买方只需支付期权费买入期权,从而其剩余资金可以无风险利率进行投资。故当无风险利率上升时,看涨期权的价格随之升高 (2) 对卖方而言,直到期权买方行权才能卖出合约标的资产收回现金。故当无风险利率升高时,卖方资金的机会成本会变高,从而看跌期权的价值随之降低;当无风险利率下降时,无风险利率对看涨期权价格和看跌期权价格的作用则相反

续表

因素	内容
标的资产价格的波动率	（1）标的资产价格的波动率是用来衡量标的资产未来价格变动不确定性的指标，一般以百分比表示。由于期权多头的最大亏损额仅限于期权价格，而最大盈利额则取决于执行期权时标的资产市场价格与执行价格的差额，因此波动率越大，对期权多头越有利，期权价格也应越高 （2）常用的波动率有历史波动率及隐含波动率两种。①历史波动率是以合约标的资产（如期货合约）的历史价格数据为基础计算的收益率年度化的标准差，是对历史价格波动情况的反映。然而，由于股价波动难以预测，利用历史波动率进行预测一般都不能保证准确。②隐含波动率则是指市场上交易的期权价格蕴含的波动率。它是将期权市场上某一期权合约的期权费及其他几个参数输入期权定价模型之后反过来计算而来的，反映的则是市场对价格波动率的看法
合约标的资产的分红	由于标的资产的分红付息等将降低标的资产的价格，而执行价格并未因此进行相应的调整，因此在期权有效期内，标的资产产生的红利将使看涨期权价格下降，而使看跌期权价格上升

影响期权价格的因素及其影响方向见表4-17。

表 4-17 影响期权价格的因素及其影响方向

影响因素	影响方向	
	看涨期权	看跌期权
合约标的资产的市场价格↑	↑	↓
期权的执行价格↑	↓	↑
期权的有效期↑	↑	↑
标的资产价格的波动率↑	↑	↑
无风险利率水平↑	↑	↓
合约标的资产的分红↑	↓	↑

第四节 互换合约

一、互换合约概述

互换合约是指交易双方约定在未来某一时期相互交换某种合约标的资产的合约。更为准确地说，互换合约是指交易双方之间约定的在未来某一期间内交换他们认为具有相等经济价值的现金流的合约。

常见的两种合约是利率互换合约和货币互换合约，此外还有股权互换、信用违约互换等互换合约。

我国20世纪80年代就已经推出货币互换合约，之后推出利率互换合约。近年来我国互换合约市场高速成长，互换合约也成为许多投资组合的重要组成部分。目前，中国外汇交易中心人民币利率互换参考利率包括上海银行间同业拆放利率（含隔夜、1周、3个月期等品种）、国债回购利率（7天）、1年期定期存款利率，互换期限从7天到3年，交易双方可协商确定付息频率、利率重置期限、计息方式等合约条款。

二、互换合约的类型

本节主要讲述利率互换、货币互换和股票收益互换。其中，利率互换和货币互换的比较见表4-18。

表 4-18 利率互换和货币互换的比较

项目	利率互换	货币互换
定义	利率互换是指互换合约双方同意在约定期限内按不同的利息计算方式分期向对方支付由币种相同的名义本金额所确定的利息	货币互换是指互换合约双方同意在约定期限内按相同或不同的利息计算方式分期向对方支付由不同币种的等值本金额确定的利息,并在期初和期末交换本金
形式	①息票互换,即固定利率对浮动利率的互换;②基础互换,即双方以不同参照利率互换利息支付,如美国优惠利率对Libor	①固定对固定,即将一种货币的本金和固定利息与另一种货币的等价本金和固定利息进行交换;②固定对浮动,即将一种货币的本金和固定利息与另一种货币的等价本金和浮动利息进行交换;③浮动对浮动,即将一种货币的本金和浮动利息与另一种货币的等价本金和浮动利息进行交换
产生原因	双方进行利率互换的主要原因是双方在固定利率和浮动利率市场上分别具有比较优势	货币互换产生的主要原因是双方在各自国家中的金融市场上具有比较优势
确定互换方案的基本过程	①建立成本和融资渠道矩阵;②确定各方比较优势;③划分互换利益;④为互换定价,即确定互换合约中各方应支付的利率	

股票收益互换中,交易一方或双方支付的金额与特定股票、指数等权益类标的证券的表现挂钩。原则上,双方按照收益轧差后的净额进行支付,不发生本金交换。我国的股票收益互换业务开始于2012年年底,采用场外协议成交的方式。

投资者和证券公司之间的股票收益互换有三种模式:①固定利率和股票收益的互换;②股票收益和固定利率的互换;③股票收益和股票收益的互换。其中,前两种形式更为常见。

投资者可以通过股票收益互换,实现策略投资、杠杆交易、股权融资、市值管理以及创建结构产品。证券公司在与投资者订立股票收益互换交易的同时,会进行风险对冲,将自身风险暴露控制在较低水平。风险对冲后,证券公司最终只赚取类似佣金或利息收入的中间价差。

三、远期合约、期货合约、期权合约和互换合约的区别

远期合约、期货合约、期权合约和互换合约的区别见表4-19。

表 4-19 远期合约、期货合约、期权合约和互换合约的区别

区别	内容
交易场所与合约	期货合约只在交易所交易,期权合约大部分在交易所交易;远期合约和互换合约通常在场外交易,采用非标准形式进行,以满足交易各方需求,具有较高的灵活性,这也使得谈判较为复杂,交易成本较高
损益特性	远期合约、期货合约和大部分互换合约都包括买卖双方在未来应尽的义务,因此,它们有时被称作远期承诺或者双边合约。与此相反,期权合约和信用违约互换合约只有一方在未来有义务,因此被称作单边合约。期权合约和信用违约互换合约使买方可以对卖方行使某种权利。当情形对自己有利或者特定条件被满足时,买方可以行权。期权合约与远期合约以及期货合约的不同之处是它的损益的不对称性
信用风险	双边合约因为包括买卖双方在未来应尽的义务而使双方暴露在对方违约的风险中;单边合约仅使买方暴露在这种风险中。期货合约由于具备对冲机制,实物交割比例非常低,交易价格受最小价格变动单位和日涨跌停板限定。远期合约如要中途取消,则必须经双方同意,任何单方面意愿是无法取消合约的,其实物交割比例非常高
执行方式	一般而言,远期合约和互换合约通常用实物进行交割。值得注意的是,远期合约的两个合约即使方向相反也不能自动抵消。期货合约绝大多数通过对冲相抵消,通常用现金结算,极少用实物交割。而期权合约则是买方根据当时的情况判断行权对自己是否有利来决定行权与否
杠杆	期货合约通常用保证金交易,因此有明显的杠杆。期权合约中买方需要支付期权费,而卖方则需要缴纳保证金,也会有杠杆效应。而远期合约和互换合约通常没有杠杆效应

另类投资

本章共包含四个小节。

第一节主要讲述了另类投资的内涵及产品类别，另类投资的优点与局限。

第二节主要讲述了私募股权投资的概念、类型及J曲线，私募股权投资的战略形式、基金组织形式及退出机制。

第三节主要讲述了不动产投资的概念、特点、类型及投资工具。

第四节主要讲述了大宗商品的概念、特征、类型及投资方式。

知识结构

- **另类投资**
  - **另类投资概述**
    - 主要类型：另类资产、另类投资策略、私募股权、对冲基金
    - 优点：提高收益、分散风险
    - 局限：①缺乏监管和信息透明度；②流动性较差，杠杆率偏高；③估值难度大
  - **私募股权投资**
    - J曲线
    - 战略形式：风险投资、成长权益、并购投资等
    - 组织形式：合伙型、公司型、信托型
    - 退出机制：首次公开发行、买壳上市或借壳上市、管理层回购等
  - **不动产投资**
    - 特点：异质性、不可分性、低流动性
    - 类型：地产投资、商业房地产投资、工业用地投资等
    - 工具：房地产有限合伙、房地产权益基金、房地产信托
  - **大宗商品投资**
    - 特征
    - 类型：能源类、基础原材料类、贵金属类、农产品类
    - 投资方式：购买大宗商品实物、购买资源或者购买大宗商品相关股票、投资大宗商品衍生工具、投资大宗商品的结构化产品

第一节 另类投资概述

一、另类投资的内涵与发展

(一) 另类投资的内涵

另类投资,也称替代投资,是指传统投资之外的所有投资。前几章讲述的公开市场交易的权益、债券、货币和期货等投资一般被称为传统投资。和传统投资一样,另类投资应当是能够在可接受的风险水平下提供合理回报的投资。

(二) 另类投资的产品类别

另类投资的主要类型包括:①另类资产,如自然资源、大宗商品、房地产、基础设施、外汇和知识产权等;②另类投资策略,如长短仓、多元策略投资和结构性产品等;③私募股权,如风险投资、成长权益、并购投资和危机投资等,组织形式通常为合伙人、公司、信托契约等;④对冲基金,如全球宏观、事件驱动和管理期货对冲基金等。除了私募股权、不动产、大宗商品等主流形式外,另类投资还包括黄金投资、碳排放权交易、艺术品和收藏品投资等方式。其具体内容见表5-1。

表5-1 另类投资的产品类别

种类	内容
黄金投资	(1) 黄金投资在本质上可以认为是大宗商品投资,但同时黄金投资又体现出货币金融产品的特性。黄金具备价值储存功能,同时大多数情况下与货币相挂钩,一般具有风险厌恶特征,具有长远目光的投资者适合进行黄金投资 (2) 我国的黄金交易市场包括上海黄金交易所和上海期货交易所。其中,上海黄金交易所从事现货黄金交易,而上海期货交易所从事期货黄金交易
碳排放权交易	碳排放权交易在性质上也属于特定性的商品类投资,在1997年《京都协议书》签署之后,各国政府把二氧化碳排放作为一种可交易的大宗商品,形成市场机制,对碳排放权进行交易。通常合同一方通过支付货币或者其他资产来获得合同相对方的温室气体减排额,其主要类型包括配额型交易和项目型交易。2014年5月国务院发布《关于进一步促进资本市场健康发展的若干意见》(简称"新国九条"),明确提出我国将推出"碳排放权"这一新型交易工具
艺术品和收藏品投资	艺术品和收藏品投资也是另类投资的一种形式。艺术品与收藏品市场主要以拍卖为主,其投资价值建立在艺术家的声望、销售纪录等条件之上

(三) 另类投资的全球化趋势

私募股权投资最早在欧美地区产生并得到发展,但最近几年,包括美国大型私募股权基金在内的绝大部分私募股权投资者将眼光转向了东亚市场,尤其是正处于发展中的中国成为这些私募股权投资者的首选投资地。近年来,中国经济快速发展使投资者对多元化的金融工具产生了强烈的需求,另类投资不但为经济发展和产业转型提供了资金支持,而且为未来不断增长的财富管理的需求提供了解决方案。

(四) 另类投资在中国的发展

我国目前已经形成了四类公募另类投资基金的门类,分别为黄金 ETF 及黄金 ETF 联结基金、黄金 QDII、REITs 产品和商品 QDII,后三类基金产品都属于 QDII。目前,国内的黄金

ETF 主要是投资于上海黄金交易所的黄金产品，间接投资于实物黄金；黄金 QDII 是投资于海外上市交易的黄金 ETF 产品，不能直接投资于海外的黄金期货或现货产品，也有部分黄金 QDII 配置一些黄金类的股票进行投资；REITs 产品都投资于海外 REITs，其中美国的 REITs 市场最为发达，目前在国内只有少量 REITs 产品，绝大多数投资于美国房地产市场；商品 QDII 投资涉及黄金、石油、农产品等多类商品。

二、另类投资的优点与局限

（一）另类投资的优点

1. 提高收益

投资者将另类投资产品纳入他们的投资组合当中，其主要理由之一就是能够通过投资组合的多元化来提高其投资回报。通过多元化不仅能够提高投资者的回报，同时还能够达到分散风险的目的。

2. 分散风险

另类投资产品能够通过多元化达到分散风险的目的。在证券投资组合当中加入另类投资产品，能够达到获取多元化的收益和分散风险的效果。由于另类投资产品与包括股票和固定收益证券在内的传统证券投资产品具有较低的相关性，包括大宗商品投资在内的一部分另类投资产品甚至和传统证券投资产品呈现出负相关关系，所以投资者能够通过在他们的证券投资组合当中加入包括私募股权投资、房地产和商品等另类投资产品，达到分散投资风险的目的。

（二）另类投资的局限性

另类投资的局限性包括：①缺乏监管和信息透明度；②流动性较差，杠杆率偏高；③估值难度大，难以对资产价值进行准确评估。

第二节　私募股权投资

一、私募股权投资概述

（一）私募股权投资的概念

私募股权投资（PE）是指对未上市公司的投资。私募股权投资起源且盛行于美国，已经有 100 多年的历史。私募股权投资通常采用非公开募集的形式筹集资金，不能在公开市场上进行交易，流动性较差。

（二）私募股权投资机构的类型

国内外的私募股权投资机构类型包括：①专业化的私募投资基金，如黑石集团等；②大型多元化金融机构下设的直接投资部门，如摩根士丹利、JP 摩根等；③在国内，由中方机构发起、外资进行入股，如联想控股的成员企业弘毅投资，是专门从事股权投资及管理业务的机构；④大型企业的投资基金部门，这些部门主要为它们的母公司制定并执行与其发展战略相匹配的投资组合战略；⑤具有政府背景的投资基金等。

（三）J 曲线

J 曲线是指投资者考察其所投资的私募股权基金收益状况时画出的一条曲线。它是以时间为横轴、以收益率为纵轴的一条曲线，示例见图 5-1。

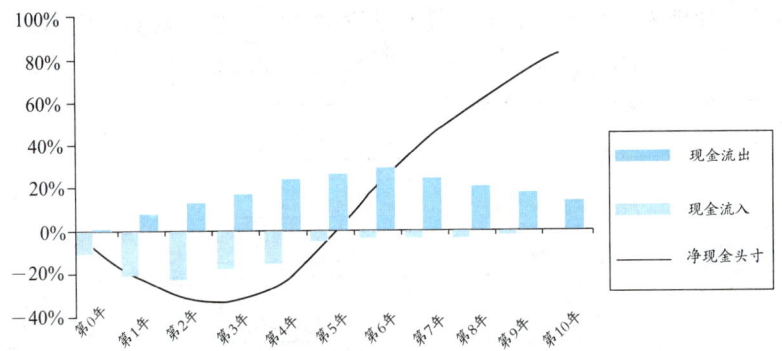

图 5-1　私募股权投资的 J 曲线

（1）对投资者而言，J 曲线意味着考虑到私募股权投资通常并不是在一两年内能够得到满意回报的投资项目，因此在这种长期投资项目中，如果过度偏好和注重短期收益，就不利于投资者实现长期的收益目标。

（2）对于私募股权基金管理者而言，J 曲线则意味着需要尽量缩短该曲线，尽快达到投资者所希望的收益回报。

二、私募股权投资的战略形式

私募股权投资广泛使用的战略包括：风险投资、成长权益、并购投资、危机投资和投资私募股权二级市场。其具体内容见表 5-2。

表 5-2　私募股权投资的战略形式

战略形式	具体内容
风险投资	风险投资一般采用股权形式将资金提供给具有创新性的专门产品或服务的初创型企业。初创型员工可能仅有少量员工，可能基本上不存在收益，也有可能只是一个创业构想或一份商业计划书。创业者不仅需要资金，也需要公司设立和运作方面的帮助。风险投资被认为是私募股权投资当中处于高风险领域的战略。风险资本的主要目的并不是为了取得对企业的长久控制权以及获得企业的利润分配，而在于通过资本的退出，从股权增值当中获取高回报
成长权益	成长权益战略投资于已经具备成型的商业模型和较好的顾客群，同时具备正现金流的企业。成长权益投资者偏好于在后期给企业提供额外资本来协助其上市
并购投资	并购投资是指专门进行企业并购的基金，即投资者为了满足已设立的企业达到重组或所有权转移的目的而存在的资金需求的投资。并购投资的主要对象是成熟且具有稳定现金流并且呈现出稳定增长趋势的企业，通过控股来确立市场地位，提升企业的内在价值，最后通过各种渠道退出并取得收益。并购投资包含杠杆收购、管理层收购等形式。杠杆收购是应用最广泛的形式
危机投资	当企业遭遇财务困境时，企业可能面临无法偿还债务的风险，进而面临破产危机，即违约风险。危机投资者擅长购买那些面临违约风险的企业的债务。危机投资者可能仅用现有贷款人所持有债权面值的 20%～30% 的资金来换取债权
投资私募股权二级市场	投资私募股权二级市场，也就是购买现有私募股权投资的权益。私募股权合伙企业的生命周期通常为 10 年左右，包括 3～4 年的投资，然后 5～7 年收获投资和回流资本。有些私募股权合伙企业的投资者可能在基金的正常生命周期内遇到流动性或者其他问题，因而寻求将其投资出售给他人，如此便形成二级市场

三、私募股权投资基金的组织形式

私募股权投资基金通常分为合伙型、公司型和信托型三种组织形式。

（一）合伙型

合伙型私募股权投资基金采用有限合伙企业的组织形式，参与主体主要有普通合伙人、有限合伙人和基金管理人。合伙型基金不具有独立的法人地位。其具体内容见图5-2。

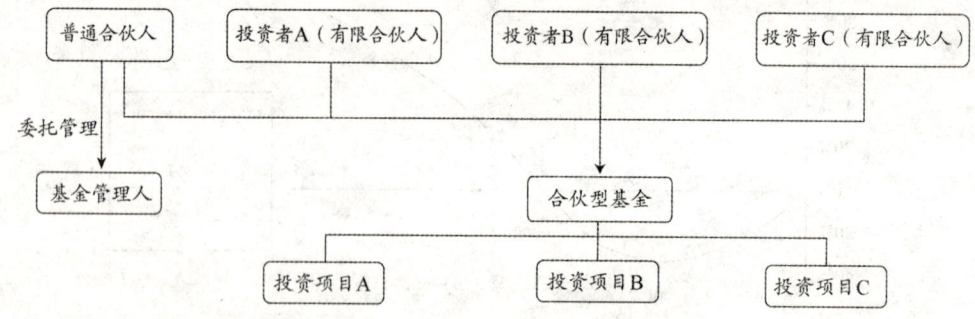

图 5-2 合伙型私募股权投资基金组织结构图

由图5-2可知,在合伙型私募股权投资基金中,普通合伙人主要代表整个私募股权投资基金对外行使各种权利,对私募股权投资基金承担无限连带责任,收入来源是基金管理费和盈利分红。有限合伙人则负责出资,并以其出资额为限,承担连带责任。普通合伙人有时会承担基金管理人的角色,但有时也委托专业管理人员对私募股权投资项目进行管理和监督。与公司型和信托型私募股权投资基金不同,普通合伙人具备独立的经营管理权力,有限合伙人虽然负责监督普通合伙人,但是不直接干涉或参与私募股权投资项目的经营管理。

(二)公司型

公司型私募股权投资基金是指私募股权投资基金以股份公司或有限责任公司形式设立。投资者依法享有股东权利,并且和其他公司的股东一样,以其出资额为限承担有限责任。公司型私募股权投资基金中,基金管理人通常作为董事或独立的外部管理人员参与股权投资项目的运营。基金管理人会受到股东的严格监督管理。其具体内容见图5-3。

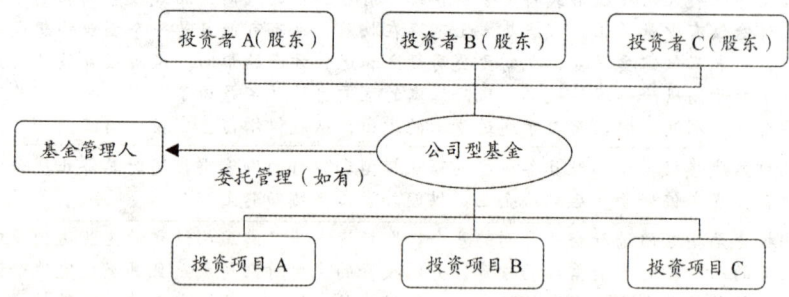

图 5-3 公司型私募股权投资基金组织结构图

(三)信托型

信托型私募股权投资基金是指通过订立信托契约的形式设立的私募股权投资基金,其本质是信托型基金。此类基金的组织结构见图5-4。

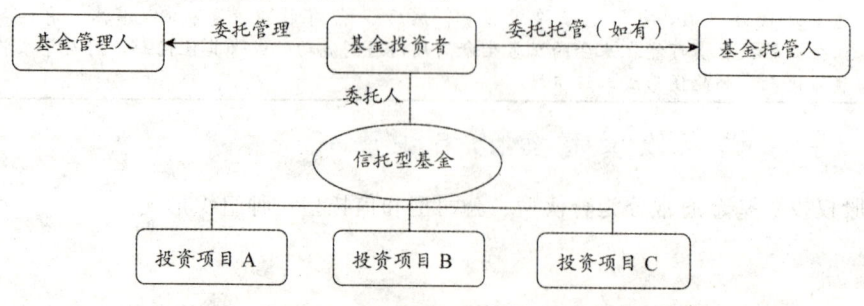

图 5-4 信托型私募股权投资基金组织结构图

由图 5-4 可知，信托型基金的参与主体主要为基金投资者、基金管理人及基金托管人。基金投资者通过购买基金份额，享有基金投资收益。基金管理人依据法律、法规和基金合同负责基金的经营和操作管理。基金托管人负责保管基金资产，执行管理人有关指令，办理基金名下的资金往来。

四、私募股权投资的退出机制

私募股权投资基金在完成投资项目之后，主要采取的退出机制包括：首次公开发行、买壳上市或借壳上市、管理层回购、二次出售、破产清算。其具体内容见表 5-3。

表 5-3　私募股权投资的退出机制

退出机制	内容
首次公开发行	首次公开发行（IPO）是指在证券市场上首次发行对象企业的普通股票的行为。此后，对象企业将变为上市公司，股票在证券市场上进行公开交易，私募股权投资基金可以通过出售其持有的股票收回现金。一般来说，首次公开发行伴随着巨大的资本利得，被认为是退出的最佳渠道
买壳上市或借壳上市	买壳上市或借壳上市是资本运作的一种方式，属于间接上市方法，为不能直接进行 IPO 的私募股权投资项目提供退出途径。私募股权投资基金通过收购上市公司一定数量股权取得控制权后，再将自己所投资的企业通过反向收购注入该上市公司，实现公司间接上市
管理层回购	管理层回购是指私募股权投资基金将其所持有的创业企业股权出售给企业的管理层从而退出的方式。其优点在于将外部股权全部内部化，使得对象企业保持充分的独立性
二次出售	二次出售是指私募股权投资基金将其持有的项目在私募股权二级市场出售的行为。与管理层回购一样，二次出售也是私募股权投资基金出售对象企业股份的过程，仅仅在出售对象上存在一定的差异。二次出售常常用于缓解私募股权投资基金紧急的资金需求
破产清算	破产清算是指私募股权投资基金投资的企业运营失败，项目以破产而告终，被迫退出的一种形式。私募股权投资企业进行清算，主要在以下三种情况下出现：①由于企业所属的行业前景不好，或企业不具备技术优势，或利润增长率没有达到预期的目标，私募股权投资基金决定放弃该投资企业；②所投资企业有大量债务无力偿还，又无法得到新的融资，债权人起诉该企业要求其破产；③所投资企业经营太差，达不到 IPO 的条件，且没有买家愿意接受私募股权投资基金持有的企业的权益，而且继续经营企业获得的收入无法弥补可变成本，继续经营只能使企业的价值变小，只得进行破产清算

第三节　不动产投资

一、不动产投资概述

（一）不动产投资的概念

不动产是指土地以及建筑物等土地定着物，相对动产而言，强调财产和权利载体在地理位置上的相对固定性。房地产是不动产中的主要类别。对大多数个体投资者而言，不动产投资即购买自己的居住用房地产，而另一些投资者将他们的房地产投资主要集中于商业不动产。

（二）不动产投资的特点

不动产投资具有异质性、不可分性和低流动性三个特点。其具体内容见表 5-4。

表 5-4　不动产投资的特点

特点	内容
异质性	每一项不动产在地理位置、产权类型、用途和使用率等方面都是独特的，受法律法规、政策、宏观环境和货币环境等因素影响较多。这给房地产估值带来了困难

续表

特点	内容
不可分性	和传统的股票、债券等不同,直接的不动产投资金额大,且不容易折分以卖给多个投资者。这意味着一项投资就可能占据投资组合的很大比例
低流动性	由于异质性、不可分性,直接的不动产投资流动性较差,产权交易时间长、费用高。若要快速转售,则往往要承担较大的折价损失

二、不动产投资的类型

不动产投资的类型的具体内容见表 5-5。

表 5-5　不动产投资的类型

类型	内容
地产投资	地产,亦指土地,是指未被开发的,可作为未来开发房地产基础的商业地产之一。土地本身的不确定性非常高,因此土地投资可能具有较高的投机性。土地投资大部分通过利用可预测的未来现金流获取的买卖价差或者开发后进行出售或出租经营来获取投资收益。土地投资由于其投资价值受到宏观环境和法律法规因素影响较大而极具风险性
商业房地产投资	商业房地产投资以出租而赚取收益为目的,其投资对象主要包括写字楼、零售房地产等设施
	写字楼在整个商业房地产投资当中占据着很大比例。写字楼的所有权通常归属于房地产投资者,这些投资者将写字楼空间出租给承租人。写字楼租金往往参照通货膨胀率和供求关系等因素逐年调整。对期望抵御通货膨胀的投资者而言,写字楼投资具有很大的吸引力
	零售房地产是指如购物中心、商业购物中心和其他用于零售目的而建设的建筑物。所有者将房地产出租给零售商进行经营
工业用地投资	工业用地是指包括生产用设备、研究和开发用空地以及仓库等各种工业用资产的所在地。中国目前的工业用地主要集中于经济开发区进行建设,剩余工业用地一般随工业投资而进行建设
酒店投资	酒店主要是指包含品牌的短期性居住设施,比如香格里拉酒店等,以及给职工提供的长期居住设施等房地产。酒店行业随着旅游市场的发展而得到发展
养老地产等其他形式的投资	越来越多的商业地产投资趋向于专门针对老人的老人居住地区和类似于多家庭居住区等接近教育设施的城市区域

三、不动产投资工具

许多投资者通过间接方式投资于不动产,主要形式包括房地产有限合伙、房地产权益基金和房地产投资信托等。

(一)房地产有限合伙

房地产有限合伙在功能上类似于私募股权合伙,由有限合伙人和普通合伙人组成。其具体内容见表 5-6。

表 5-6　房地产有限合伙

项目	内容
有限合伙人	房地产有限合伙人将资金提供给普通合伙人,有限合伙人仅以出资份额为限对投资项目承担有限责任,并不直接参与管理和经营项目
普通合伙人	普通合伙人通常是房地产开发公司,依赖其具备的专业能力和丰富经验将资金投资于房地产项目当中,之后管理并经营这些项目。通常,房地产普通合伙人和私募股权当中的普通合伙人一样,收取固定比例的管理费,同时,做决策时不会受到太大的干扰

(二)房地产权益基金

房地产权益基金是指从事房地产项目收购、开发、管理、经营和销售的集合投资制度,可能会以股份公司、有限合伙公司或契约型基金的形式存在。

房地产权益基金通常以开放式基金形式发行,定期开放申购和赎回。赎回款通常从日常运营现金流中获取,比如收到的租金收入和资产出售等。在退出策略方面,房地产权益基金可以通过在非公开市场上出售其所持有的资产退出,也可通过打包上市后退出。

(三)房地产投资信托

1. 房地产投资信托的概念

房地产投资信托(基金)是指通过发行受益凭证或者股票来进行募资,并将这些资金投资到房地产或者房地产抵押贷款的专门投资机构。

2. 房地产投资信托的性质

房地产投资信托是一种资产证券化产品,可以采取上市的方式在证券交易所挂牌交易。房地产投资信托基金的主要收益来自稳定的股息和证券价格增值。

3. 房地产投资信托的运作方式

房地产投资信托的运作方式见图 5-5。

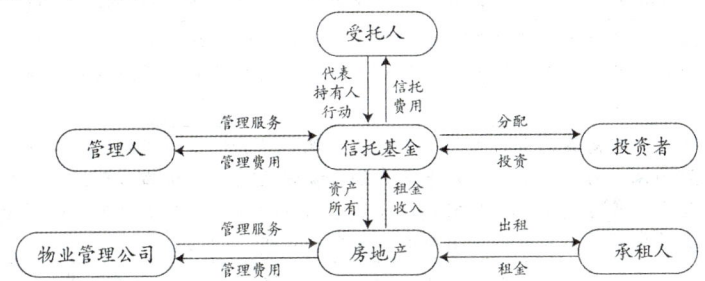

图 5-5 房地产投资信托的运作方式

4. 房地产投资信托的特点

房地产投资信托的特点见表 5-7。

表 5-7 房地产投资信托的特点

特点	内容
流动性强	房地产投资信托是在交易市场上交易经过证券化的房地产,很容易进行房地产与现金之间的转换。这一点与房地产有限合伙制度或其他房地产投资工具不同
抵补通货膨胀效应	通货膨胀在整个宏观经济因素当中是对房地产投资影响最大的因素,一般而言,房地产相关收入会与通货膨胀呈现同向变动的趋势,起到在通货膨胀时的保值功能
风险较低	房地产投资信托和其他传统证券一样,其盈利收入是可以预测的,而且运作流程和方式与其他传统证券类似。同时,房地产投资信托的波动性却又低于传统证券,因此,房地产投资信托具有低风险的特点
信息不对称程度较低	与其他房地产相关投资工具不同,房地产投资信托在公开市场上进行交易,上市的房地产投资信托必须定期向投资者披露投资项目和基金本身的相关信息。因此,信息不对称程度相对于其他房地产相关投资工具要低得多

第四节 大宗商品投资

一、大宗商品投资概述

(一)大宗商品的概念

大宗商品是指具有实体,可进入流通领域,但并非在零售环节进行销售,具有商品属性,用于工农业生产与消费使用的大批量买卖的物资商品。如谷物、小麦、铜、黄金和石油等。

(二)大宗商品的特征

大宗商品的特征包括:①大宗商品具有同质化、可交易等特征,供需和交易量都非常大;②大宗商品价值受全球经济因素、供求关系等影响较大,在通货膨胀时价格随之上涨,具有天然的通胀保护功能;③最近几年,全球大宗商品和股票市场表现呈现出正相关关系。

二、大宗商品投资的类型

大宗商品基本上可以分为四类:能源类、基础原材料类、贵金属类和农产品类。其具体内容见表5-8。

表5-8 大宗商品投资的类型

类型	内容
能源类	能源类大宗商品主要包括原油、汽油、天然气、动力煤、甲醇等。能源类大宗商品受到国际能源价格以及世界经济形势和国家宏观经济政策的影响。在石油、天然气等领域,相比于国内,国际商品期货市场占据着大宗商品定价权的制高点,其价格成为国际贸易的基准价格
基础原材料类	基础原材料类大宗商品主要包括钢铁、铜、铝、铅、锌、镍、钨、橡胶、铁矿石等。通常基础原材料大宗商品以大批量进行交易。基础原材料类大宗商品是制造业发展的基础,与生产经营活动密切相关
贵金属类	贵金属类大宗商品通常具备相对较好的物理属性、高度的发展性和稀少性等特点,是个人资产投资和保值的工具之一。其中,黄金是贵金属类大宗商品的典型代表。作为一种特殊的通货,黄金通常可用于储备和投资,又联系到从低级到高级不同层次的制造业。目前,国际上可交易的贵金属类大宗商品主要包括黄金、白银、铂金等
农产品类	目前,国际上可交易的农产品类大宗商品主要包括玉米、大豆、小麦、稻谷、咖啡、棉花、鸡蛋、棕榈油、菜油、白砂糖等。其中,大豆、玉米、小麦的期货被称为三大农产品期货。由于农产品本身的特性,所以容易受到天气、自然灾害等自然条件的影响

三、大宗商品的投资方式

发展大宗商品市场已经成为国家经济和金融战略的重要组成部分。对投资者而言,对于日益发展的大宗商品市场,可以通过不同路径对大宗商品进行投资,同时可将大宗商品纳入自己的投资证券组合。其具体内容见表5-9。

表5-9 大宗商品的投资方式

投资方式	内容
购买大宗商品实物	购买大宗商品实物是最直接也是最简明的大宗商品投资方式。直接购买大宗商品实物进行投资会产生很大的运输成本和储存成本,投资者很少采用这样的方式
购买资源或者购买大宗商品相关股票	投资者可以通过购买主营资源勘探、开发或大宗商品生产加工企业的股票来进行大宗商品投资。如果投资者要投资自然资源,则可以选择购买矿产勘探公司的股票;如果要投资农产品,则可以购买相关农业概念股
投资大宗商品衍生工具	对单一商品或商品价格指数采用衍生产品合约形式进行投资是大多数大宗商品投资者常用的投资方式。大宗商品衍生工具包括远期合约、期货合约、期权合约和互换合约等
投资大宗商品的结构化产品	某些投资者由于投资范围的限制,无法直接投资于大宗商品及其衍生工具。这些投资者可以通过投资银行或其他金融机构发行的结构化产品间接投资于大宗商品市场。结构化产品主要用金融工程的方法创新的证券,并将其收益同其他资产挂钩,如股票、商品、指数等,以满足投资者的需求

投资管理流程与投资者需求

　　本章共包含四个小节。
　　第一节主要讲述了投资管理的基本步骤及各个步骤的内容。
　　第二节主要讲述了个人投资者和机构投资者的特征及选择基金产品类别。
　　第三节主要讲述了投资者需求及投资政策说明书的制定。
　　第四节主要讲述了投资管理部门的机构设置及投资交易流程。

知识结构

- **投资管理流程与投资者需求**
  - **投资管理流程**
    - 投资管理目标
      - 实现投资收益最大化
    - 投资管理基本步骤
      - 规划、执行、反馈
  - **投资者类型和特征**
    - 个人投资者
      - 个人投资者特征/应选择基金产品类型
    - 机构投资者
  - **投资者需求和投资政策说明书**
    - 影响投资者需求关键因素
      - 投资目标、投资限制
    - 投资政策说明书
      - 依据/好处/内容/意义
  - **基金公司投资管理架构**
    - 投资管理部门设置
      - 投资决策委员会、投资部、研究部、交易部
    - 投资交易流程
      - 形成投资策略、构建投资组合、执行交易指令、绩效评估与组合调整、风险管理

第一节 投资管理流程

投资组合管理的目标是实现投资收益的最大化,就是使投资者在获得一定收益水平的同时承担最低的风险,或在投资者可接受的风险水平内使其获得最大的收益。

投资管理流程是一个动态反馈的循环流程。整个流程可以划分为规划、执行和反馈三个基本步骤。其具体内容见表6-1。

表6-1 投资管理的基本步骤

步骤	内容
规划	规划主要侧重于确定决策所需的各种输入信息,包括客户资料和资本市场的数据等
	过程:①确定并量化投资者的投资目标和投资限制;②制定投资政策说明书;③形成资本市场预期;④建立战略资产配置
执行	执行是资产配置和证券选择等方面的投资决策和实施过程
	投资执行是投资规划的实现,在执行阶段,投资经理会结合投资组合的既定目标、资本市场预期和分析师报告等制定组合构建和证券选择等方面的决策,并由交易部门执行投资决策。之后,投资经理会根据投资者实际情况和资本市场预期的变化对投资组合进行调整。在进行投资决策时,投资经理会进行投资组合优化。投资经理有时会特意让投资组合的实际资产配置临时偏离其战略资产配置
反馈	反馈是对投资预期、投资目标和投资组合等方面变化的适应过程
	包括:①监控和再平衡;②业绩评估

第二节 投资者类型和特征

资产管理公司作为受托的投资管理人为各种各样的投资者提供多种类型的产品,需要了解投资者的特点和需求才能为其提供最佳服务。投资者根据风险承受能力、资产状况以及投资知识和经验不同,可分为专业投资者和普通投资者。投资者根据投资主体差异性,可分为个人投资者和机构投资者。

一、个人投资者

个人投资者以自然人身份进行投资。其特征包括:①投资需求受个人所处生命周期的不同阶段和个人境况的影响,呈现较大的差异化特征;②可投资的资金量较小;③风险承受能力较弱;④投资相关的知识和经验较少,专业投资能力不足;⑤常常需要借助基金销售服务机构进行投资。

个人投资者的个人状况会对其投资需求产生多方面的影响,主要表现在以下几方面:①个人投资者的就业状况对其投资需求的影响体现在,拥有稳定工作的年轻个人投资者,其工资收入有望随着时间的推移而不断增长,其风险承受能力较强;处于失业状态或者即将退休的个人投资者,已经或者即将失去获得工资收入的能力,其风险承受能力较弱。②个人投资者的年龄也会影响其投资需求和投资决策。③个人投资者的预期投资期限、对风险和收益的要求、对流动性的要求等因素也都会影响投资者的投资需求和投资决策。④个人投资者的家庭状况(例如婚姻状况、子女的数量和年龄、需赡养老人的数量和健康状况)也会影响其投资需求。家庭负担越重,则可投资的资源越少,投资者越偏向于稳健的投资策略。

在实践中,一般根据个人投资者所处生命周期的不同阶段确定其应该选择的基金产品类型。具体包括以下几个方面：

（1）单身时期的年轻人承担风险的能力比较强，可以选择高风险、高预期收益的基金产品。

（2）已经成家并已生育的年轻人，不但要考虑家庭财产保值、增值，还要考虑孩子的教育费用等一系列未来的支出，最好进行组合投资，可以选择中高风险、中高预期收益的基金产品。

（3）三口之家中的中年人收入一般比较稳定，但家庭责任较重，还要考虑为退休做准备，投资时应该坚持稳健原则，分散风险，可以选择收益与风险均衡化的基金产品。

（4）对老年人而言，投资的稳健、安全、保值最重要，在选择基金产品时应该以低风险为核心，不宜过度配置股票型基金等风险较高的产品。

二、机构投资者

机构投资者是指用自有资金或者筹集客户的资金进行投资的法人机构。相对个人投资者而言，机构投资者具有一定的特征：①资金实力雄厚，投资规模相对较大；②具有比个人投资者更高的风险承受能力；③投资管理专业；④投资行为规范。

机构投资者具有很多不同的类型，它们具有各不相同的投资要求及投资约束。一些机构投资者聘请专业投资人员对投资进行内部管理，另一些则将资金委托投资于一家或多家外部基金公司。采用内部管理还是外部管理往往取决于机构的资产规模以及是否拥有专业的投资管理团队。大规模资产的机构通常能够更好地为内部管理提供人力、物力和财力的支持。资产规模越大，内部管理的成本相对于投资规模的比例就越低。也有一些公司采用混合的模式，有能力管理的一部分资产交由内部管理，而超出自身管理能力的一部分资产则交由外部管理，比如海外资产。

我国的机构投资者主要包括商业银行、保险公司、保险资产管理公司、公募基金公司、证券公司、证券公司下属资产管理子公司、私募基金公司、全国社会保障基金、企业年金基金、财务公司、合格境外机构投资者（QFII）。其具体内容见表6-2。

表6-2　机构投资者的种类

机构投资者	具体内容
商业银行	传统商业银行的主要业务为吸纳存款及发放贷款，但进行理财产品的销售和管理也是银行的重要业务。通过销售理财产品募集的理财资金，银行可以独立进行投资管理，也可以委托基金公司等其他金融机构进行投资管理
保险公司	保险公司通过销售保单募集大量保费。保险公司需要将保费进行适当的投资，以将其收益用于未来可能需要支付的理赔款。通常，保险公司对待风险的态度比较谨慎
	保险公司一般分为财险公司与寿险公司。财险公司吸纳的保费投资期限较短并且赔偿额度具有很大的不确定性，因此财险公司通常将保费投资于低风险资产。寿险公司通过人寿保险业务吸纳的保费具有较长的投资期，可以部分投资于风险较高的资产
公募基金公司	公募基金公司通过发行不同类型的公募基金产品，将个人和机构客户的资金募集起来进行投资管理
证券公司	获准开展自营业务的证券公司的自营资金的规模大小、投资期限安排、流动性要求各不相同。有些券商具有资管牌照，可以通过发行集合资产管理计划产品来募集资金进行投资
私募基金公司	私募基金公司的投资产品面向不超过200人的合格投资者发行。由于私募基金所受的法律约束比公募基金少，其投资渠道、投资策略都会更为多样化
全国社会保障基金	全国社会保障基金于2000年8月设立，是国家社会保障储备基金，由中央财政预算拨款、国有资本划转、基金投资收益和国务院批准的其他方式筹集的资金构成，专门用于人口老龄化高峰时期的养老保险等社会保障支出的补充、调剂，由全国社会保障基金理事会负责管理运营

续表

机构投资者	具体内容
企业年金基金	企业年金基金，是指企业年金计划筹集的资金及其投资运营收益形成的企业补充养老保险基金
	企业年金基金财产的投资范围包含银行存款、国债、中央银行票据、债券回购、万能保险产品、投资连结保险产品、证券投资基金、股票、商业银行理财产品、信托产品、基础设施债权投资计划、特定资产管理计划、股指期货以及信用等级在投资级以上的金融债、企业（公司）债、可转换债（含分离交易可转换债）、短期融资券和中期票据等金融产品
财务公司	一些大型企业设有财务公司，主要负责资金管理和投资。企业可能在运营过程中产生大量现金，而在一定时期内又不需要用于运营或作实业投资，此时这笔资金可根据资金空闲时间和风险约束，投资于银行存款或货币市场基金，或投资于其他流动性较好的短期资产
QFII	QFII制度是一国在货币未完全可自由兑换、资本项目尚未完全对外开放情况下有限度地引进外资、开放资本市场的一项过渡性的制度安排

第三节　投资者需求和投资政策说明书

一、投资者需求

投资者需求由投资目标和投资限制构成。

（一）投资目标

投资者的投资目标就是其想得到的投资结果，是由投资者的风险容忍度和收益要求决定的。投资目标分为风险目标和收益目标。风险目标反映了投资者的风险容忍度；收益目标反映了投资者的收益要求。投资者的风险目标对其收益目标有约束作用。

1. 风险容忍度

投资者的风险容忍度取决于其承担风险的能力和意愿，具体内容见表6-3。

表6-3　投资者的风险容忍度

因素	具体内容
承担风险的能力	承担风险的能力由投资者自身的投资期限、收入支出状况和资产负债状况等客观因素决定。其他条件相同的情况下，相比投资期限较短的投资者而言，投资期限较长的投资者具有更高的风险承受能力
承担风险的意愿	承担风险的意愿则是投资者的主观愿望，反映了投资者的风险厌恶程度。它取决于投资者的心理状况及其当时所处的境况。通常认为承担风险的意愿对个人投资者更为重要。但机构投资者也需要确定一套风险管理原则，对投资的风险承担加以限制，以确保机构投资者不会因为投资损失而导致违约或破产等严重后果

拓展链接

（1）具备高于平均水平的风险承受能力和风险承担意愿意味着具备高于平均水平的风险容忍度；反之，则意味着具备低于平均水平的风险容忍度。

（2）管理人可以通过与投资者进行风险讨论或者邀请投资者填写问卷等方式来衡量投资者承担风险的能力和意愿。

2. 收益目标

投资者的收益目标应与其风险容忍度相匹配。当投资者提出不切实际的收益要求时，基金管理人或基金销售机构应当为其提供顾问服务,让投资者了解在其自身的风险容忍度和当前的市场环境下能够实现的收益目标。

(1) 名义收益率与实际收益率。

收益率分为名义收益率和实际收益率。

实际收益率在名义收益率的基础上扣除了通货膨胀率的影响。对于长期投资者而言,应该关注的是实际收益率。因为实际收益率能够反映资产实际购买能力的增长率。

名义收益率仅仅反映了资产名义数值的增长率。如果投资的名义收益率与通货膨胀率相等,那么资产的实际购买能力将没有任何增长。

(2) 绝对收益与相对收益。

投资收益目标可以是绝对收益,如年化收益率7%,或基准利率+4%;也可以是相对收益,如沪深300指数收益率+2%。

(二) 投资限制

投资限制是指投资者所处的环境因素给投资者的投资选择所带来的限制,包括流动性、投资期限、税收政策、法律法规要求以及特殊需求等。

1. 流动性

流动性是指投资者在短期内以合理的价格将投资资产变现的容易程度。投资者需要定期或不定期获得现金以应付各类开支,这就产生了流动性要求。流动性要求可以通过持有现金或者现金等价物或者通过把其他资产变现为现金或现金等价物来满足。流动性要求会影响投资机会的选择。通常,投资期限越短,投资者对流动性的要求越高。无论是个人投资者还是机构投资者,都需要考虑在较短的时间内需要现金的可能性,因此有必要在投资组合中配置一定比例的流动性较强的资产。

2. 投资期限

投资期限是指投资者从购买金融资产到兑现日之间的时间长度。投资期限的长短影响投资者的风险态度以及对流动性的要求。投资期限越长,则投资者越能够承担更大的风险。

历史经验表明,在较长的时间内,市场行情总体向好的概率要大于走低的概率,投资期限较长的投资者更可能获得良好的投资业绩,因为在短期内遭受投资损失的情况下,他们有更多的时间等待市场恢复。

3. 税收政策

投资策略的业绩好坏是以税后收益率来衡量。对面临高税率的个人和机构投资者来说,避税和税收递延将对投资决策起很重要的作用。相比没有税收优惠的投资产品,免税或者具有优惠税率的投资产品对投资者具有更大的吸引力。

4. 法律法规要求

法律法规要求是政府和监管机构所颁布实施的限制投资者投资决策的外部因素。例如,一些国家限制在退休账户中持有某些资产或资产类别。

5. 特殊需求

投资者自身的特殊需求有可能会限制其投资组合的选择。对于个人投资者来说,其特殊需求常常围绕着他们的生命周期。有的投资者的投资范围受到社会、信仰、伦理等各种独特因素影响;有些公司出于分散风险考虑,会限制自己的雇员投资于本公司股票的额度。

二、投资政策说明书的制定

投资政策说明书的具体内容见表6-4。

表 6-4　投资政策说明书的制定

项目	阐述
依据	投资管理人应基于投资者的需求、财务状况、投资限制和偏好等为投资者制定投资政策说明书
作用	①能够帮助投资者制定切合实际的投资目标；②能够帮助投资者将其需求真实、准确、完整地传递给投资管理人，有助于投资管理人更加有效地执行满足投资者需求的投资策略，避免双方之间的误解；③有助于合理评估投资管理人的投资业绩
内容	①介绍：对客户的基本情况进行描述；②目的陈述：对撰写投资政策说明书的目的进行陈述；③责任和义务的陈述：详细说明客户、客户资产的托管人及投资管理人的责任和义务；④流程：详细介绍根据投资政策说明书进行投资的每个步骤及各种突发和偶然情况的应对措施；⑤投资目标：陈述客户的投资目标；⑥投资限制：陈述限制客户的投资限制因素；⑦资产配置：包括制订战略资产配置的考虑因素和结果；⑧投资指导方针：关于投资政策执行的具体细节；⑨业绩考核指标与业绩比较基准：用于业绩评估；⑩评估与回顾：说明如何进行投资绩效信息的反馈及如何对投资政策说明书本身进行重新审查和更新
意义	制定投资政策说明书是进行投资组合管理的基础，能够有效地指导投资策略的实施，有助于更好地实现投资组合管理

第四节　基金公司投资管理架构

一、投资管理部门设置

投资管理业务是基金管理公司最核心的一项业务。基金公司的投资管理能力直接影响到基金份额持有人的投资收益，投资者会根据基金公司以往的收益情况选择基金管理人。因此，投资管理部门体现着基金公司的核心竞争力。

投资管理部门的机构设置见表 6-5。

表 6-5　投资管理部门的机构设置

机构		内容
投资决策委员会	性质	投资决策委员会是基金公司管理基金投资的最高决策机构，由各家基金公司自行设立，是非常设的议事机构
	职责	投资决策委员会应在遵守国家有关法律法规、公司规章制度的前提下，对基金公司各项重大投资活动进行管理，审定公司投资管理制度和业务流程，并确定不同管理级别的操作权限
	组成	投资决策委员会一般由基金公司的总经理、分管投资的副总经理、投资总监、研究部经理、投资部经理等组成
投资部		投资部负责根据投资决策委员会制定的投资原则和计划制定投资组合的具体方案，向交易部下达投资指令。在实际操作中，基金经理充当着重要的角色，每种基金均由一个经理或一组经理负责决定该基金的组合和投资策略，并形成具体的交易指令，包括证券交易的种类、买卖方向、交易价格与交易时间等，这些直接决定了基金的投资收益情况，因此基金经理的个人能力往往决定了基金投资是否能够成功
研究部		研究部是基金投资运作的基础部门，通过对宏观经济形势、行业状况、上市公司等进行详细分析和研究，提出行业资产配置建议，并选出具有投资价值的上市公司建立股票池，向基金投资决策部门提供研究报告及投资计划建议。研究能力对于基金公司的投资业绩具有重要影响

续表

机构	内容
交易部	（1）交易部是基金投资运作的具体执行部门，负责投资组合交易指令的审核、执行与反馈。基金公司通常设有交易室，通过电子交易系统完成交易并记录每日投资交易情况，在交易过程中严格执行相关规定，并利用技术手段避免违规行为的出现 （2）为提高交易效率和有效控制基金管理中交易执行的风险，基金采取集中交易制度，即基金的投资决策与交易执行职能分别由基金经理与基金交易部门承担 （3）交易部的交易员充当着重要角色，一方面要以对投资有利的价格进行证券交易，另一方面要向基金经理及时反馈市场信息。基金公司会对交易员进行定期评估与考核，考核内容包括投资指令的完成情况与质量、合规及公平交易等方面

二、投资交易流程

基金公司投资交易流程包括形成投资策略、构建投资组合、执行交易指令、绩效评估与组合调整、风险管理等环节。具体内容见表6-6。

表6-6 投资交易流程

环节	内容
形成投资策略	投资策略的制定是投资交易的基础环节，具体步骤包括：①研究部提出研究报告；②投资决策委员会参考研究部提供的研究报告，根据现行法律法规和基金合同的有关规定，形成基金投资的投资范围、投资目标等总体投资策略；③投资部制定投资组合的具体方案
构建投资组合	基金经理根据投资决策委员会的投资战略及研究部门的研究报告，结合对证券市场、上市公司、投资时机的分析，拟定所管理基金的具体投资计划，包括资产配置、行业配置、重仓个股投资方案
执行交易指令	交易指令在基金公司内部执行情况：①在自主权限内，基金经理通过交易系统向交易室下达交易指令；②交易总监审核投资指令（价格、数量）的合法合规性，并将指令分派给交易员；③交易员接收到指令后有权根据自身对市场的判断选择合适时机完成交易
绩效评估与组合调整	基金公司内部会定期和不定期对基金进行投资绩效评估，并提供相关报告。根据绩效评估结果，基金经理可以对投资策略和投资组合进行适当的调整，公司管理层可以对基金经理进行业绩考核与能力评定
风险管理	基金管理公司通常会成立风险管理委员会，以及风控和监察部门，根据相关法律法规建立一套完整的合规风险控制体系管理制度，并在基金合同和招募说明书中予以明确规定，以保障基金投资者的合法权益
	风险管理并不是投资流程中的最后一环，是贯穿于投资组合从设计到开始投资再到日常运作的全过程

拓展链接

在执行交易指令环节中：

（1）投资交易系统将自动拦截违规指令，如果发现异常指令时由交易总监反馈信息给基金经理并有权终止指令，同时报上级主管领导，并通知合规风控部门。

（2）交易指令从基金公司到达经纪商，交易指令已经从基金公司流出，经纪商会确认交易指令并执行，然后进行交易清算交割，完成交易过程。

投资组合管理

本章共包含四个小节。

第一节主要讲述了现代投资组合理论的发展历程，均值——方差模型，资产收益率的期望、方差和协方差、相关性的概念和应用，最小方差前沿、有效前沿的概念及效用、无差异曲线、最优组合的概念。

第二节主要讲述了资本市场理论的假设、系统风险、非系统风险、β系数及资本资产定价模型。

第三节主要讲述了市场有效性的三个层次，主动投资和被动投资的概念、方法。

第四节主要讲述了资产配置考虑因素、战略与战术资产配置，股票投资组合构建，债券投资组合构建。

知识结构

- **投资组合管理**
  - **现代投资组合理论**
    - 发展历程
    - 均值—方差模型
    - 资产收益率 — 期望、方差、协方差
    - 资产收益相关性
    - 最小方差前沿与有效前沿
    - 效用函数 $U = E(r) - 1/2 A\sigma^2$
      无差异曲线特点
      最优组合含义
  - **资本市场理论**
    - 假设
    - 系统性风险和非系统性风险
      总风险＝系统性风险＋非系统性风险
    - β 系数
    - 资本资产定价模型 — 主要思想/CAL/CML/SML/CAPM 实际应用
  - **被动投资和主动投资**
    - 市场有效性 — 弱有效市场、半强有效市场、强有效市场
    - 被动投资 — 证券价格指数/股票价格指数编制方法/指数复制方法/跟踪误差
    - 主动投资 — 收益来源/影响因素/分析方法/主动收益和主动风险
  - **资产配置和投资组合构建**
    - 资产配置 — 考虑因素/战略资产配置与战术资产配置
    - 股票投资组合构建 — 自上而下策略、自下而上策略/所受限制/基准选择
    - 债券投资组合构建 — 影响因素/基准选择

第一节 现代投资组合理论

一、现代投资组合理论与资本市场理论发展概述

1952年,美国金融学家哈里·马科维茨在其发表的《资产组合选择》一文中,将概率论和运筹学结合起来,回答投资者为什么要分散投资,并首次提出了均值—方差模型,奠定了投资组合理论的基础,标志着现代投资组合理论的开端。

现代投资组合理论的核心思想就是把多种证券的投资组合看作是一个整体来进行分析和度量,然后把投资组合的风险分解为系统风险和非系统风险两部分。投资者可以通过投资多种类型证券分散非系统风险,从而进一步降低整个组合的风险。但是该理论具有一定的局限性,没有进一步说明如何为证券估值和定价,也不能说明投资组合期望回报率与风险之间的关系,难以付诸实际应用。

随后威廉·夏普、约翰·林特耐和简·摩辛三人分别独立研究出著名的资本资产定价模型,从而解决了这个问题。1963年,威廉·夏普提出了一个单因子模型。该模型为后来的资本资产定价模型(CAPM)奠定了基础。斯蒂芬·罗斯于1976年突破性地发展了CAPM,提出套利定价理论(APT)。该理论将单因子CAPM发展为多因子模型。

在这些理论的基础上,费雪·布莱克与迈伦·斯克尔斯于1973年运用随机微分方程理论推导出期权定价模型。与此同时,罗伯特·默顿也发现了同样的公式及许多其他有关期权的有用结论。此外,有效市场理论也奠定了现代资本市场理论的基石并构成了其核心内容。

资产组合理论产生后,Kendall(1953)与Roberts(1959)发现股票价格序列类似于随机漫步,并解释了为什么股价只对新信息做出上涨或下跌的反应。尤金·法玛于1970年把这些理论形成和完善为有效市场假说,并把有效市场分为弱有效市场、半强有效市场和强有效市场三种不同类型。

综上所述,以1952年马科维茨"资产组合选择"为开端的现代投资组合理论和资本市场理论已经逐步发展成熟,具备了一个比较完备的理论框架。现代投资组合理论是一种建立在有效利用风险之上的理性投资组合决策分析方法,给投资管理带来了革新。

★ 考点回顾 | 单项选择题

(　　)发表的《资产组合选择》标志着现代投资组合理论的开端。
A. 哈里·马科维茨　　　　　　　　B. 威廉·夏普
C. 约翰·林特耐　　　　　　　　　D. 简·摩辛
【答案】A

二、均值—方差模型概述

马科维茨投资组合理论的基本假设是投资者是厌恶风险的。如果有两个具有相同预期收益率的证券,投资者通常会选择风险较小的证券进行投资。若要让投资者承担更高风险,必须有更高预期收益进行补偿。

在回避风险的假设下,马科维茨建立了一个投资组合分析的模型,具体内容见图7-1。

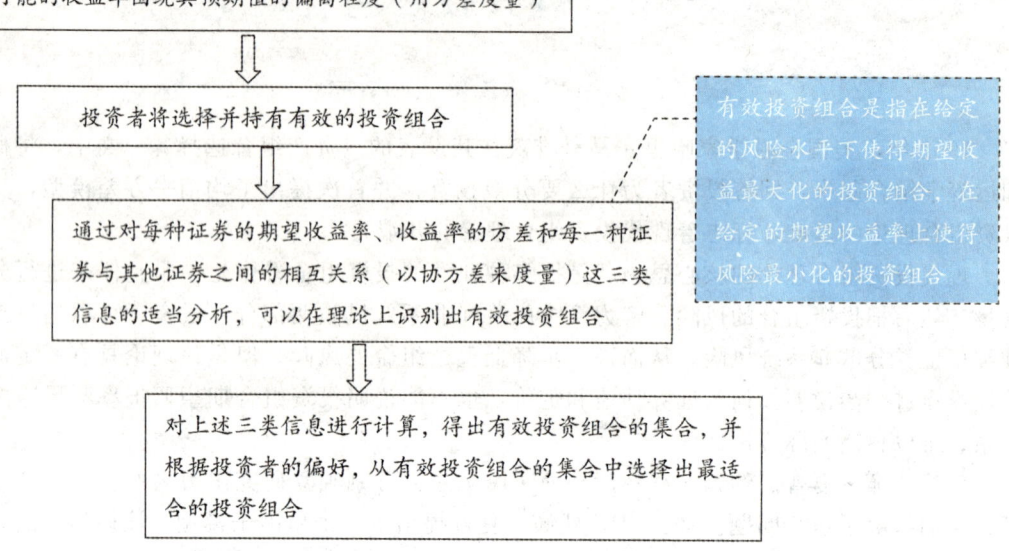

图 7-1 马科维茨投资组合分析模型

三、资产收益率的期望、方差和协方差

(一) 单个资产的期望收益率

某一资产的收益率常常是不确定的,期望收益率是收益率的期望值。某一资产的期望收益率在数值上等于该资产各种可能收益率的加权平均值,因此期望收益率也被称为平均收益率。如果以 r 代表收益率,则 r 的期望可表示为 $E(r)$。设某一资产取得 r_1 收益率的可能性为 P_1,取得 r_2 收益率的可能性为 P_2,取得 r_3 收益率的可能性为 P_3,则有 $P_1+P_2+P_3=1$,那么该资产的期望收益率为:

$$E(r) = r_1 P_1 + r_2 P_2 + r_3 P_3$$

(二) 多个资产的期望收益率

对于多个资产构成的投资组合,设 $E(r_p)$ 为投资组合的期望收益率,$E(r_i)$ 为第 i 个资产的收益率,w_i 为第 i 个资产的权重,n 为资产数目,则该投资组合的期望收益率为:

$$E(r_p) = \sum_{i=1}^{n} w_i E(r_i)$$

由上述公式可知,多个资产构成的投资组合的期望收益率为其所包含各个资产的期望收益率的加权平均。

(三) 单个资产的方差和标准差

方差和标准差是用来度量资产实际收益率与期望收益率之间的偏离程度的指标。对于单一资产,其收益率方差和标准差计算公式如下:

$$\sigma^2 = \sum_{i=1}^{n} P_i [r_i - E(r)]^2$$

$$\sigma = \sqrt{\sum_{i=1}^{n} P_i [r_i - E(r)]^2}$$

式中，σ^2 表示方差；σ 表示标准差；r 表示该资产在第 i 种状态下的收益率；P_i 表示收益率 r_i 发生的概率；n 表示资产可能存在的收益率的总数；$E(r)$ 表示该资产的期望收益率。

注 意

若资产可能存在的各种收益率发生的可能性相同，则概率 P_i 可用 $1/n$ 来代替，即有：

$$\sigma^2 = \sum_{i=1}^{n} \frac{1}{n} [r_i - E(r)]^2 = \frac{1}{n} \sum_{i=1}^{n} [r_i - E(r)]^2$$

$$\sigma = \sqrt{\frac{1}{n} \sum_{i=1}^{n} [r_i - E(r)]^2}$$

(四) 资产收益率的协方差和相关性系数

协方差和相关性系数可用于度量投资组合中的两个风险资产的收益之间的相关性。对于已知资产 m 和 n 的收益率的联合分布，其协方差为：

$$\text{Cov}(r_m, r_n) = E([r_m - E(r_m)][r_n - E(r_n)])$$

对于 x 种 (r_m, r_n) 的状态，假定每种状态的可能性为 P_w，w 状态下两种资产的收益率分别为 $r_{m,w}$ 和 $r_{n,w}$，则有：

$$\text{Cov}(r_m, r_n) = \sum_{w=1}^{x} P_w [r_{m,w} - E(r_m)][r_{n,w} - E(r_n)]$$

两个资产收益率的相关性系数定义为协方差除以两个证券各自标准差的乘积，以希腊字母 ρ 表示，其公式为：

$$\rho_{m,n} = \frac{\text{Cov}(r_m, r_n)}{\sigma_m \sigma_n}$$

ρ 的取值范围是 $[-1, +1]$，则有：

(1) 当 $\rho > 0$ 时，两变量为正线性相关；当 $\rho < 0$ 时，两变量为负线性相关；当 $\rho = 0$ 时，两变量间无线性相关关系。

(2) 当 $0 < |\rho| < 1$ 时，表示两变量存在一定程度的线性相关，且 $|\rho|$ 越接近 1，表示两变量间线性关系越密切；$|\rho|$ 越接近 0，表示两变量的线性相关越弱。

(3) 当 $|\rho| = 1$ 时，表示两变量为完全线性相关；$\rho = +1$ 表示完全正相关；$\rho = -1$ 表示完全负相关。

(五) 投资组合收益率的方差和标准差

投资组合收益率的方差和标准差取决于各资产的方差、权重以及相互之间的相关系数。对于两个资产 m 和 n 组成的投资组合，其收益率方差的计算公式为：

$$\sigma_P^2 = w_m^2 \sigma_m^2 + w_n^2 \sigma_n^2 + 2 w_m w_n \text{Cov}(r_m, r_n) = w_m^2 \sigma_m^2 + w_n^2 \sigma_n^2 + 2 w_m w_n \rho_{m,n} \sigma_m \sigma_n$$

将组合中的两个资产扩展到 y 个资产，组合收益率方差的计算公式为：

$$\sigma_P^2 = \sum_{m=1}^{y} w_m^2 \sigma_m^2 + \sum_{m=1}^{y} \sum_{n=1}^{y} w_m w_n \text{Cov}(r_m, r_n) = \sum_{m=1}^{y} w_m^2 \sigma_m^2 + \sum_{m=1}^{y} \sum_{n=1}^{y} w_m w_n \rho_{m,n} \sigma_m \sigma_n \ (m \neq n)$$

组合的标准差的计算公式为：

$$\sigma_P = \sqrt{\sum_{m=1}^{y} w_m^2 \sigma_m^2 + \sum_{m=1}^{y} \sum_{n=1}^{y} w_m w_n \text{Cov}(r_m, r_n)} = \sqrt{\sum_{m=1}^{y} w_m^2 \sigma_m^2 + \sum_{m=1}^{y} \sum_{n=1}^{y} w_m w_n \rho_{m,n} \sigma_m \sigma_n}$$

式中，σ_P^2 表示组合方差；w_m、w_n 表示相应资产在组合中的权重；$\text{Cov}(r_m, r_n)$ 表示任意

两个资产收益率的协方差；$\rho_{m,n}$ 表示任意两个资产收益率的相关系数；σ_m、σ_n、σ_P 分别表示资产 m、资产 n 和投资组合 P 收益的标准差。

注意

资产组合的方差是各单一资产的方差与资产间相关系数的组合。单一资产方差不变，相关系数越小，资产组合的方差越小。

四、资产收益的相关性

由于存在一系列同时影响多个资产收益的因素，大多数资产的收益之间都会存在一定的相关性。

对于由两个资产 m 和 n 构成的组合，给定一个特定的投资比例，则得到一个特定的投资组合。这一投资组合具有特定的预期收益率和标准差，在图 7-2 所示的标准差—预期收益率平面中表现为一个特定的点。如果让投资比例在一个范围内连续变化，则得到的投资组合点在标准差—预期收益率平面中构成一条连续曲线。图 7-2 中的 5 条曲线分别对应相关系数的 5 个不同取值。

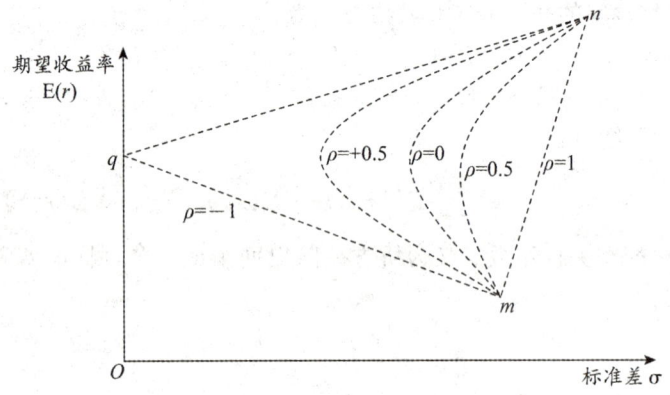

图 7-2 资产组合的相关系数

针对图 7-2 的分析如下：

（1）当 $\rho_{m,n}=1$ 时，则有：

$$\sigma_P^2 = w_m^2 \sigma_m^2 + w_n^2 \sigma_n^2 + 2 w_m w_n \sigma_m \sigma_n$$

$$\sigma_P = w_m \sigma_m + w_n \sigma_n$$

这时两个资产的投资组合呈一条线，直线上的每一个点表示不同权重的投资组合。若把 100% 的资金投资于资产 m，那么投资组合就是 m 点。随着 m 权重越来越小，n 权重越来越大，投资组合的点就会沿着直线向右上方移动，直到 n 的权重达到 100%（m 的权重为 0），则投资组合就到达 n 点。

（2）当 $\rho_{m,n}=-1$ 时，则有：

$$\sigma_P^2 = w_m^2 \sigma_m^2 + w_n^2 \sigma_n^2 - 2 w_m w_n \sigma_m \sigma_n$$

$$\sigma_P = |w_m \sigma_m - w_n \sigma_n|$$

若两个资产收益率的相关系数等于 -1，则必定存在一点使得 $w_m \sigma_m = w_n \sigma_n$，即使得投资组合的标准差为 0，如图中 q 点，则这两个资产的可能组合是一条转折点在 y 轴的折线。转折点即标准差为 0 的组合，等效于无风险资产。

（3）当 $\rho_{m,n}=0$ 时，则有：

$$\sigma_P^2 = w_m^2 \sigma_m^2 + w_n^2 \sigma_n^2$$

$$\sigma_P = \sqrt{w_m^2 \sigma_m^2 + w_n^2 \sigma_n^2}$$

（4）如果资产 m 和资产 n 的收益率的相关系数在 -1 和 1 之间，那么两个资产的投资组合将呈一条向左上方弯曲的曲线，曲线上的每一个点表示资产权重不同的投资组合。相关系数越小，组合的曲线越往左边弯曲，组合风险越小（即在相同收益率的情况下，风险更小），组合的效用越高。

五、最小方差前沿与有效前沿

可行集，又称机会集，代表市场上可投资产所形成的所有组合。所有可能的组合都位于可行集的内部或边界上。做一条和横轴平行的直线，和可行集的边界相交于 a、b 两点，可以发现两点的预期收益率完全相同，但风险不同，a 点的风险比 b 点小（见图 7-3）。

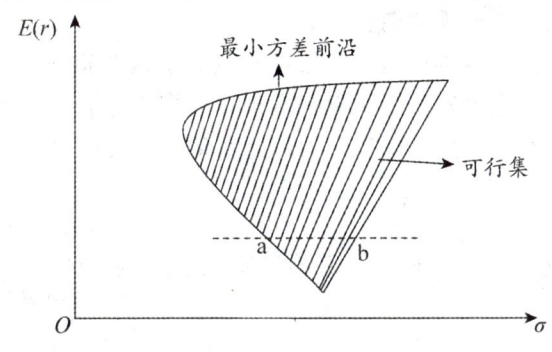

图 7-3 可行集

只有可行集最左边的点是有效的，右边所有的点是无效的。把最左边的点都连成一条曲线，这条曲线成为最小方差前沿（见图 7-3）。在相同收益率水平下，这条曲线上的组合具有最小方差。最小方差前沿上每个点都是所有风险资产的组合，各个点的区别是风险资产的权重不同。

在最小方差前沿最左边的拐点处会有一条与纵轴平行的直线与最小方差前沿相切，只有一个交点（切点 C），这个切点称为全局最小方差组合，见图 7-4。全局最小方差组合是所有资产组合中风险最小的一个组合。这一点是上半部分和下半部分的分界点。上半部分的点在风险水平一定的情况下，具有更高的期望收益率。

如图 7-4 所示，组合 c、d 具有相同的风险，但是组合 c 在最小方差前沿的上半部分，具有更高收益率。所以，最小方差前沿只有上半部分是有效的。

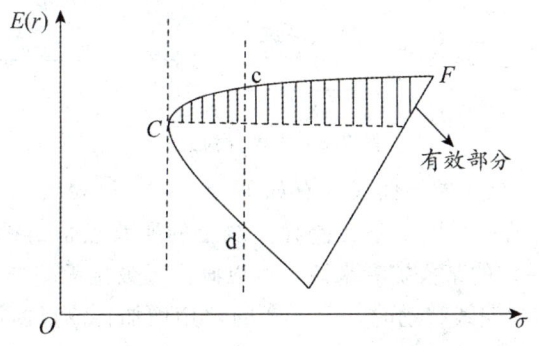

图 7-4 全局最小方差组合

从全局最小方差组合开始，最小方差前沿的上半部分即为马科维茨有效前沿，简称有效前沿（类似于图 7-4 中的 $\widehat{CF}$）。

有效前沿是能够达到的最优投资组合的集合，位于所有资产和资产组合的左上方。在一定的期望收益率 $E(r)$ 水平下，有效前沿上的投资组合风险最低；在一定的风险水平下，有效前沿上的投资组合期望收益率水平最高。有效前沿上的投资组合为有效组合，其特点是包含了所有风险资产，所以称有效组合是完全分散化的投资组合。

有效前沿是由全部有效投资组合构成的集合。如果一个投资组合在所有风险相同的投资组合中具有最高的预期收益率，或者在所有预期收益率相同的投资组合中具有最低的风险，那么这个投资组合就是有效的。也就是说，如果一个投资组合是有效的，那么投资者就无法找出另一个比它的预期收益率更高且风险更低的投资组合。

六、效用、无差异曲线和最优组合

现代投资组合理论假设投资者是厌恶风险的。因此，为了促使风险厌恶者购买风险资产，市场需向其提供风险溢价，即额外的期望收益率。

效用是指投资某一资产（或资产组合）带给投资者的满意程度。投资者总是选择效用高的资产进行投资。假定每一个投资者可以根据资产（或资产组合）的预期收益与风险情况对效用进行量化比较，则可得出其效用函数。效用函数常见的表达式为：

$$U = E(r) - \frac{1}{2}A\sigma^2$$

式中，U 表示效用值；A 表示某投资者的风险厌恶系数；$E(r)$ 表示资产的预期收益；σ^2 表示资产收益的方差。

> **注意**
>
> 由上式可知，对于风险厌恶系数 A 一定的投资者来说，某资产的期望收益率越大，效用越大；该资产的风险越大，效用越小。
>
> 同一资产带给风险厌恶系数不同的投资者的效用并不相同。风险厌恶系数 A 越大的投资者，其效用越低。

根据投资者的效用函数，可以画出无差异曲线。无差异曲线是在标准差—期望收益率平面上由相同给定效用水平的所有点组成的曲线，见图7-5。

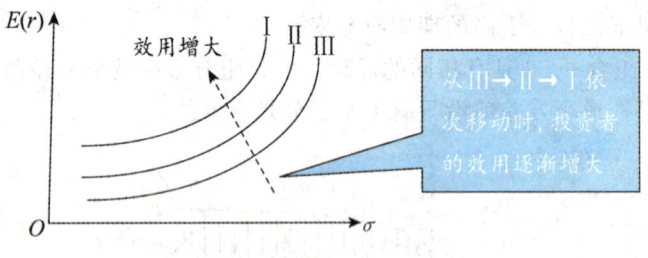

图 7-5 无差异曲线

根据图 7-5，可以观察到无差异曲线具有如下特点：①风险厌恶的投资者的无差异曲线是从左下方向右上方倾斜的；②同一条无差异曲线上的所有点带给投资者的效用是相同的；③对于风险厌恶系数 A 一定的某投资者来说，可以画出无数条无差异曲线，且这些曲线不会交叉；④当向较高的无差异曲线移动时，投资者的效用增加；⑤风险厌恶程度高的投资者与风险厌恶程度低的投资者相比，其无差异曲线更陡。

无差异曲线和有效前沿相切的点所代表的投资组合是使投资者效用最大化的组合，即为最优组合（见图7-6）。投资者按照这一组合进行投资可以获得最大的投资效用。因为这个点在有效前沿上，因此它是投资者可以实际选择的点，而它也是所有与有效前沿相交的无差异曲线中位于最上方的无差异曲线上的点，因此它又是投资者可以获得最大效用的点。风险厌恶程度不同的投资者，其切点位置也不同。

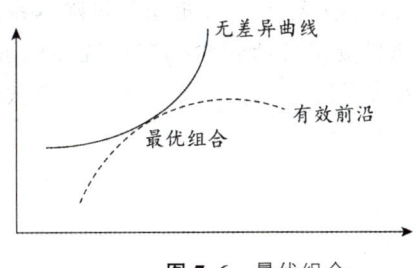

图 7-6 最优组合

第二节 资本市场理论

一、资本市场理论的假设

资本市场理论的假设即为资本资产定价模型（CAPM）的假设，具体内容见图 7-7。

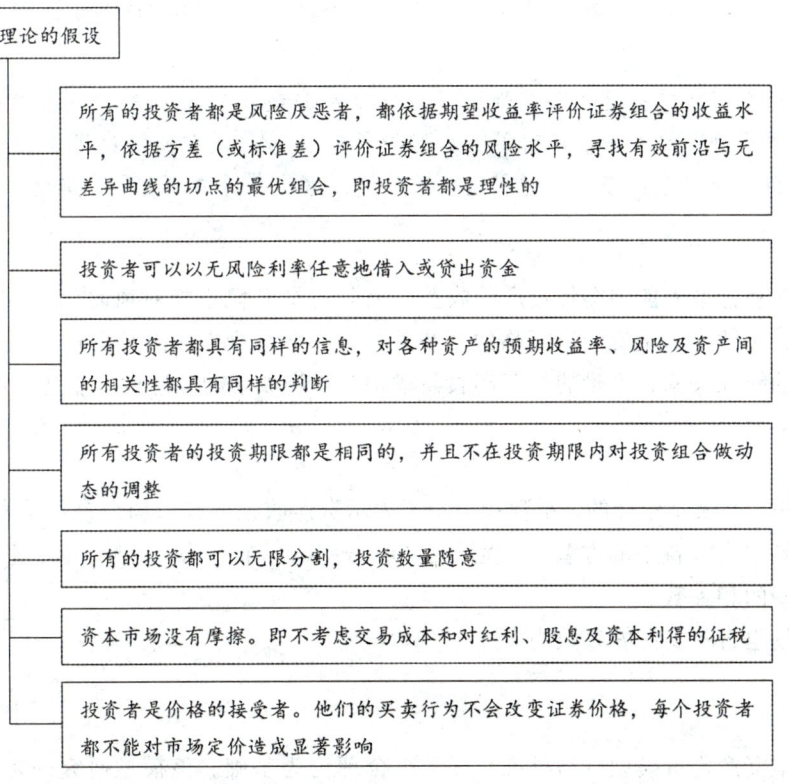

图 7-7 资本市场理论的假设

资本市场理论的七条前提假设可以归纳为：①所有投资者都是一样的；②市场是有效的。

二、系统性风险和非系统性风险及风险分散化

投资资产组合可以降低风险，但不能完全消除风险。通常把可以通过构造资产组合分散掉的风险称为非系统性风险，不能通过构造资产组合分散掉的风险称为系统性风险。

这样资产组合的总风险可以表示为系统性风险和非系统性风险之和，即：

$$总风险＝系统性风险＋非系统性风险$$

非系统性风险可以通过构造资产组合分散掉,是可以避免的风险,因此,承担非系统性风险不能得到风险补偿。风险补偿只能是对于不可避免的风险(系统性风险)的补偿。当投资组合的资产数量不断增加时,该投资组合所包含的非系统性风险被分散,变得越来越小,但其系统性风险无法被分散,会大致保持稳定。因此,当其资产数量变得很大时,投资组合的总风险趋近于其系统性风险,见图7-8。

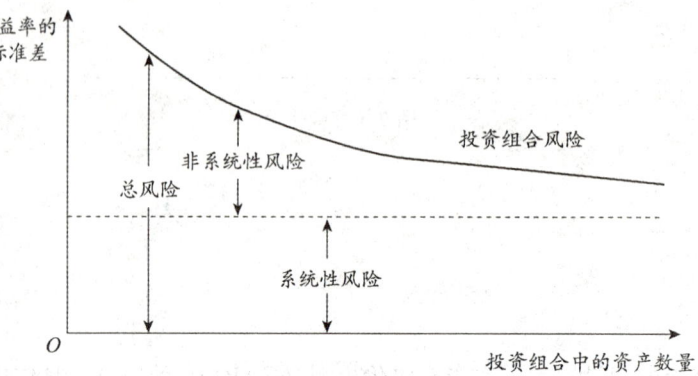

图 7-8 投资组合的风险分散化与资产数量之间的关系

注意

上述分析的前提是非系统性风险是可以被分散掉的,且没有分散成本,所以非系统性风险无法得到风险补偿,获得补偿的只有系统性风险。在此前提下,资产在市场均衡状态下的收益率取决于该资产或资产组合的系统性风险,而不是由方差衡量的总风险。

三、β系数

方差和标准差能够衡量资产的收益—风险特征,但不能对风险的构成进行分析。因此需要引入β系数来衡量资产所面临的系统性风险。β系数描述的是资产收益率和市场组合收益率之间的线性关系,度量的是资产收益率相对市场波动的敏感性,表达式如下:

$$\beta_i = \frac{\text{Cov}_{i,m}}{\sigma_m^2} = \frac{\sigma_i}{\sigma_m} \times \rho_{i,m}$$

式中,β_i表示资产的β系数;$\text{Cov}_{i,m}$表示资产收益率和市场组合收益率之间的协方差;σ_m^2表示市场组合收益率的方差;σ_i表示资产收益率的标准差;$\rho_{i,m}$表示资产收益率和市场组合收益率之间的相关数。

市场组合本身的β系数为1。

四、资本资产定价模型(CAPM)

资本资产定价模型以马科维茨证券组合理论为基础。该模型研究的是,如果投资者都按照分散化的理念去投资,最终证券市场达到均衡时,价格和收益率如何决定的问题。

(一)资本资产定价模型的主要思想

CAPM认为只有证券或证券组合的系统性风险才能获得收益补偿,其非系统性风险则得不到收益补偿。按照该逻辑,投资者要想获得更高的报酬,必须承担更高的系统性风险;承担额外的非系统性风险将不会给投资者带来收益。

CAPM使用β系数来描述资产或资产组合的系统性风险大小。β系数表示资产对市场收益变动的敏感性。在充分分散化的投资组合中,单个证券对高度分散化的组合风险的贡献取决于其用β

系数衡量的系统风险。因此，资产的风险溢价与其 β 系数成正比，用 β 系数表示的 CAPM 公式为：
$$E(r_i) = r_f + \beta_i [E(r_m) - r_f]$$

式中，$E(r_i)$ 表示资产 i 的预期收益率，$E(r_m)$ 表示市场组合的预期收益率，r_f 表示无风险收益率，β_i 为资产 i 的 β 系数。

（二）资本配置线（CAL）

马科维茨有效前沿上的投资组合仅包含了所有风险资产，威廉·夏普对马科维茨有效前沿做了改进，引入了无风险资产。

对于一个由风险 m 和无风险资产组成的投资组合，其中风险资产 m 的收益率为 R_m，标准差为 σ_m；无风险资产的收益率为 R_f，组合的标准差为 σ_p，则组合的期望收益率为：

$$E(R_p) = R_f + \left[\frac{E(R_m) - R_f}{\sigma_m}\right] \times \sigma_p$$

上式即为资本配置线（CAL）的表达式。资本配置线上的点表示无风险资产与风险资产 m 的线性组合，其截距是无风险收益率 R_f，斜率是 $\frac{E(R_m) - R_f}{\sigma_m}$，这个斜率就是风险资产 m 的普夏比率，也是这条 CAL 上任一点的夏普比率。

每个投资者对于收益和风险都有不同的预期和偏好，所以每个投资者都有不同的最优投资组合及不同的 CAL。有效前沿上的点表示所有投资者最优的风险资产组合。取无风险资产与有效前沿上的点相连，可得到无数条 CAL。最优的 CAL 是与有效前沿相切的那条。因为在相同的风险水平下，最优的 CAL 期望收益率最高，见图 7-9。

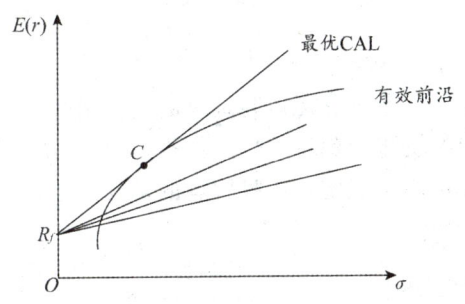

图 7-9　最优资本配置线

（三）资本市场线（CML）

1. 资本市场线的概念

资本市场线的概念见图 7-10。

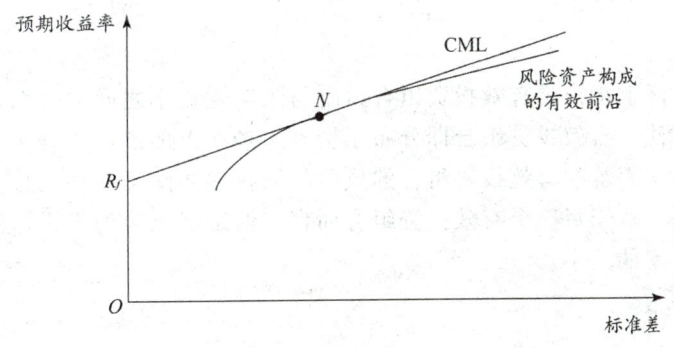

图 7-10　资本市场线

由图 7-10 可知，若不考虑无风险资产，由风险资产构成的有效前沿在标准差—预期收益率平面图中的形状为双曲线上半支。当引入无风险资产后，不同的投资者有不同的最优资产组合及不同资本配置线。与马科维茨有效前沿相切的那条最优资本配置线取代了马科维茨有效前沿，成为新的有效前沿，称为资本市场线（CML）。资本市场线从纵轴上无风险利率点 R_f 处向上延伸，与原有效前沿曲线相切于点 M。它包含了所有风险资产投资组合 M 与无风险资产的组合。当市场达到均衡时，切点 M 即为市场组合。

资本市场线的表达式为：

$$E(R_p) = R_f + \left[\frac{E(R_N) - R_f}{\sigma_N}\right] \times \sigma_p$$

由表达式可以看出，CML 的斜率为 $\dfrac{E(R_N) - R_f}{\sigma_N}$，即为市场组合的夏普比率。

2. 市场投资组合 M 的含义

市场投资组合是指由风险资产构成，并且其成员资产的投资比例与整个市场上风险资产的相对市值比例一致的投资组合。

根据 CAPM 的假定，所有投资者都具有相同的预期，都是理性的。既然如此，那么所有投资者都会得到同样的有效前沿，所有投资者的选择最终都会落在图 7-10 所示的射线上。因此，每个投资者都将以无风险资产和投资组合 M 来构造适合自己需求的最优投资组合，所不同的仅仅是每个投资者在 M 上的资金投放比例不同而已。由于每个投资者都持有相同的风险投资组合 M，而市场投资组合是所有投资者持有的风险资产组合的加总，因此风险投资组合 M 中各资产的比例恰好与市场投资组合一致，或者说 M 就是市场投资组合。

3. 市场投资组合的特征

市场投资组合具有三个重要的特征：
（1）它是有效前沿上唯一一个不含无风险资产的投资组合。
（2）有效前沿上的任何投资组合都可看作市场投资组合 M 与无风险资产的再组合。
（3）市场投资组合完全由市场决定，与投资者的偏好无关。

★考点回顾｜单项选择题

市场投资组合的特征不包括（　　）。
A. 市场投资组合是有效前沿上唯一一个不含无风险资产的投资组合
B. 有效前沿上的任何投资组合都可看作市场投资组合 M 与无风险资产的再组合
C. 市场投资组合完全由市场决定，与投资者的偏好无关
D. 市场投资组合是所有投资者理想的投资组合
【答案】D

4. 资本市场线的意义

资本市场线实际上指出了有效投资组合风险与预期收益率之间的关系，提供了衡量有效投资组合风险的方法。有效投资组合即分布于资本市场线上的点，代表了有效前沿。特别是它指出了以标准差来表示的有效投资组合的风险与回报率之间是一种线性关系，以标准差来度量风险更为合适。对于每一个有效投资组合而言，给定其风险的大小，便可根据资本市场线知道其预期收益率的大小。

（四）证券市场线（SML）

预期收益率与 β 系数的关系式可以表示成证券市场线（SML）。

证券市场线（SML）是以资本市场线为基础发展起来的。资本市场线给出了所有有效投资组合风险与预期收益率之间的关系，但没有指出每一个风险资产的风险与收益之间的关系，而证券市场线则给出每一个风险资产的风险与预期收益率之间的关系。也就是说，证券市场线为每一个风险资产进行定价，这是 CAPM 的核心。其核心内容是每一个风险资产对于市场投资组合的系统风险和预期收益率应当具有正的线性关系。

CAPM 利用 β 系数来描述资产或资产组合的系统风险大小。β 系数可以理解为某资产或资产组合对市场收益变动的敏感性，β 值越大的股票，在市场波动的时候，其收益的波动也就越大。

证券市场线描述了一个资产或资产组合的预期收益率与其 β 值之间的关系。其具体内容见图 7-11。

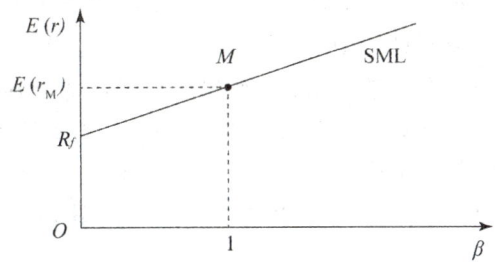

图 7-11　证券市场线

由图 7-11 可知，一个资产或资产组合的 β 值越高，它的预期收益率越高，对于 β 值为零的资产来说，它的预期收益率就应当等于无风险收益率。市场组合也恰好位于证券市场线上，即图 7-11 中的 M 点。由于 β 值是用来度量一个资产或资产组合的收益波动性相对于市场收益波动性的规模的，因此市场组合的 β 值必定是标准值 1。

拓展链接

资本市场线与证券市场线的主要区别见表 7-1。

表 7-1　资本市场线与证券市场线的主要区别

项目	资本市场线（CML）	证券市场线（SML）
斜率	市场组合的夏普比率	市场组合的风险溢价
风险的衡量	总风险（用标准差衡量）	系统性风险（用 β 值衡量）
应用	决定最适合的资产配置点（资产配置）	决定资产最合理的预期收益率（定价）
适用范围	有效投资组合	单个资产或投资组合；有效投资组合和无效投资组合

通常情况下，风险资产往往偏离证券市场线，位于其上方或下方。当风险资产位于其上方时，表明该风险资产被高估，市场价格偏高；反之亦然。

★考点回顾　单项选择题

关于 β 系数，以下表述错误的是（　　）。

A. CAPM 利用 β 系数来描述资产或资产组合的系统风险大小

B. β 系数可以理解为某资产或资产组合对市场收益变动的敏感性

C. β 系数越大的股票，在市场波动的时候，其收益的波动也就越大

D. β 系数是对放弃即期消费的补偿

【答案】D

(五) CAPM 的实际应用

在 CAPM 中，证券市场线得以成立的根本原因是投资者的最优选择以及市场均衡力量作用的结果。若某资产或资产组合的预期收益率高于与其 β 值对应的预期收益率，也就是说位于证券市场线的上方，则理性投资者将更偏好于该资产或资产组合，市场对该资产或资产组合的需求超过其供给，最终抬升其价格，导致其预期收益率降低，使其向证券市场线回归。反之，若某资产或资产组合位于证券市场线的下方，则理性投资者将不愿意投资该资产或资产组合，导致市场对它供过于求，价格下降，预期收益率上升，最终该资产或资产组合也会向证券市场线回归。

在现实中，CAPM 的假设条件未必满足。不是所有的投资者都会完全按照分散化的理念去投资的，不同投资者对于各资产的预期收益率及风险的判断也不会完全一致。这将导致现实中各资产的预期收益率未必与 CAPM 的预测结果一致。

CAPM 解释不了的收益部分习惯上用 α（阿尔法）来描述，有时称为"超额"收益。例如，如果市场期望收益率为 13%，某只股票的 β 值为 1.4，短期国库券利率为 5%，依据证券市场线可以得出这只股票的期望收益率为 5% + 1.4 × (13% − 5%) = 16.2%。如果某投资者估计这只股票的收益率为 17%，这就意味着 α = 0.8%。图 7-12 以图形的方式表现了资产 A 的 α 值。

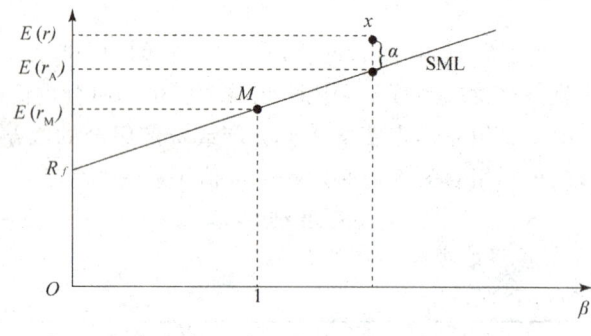

图 7-12　资产 A 的 α 值

1. CAPM 可应用于资本预算决策

对于一家考虑投资新项目的企业来说，CAPM 可以给出一个以 β 值为基础的应有的收益率，这一收益率是投资者考虑投资风险后可以接受的收益率。一个新项目是否适合进行投资就取决于该应有的收益率是否有把握实现。

2. CAPM 为投资业绩评价提供了一个基准

不同的资产组合由于风险不同，其收益率并不能直接比较，而 α 值则反映了市场风险调整后的超额收益。

第三节　被动投资和主动投资

一、市场有效性

一个信息有效的市场，投资工具的价格应当能够反映所有可获得的信息，包括基本面信息、价格与风险信息等。

(一) 有效市场

20 世纪 70 年代，美国芝加哥大学的教授尤金·法玛决定为市场有效性建立一套标准。

法玛依据时间维度,把信息划分为历史信息、公开可得信息以及内部信息。在此基础上,法玛界定了三种形式的有效市场:弱有效市场、半强有效市场与强有效市场。三种市场有效性的层级关系见图7-13。

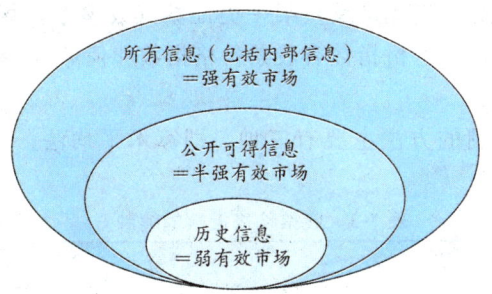

图7-13 市场有效性的三个层次

1. 弱有效市场

弱有效市场是指证券价格能够充分反映价格历史序列中包含的所有信息,如证券的价格、交易量等。如果这些历史信息对证券价格的变动不会产生任何影响,则意味着证券市场达到了弱有效;这说明这些历史信息已经被投资者充分消化利用,并反映到了证券价格上。因此,在一个弱有效的证券市场上,任何为了预测未来证券价格走势而对以往价格、交易量等历史信息所进行的技术分析都是徒劳的。

2. 半强有效市场

半强有效市场是指证券价格不仅已经反映了历史价格信息,而且反映了当前所有与公司证券有关的公开有效信息,例如盈利预测、红利发放、股票分拆、公司并购等各种公告信息。因此,如果市场是半强有效的,市场参与者就不可能从任何公开信息中获取超额利润,这意味着基本面分析方法无效。

3. 强有效市场

强有效市场是指与证券有关的所有信息,包括公开发布的信息和未公开发布的内部信息,都已经充分、及时地反映到了证券价格之中。强有效市场不仅包含了弱有效市场和半强有效市场的内涵,而且包含了一些只有"内部人"才能获得的内幕信息。

市场反映内部信息从而达到强有效状态主要依赖两条假设:①信息泄露并迅速传播,从而导致未公开的信息已经"公开化";②理性人的理性学习行为,即理性人总是能够从利用内部信息进行交易的知情者手中"学习"到该消息,并迅速采取行动,从而使得知情者无法进一步获利。

(二)股票投资策略

股票投资策略可分为主动投资策略和被动投资策略两大类。其具体内容见表7-2。

表7-2 股票投资策略

策略	内容
主动投资策略	也称积极投资策略,即试图通过选择资产来跑赢市场。主动型投资者注重寻找被低估或高估的资产类别、行业或证券。也有的主动型投资者试图通过市场择时来获得超额收益
被动投资策略	采用被动投资策略的投资者认为,除了靠一时的运气战胜市场,系统性地跑赢市场是不可能的,所以其通常采取的是复制市场基准的收益与风险的策略,而不是试图跑赢市场的策略

二、被动投资

被动投资试图复制某一业绩基准,通常是指数的收益和风险。被动投资通过跟踪指数获得基准指数的回报。

（一）证券价格指数

在证券市场上选择一些具有代表性的证券（或全部证券），通过对证券的交易价格进行平均和动态对比从而生成指数，借此来反映某一类证券（或整个市场）价格的变化情况。这就是证券价格指数。常见的证券价格指数有股票价格指数和债券价格指数。

1. 股票价格指数

目前股票价格指数编制的方法主要有三种，即算术平均法、几何平均法和加权平均法。其具体内容见表7-3。

表7-3 股票价格指数的编制方法

方法	内容
算术平均法	先选定具有代表性的样本股票，并确定基期指数，然后计算某一日样本股票的价格平均数，将该平均数与基期对应的平均数相比，最后乘以基期指数，即得出该日的股票价格平均指数
几何平均法	国际金融市场上有一部分较有影响力的股票价格指数是采用几何平均法编制的，其中以伦敦金融时报指数和美国价值线指数为代表。在几何平均法中，报告期和基期的股票平均价格采用样本股票价格的几何平均数
加权平均法	首先按样本股票在市场上的不同地位赋予其不同的权数，即地位重要的权数大，地位次要的权数小。权数的选择可以是股票的成交金额，也可以是它的上市股数或市值。目前市场上股票价格指数大多为市值加权。另外，等权重也可以作为一种特殊的加权方法。若选择计算期的同度量因素作为权数，则被称为派氏加权法

国际上主要的股票价格指数有道琼斯股价指数、标准普尔股价指数、金融时报股价指数、日经指数等。国内股票价格指数主要包括上证股票价格指数、深证综合股票价格指数、沪深300指数、上证180指数等。

2. 债券价格指数

国际上主要的债券价格指数包括美林债券指数、JP摩根债券指数、道琼斯公司债券指数和摩根士丹利资本国际债券指数等。国内的债券价格指数主要包括中国债券系列指数、上海证券交易所国债指数和中信债券指数等。

3. 国内外常见的证券价格指数

国内外常见的证券价格指数的具体内容见表7-4。

表7-4 国内外常见的证券价格指数

指数	内容
沪深300指数	（1）沪深300指数是由中证指数公司编制，用以反映A股市场整体走势的指数。沪深300指数的编制目标是反映中国证券市场股票价格变动的概貌和运行状况，并能够作为投资业绩的评价标准，为指数化投资和指数衍生产品创新提供基础条件 （2）沪深300指数在上海和深圳证券市场中选取300只A股股票作为样本，以2004年12月31日为基期，基点为1000点，其计算以调整股本为权重，采用派许加权综合价格指数公式进行计算 （3）目前追踪沪深300指数的基金有华夏沪深300、鹏华沪深300、嘉实沪深300、南方沪深300、广发沪深300、工银瑞信沪深300等
中证全债指数	（1）中证全债指数是由中证指数公司编制的综合反映银行间债券市场和沪深交易所债券市场的跨市场债券指数，也是中证指数公司编制并发布的首只债券类指数。该指数的样本由银行间市场和沪深交易所市场的国债、金融债券及企业债券组成 （2）中证指数公司每日计算并发布中证全债的收盘指数及相应的债券属性指标，为债券投资者提供投资分析工具和业绩评价基准。该指数的一个重要特点在于对异常价格和无价情况使用了模型价，能更为真实地反映债券的实际价值和收益率特征

续表

指数	内容
标准普尔500指数	（1）标准普尔500指数的英文简写为"S&P 500 Index"，是记录美国500家上市公司的一个股票指数 （2）标准普尔500指数覆盖的所有公司都是在美国主要交易所，如纽约证券交易所、纳斯达克证券交易所交易的上市公司。与道琼斯指数相比，标准普尔500指数包含的公司更多，因此风险更为分散，能够反映更广泛的市场变化 （3）与道琼斯工业股票平均价格指数相比，标准普尔500指数具有采样面广、代表性强、精确度高、连续性好等特点，被普遍认为是一种理想的股票价格指数期货合约的标的
道琼斯股票价格平均指数	1884年，道琼斯公司的创始人查尔斯·亨利·道和爱德华·琼斯根据当时美国有代表性的11种股票编制股票价格平均数。现在人们所说的道琼斯指数实际上是一组股价平均数，包括5组指标：工业股价平均数、运输业股价平均数、公用事业股价平均数、股价综合平均数、道琼斯公正市价指数

（二）指数跟踪方法

1. 指数跟踪的概念

指数跟踪也称指数复制，是用指数成分证券创建一个与目标指数相比差异尽可能小的证券组合的过程。

2. 指数编制和指数复制的区别

指数编制和指数复制的区别包括：

（1）编制指数时不用考虑各种费用，但是在复制指数时需要考虑各种成本。这些成本不仅包括佣金等交易费用，还包括建立、管理指数组合的各种费用，通常表现为运营费用和管理费用。

（2）大多数指数的变动都是在某个交易日收盘时生效的，即指数成分的增加、减少或者成分证券权重的调整都是按照调整日的收盘价进行的。但是在跟踪指数的过程中，由于市场在短时间内不能承受大规模的交易，权重的调整往往需要多次交易才能完成。这导致指数复制的价格变成了成交均价，与指数编制所用的收盘价出现了差异。这部分差异通常叫流动性成本，又称冲击成本，需要管理人设计交易算法进行控制。

3. 指数复制方法

根据市场条件的不同，通常有三种指数复制方法，即完全复制、抽样复制和优化复制。三种复制方法所使用的样本股票的数量依次递减，但是跟踪误差通常依次增加。其具体内容见表7-5。

表7-5 指数复制方法

方法	内容
完全复制	（1）完全复制是指购买所有指数成分证券，完全按照成分证券在指数中的权重配置资金，并在指数结构调整时也同步调整来实现与指数完全相同的收益率。这种方法简单明了，跟踪误差较小，同时也是其他复制方法的出发点 （2）在理论上，完全复制是最好的策略，但其实际操作难度较大
抽样复制	（1）抽样复制是在尽可能保留因子个数和因子结构不变的情况下，对较少的股票来复制因子，从而减少复制指数所用的股票数量。由于因子模型并不能百分之百描述指数的风险收益特征，所以因子不解释的残余部分会造成跟踪误差 （2）根据抽样方法的不同，抽样复制又可以分为市值优先、分层抽样等方法。①市值优先抽样是把证券按市值从大到小排序，选择排名在最前面的证券（通常会选择一部分成分证券，如60%）；然后统计出所选成分证券的总权重，使得每只成分证券的配比等于该成分证券在总权重中的比例。②分层抽样是把指数成分证券按照是否有共同因子进行分类，在每一类中选择若干成分证券，从而达到提高样本成分证券代表性的目的

续表

方法	内容
优化复制	(1) 优化复制方法从一篮子样本证券开始，用数学方法计算一定历史时期内（样本期）各样本证券的最优组合，使之在样本期内能够达到对标的指数的最佳拟合状态。优化复制的优点是所使用的样本证券最少；缺点是这种方法隐含假设成分证券的相关性在一段时间内是相对静态且可预测的，由此导致该方法往往具有较高的跟踪误差 (2) 采用最优复制法的债券指数基金，以标的指数的成分券构成基础，综合考虑跟踪效果、操作风险等因素构成组合，并根据基金资产规模、日常申赎情况、市场流动性以及银行间和交易所债券特性、交易惯例等情况进行取舍和优化，以保证对标的指数的有效跟踪

★考点回顾 单项选择题

股价指数复制方法通常不包括（　　）。

A. 完全复制　　　　　　　　　　　B. 抽样复制
C. 优化复制　　　　　　　　　　　D. 分类复制

【答案】D

（三）被动投资与跟踪误差

跟踪误差是度量一个股票组合相对于某基准组合偏离程度的重要指标，被广泛用于被动投资及主动投资管理者的业绩考核，并且这里指的业绩既可以是事前的，也可以是事后的。

跟踪误差是证券组合相对基准组合的跟踪偏离度的标准差，其计算公式为：

$$跟踪偏离度=证券组合的真实收益率-基准组合的收益率$$

跟踪误差是跟踪偏离度的标准差。因此，计算跟踪误差首先选择基准组合，然后计算投资组合相对于基准组合的跟踪偏离度，最后计算跟踪偏离度的标准差，即跟踪误差。作为被动投资者，其目标就是在成本允许的情况下，尽可能地减小跟踪误差。

（四）跟踪误差产生的原因

跟踪误差产生的原因见表7-6。

表7-6　跟踪误差产生的原因

原因	内容
复制误差	指数基金无法完全复制标的指数配置结构会带来结构性偏离。当指数基金的某些成分股因流动性不足而难以以公允的价格买到时，指数基金将只能采用抽样复制法，增加交易活跃股票的权重，减少流动性差的股票的权重
现金留存	由于有现金留存，投资组合不能全部投资于指数标的，导致实际的投资仓位不到100%，从而与计算的指数产生偏离
各项费用	基金运行有管理费、托管费，交易证券产生佣金、印花税等，这些都是运营基金、复制基准指数的成本。费用越高，跟踪误差就会越大，因为基准指数是不存在管理费扣除的
其他影响	分红因素和交易证券时的冲击成本会对跟踪误差产生影响

三、主动投资

（一）主动投资的收益来源

与被动投资相比，在一个并非完全有效的市场上，主动投资策略更能体现其价值，从而给投资者带来较高的回报。这种收益主要来自两种情况：①主动投资者比其他大多数投资者拥有更好的信息,即市场"共识"以外的有价值的信息;②主动投资者在面对相同的信息时,能够更高效地使用信息并通过积极交易产生回报。

(二)主动投资业绩的影响因素

主动投资的业绩主要取决于投资者使用信息的能力和投资者所掌握的投资机会的个数,即信息深度和信息广度:①在投资经理所掌握的投资机会不变的情况下,其投资技能的上升会带来信息比率的上升;②在同等的投资技能下,掌握大量投资机会的投资经理比只掌握少量投资机会的投资经理更能提高投资组合的信息比率。

(三)主动投资者采用的分析方法

主动投资者常常采用基本面分析和技术分析方法。基于这两种分析方法,一些学者根据公司特征以及业绩表现对全体股票进行了分类,发现分类后的股票在收益上存在显著差异,即同类股票之间具有较高的相关性,而不同类别的股票之间不相关或者相关性较低。

(四)主动收益和主动风险

对于主动投资者而言,偏离基准组合可能是其有意追求主动收益的结果;虽然偏离基准组合目的是获得主动收益,但是不能保证每次偏离都是正回报,因此出现数额较大的正或者负的主动收益对于主动投资来说是可能的。与被动投资相比,主动投资的主动收益是投资者主动获取的,特别是寻求正的主动收益。主动收益即相对于基准的超额收益,其计算方法如下:

$$主动收益 = 证券组合的真实收益 - 基准组合的收益$$

通过计算主动收益的标准差,便可以得出主动投资者的主动风险。主动风险定义为一个证券组合的主动收益的标准差。主动风险也是信息比率计算公式中的分母。主动收益的计算公式与被动投资中的跟踪偏离度相同,主动风险的计算公式与被动投资中的跟踪误差相同。主动投资的目标是扩大主动收益,缩小主动风险,提高信息比率;而被动投资的目标是同时减小跟踪偏离度和跟踪误差。

第四节 资产配置和投资组合构建

一、资产配置

(一)资产配置的意义

资产配置是根据投资需求将投资资金在不同资产类别之间进行分配。在投资组合管理的基本流程中,投资规划阶段即确定了资产配置。资产配置过程是在投资者的风险承受能力与效用函数的基础上,根据各项资产在持有期间或计划范围内的预期风险、收益及相关关系,在可承受的风险水平上构造能够提供最高预期收益的资金配置方案的过程。

资产配置是投资组合管理过程中最重要的环节之一,也是决定投资组合相对业绩的主要因素。资产配置可以起到降低风险、提高收益的作用。单一资产投资方案难以满足投资需求,资产配置可以帮助投资者降低单一资产的非系统性风险。

从实际的投资需求看,资产配置的目标在于以资产类别的历史表现与投资者的风险偏好为基础,决定不同资产类别在投资组合中所占比例,从而降低投资者风险,提高投资收益,消除投资者对收益所承担的不必要的额外风险。

(二)进行资产配置主要考虑的因素

进行资产配置主要考虑的因素见表7-7。

表7-7 进行资产配置主要考虑的因素

因素	具体内容
影响投资者风险承受能力和收益要求的各项因素	对于个人投资者而言,个人的生命周期是影响资产配置的最主要因素
	机构投资者则更侧重机构本身的资产负债状况以及股东、投资者的特殊需求
影响各类资产的风险、收益状况以及相关关系的资本市场环境因素	包括国际经济形势、国内经济状况与发展动向、通货膨胀、利率变化、经济周期波动和监管等
资产的流动性特征与投资者的流动性要求相匹配的问题	资产的流动性是指资产以公允价格售出变现的难易程度,体现投资资产时间尺度和价格尺度之间的关系。投资者必须根据自己短时间内处理资产的可能性,建立投资中流动性资产的最低标准
投资期限	投资者在有不同到期日的资产(如债券等)之间进行选择时,需要考虑投资期限的安排问题
税收考虑	对面临高税率的个人投资者和机构投资者而言,其更重视在整个资产配置中合理选择避税或延税的投资产品

(三)战略资产配置与战术资产配置

在投资政策确定后,接下来就是进行投资组合的资产配置。这一步决定哪些资产类别被纳入投资范围,以及每个资产类别在投资组合中所占的比例。资产配置可以分为战略资产配置和战术资产配置两个层次。其具体内容见表7-8。

表7-8 资产配置的层次

项目	内容
战略资产配置	(1)战略资产配置(SAA)是为了满足投资者风险与收益目标所做的长期资产的配比;是根据投资者的风险承受能力,对资产做出一种事前的、整体性的、最能满足投资者需求的规划和安排;是反映投资者的长期投资目标和政策,确定各主要大类资产的投资比例,建立最佳长期资产组合结构 (2)战略资产配置是在一个较长时期内以追求长期回报为目标的资产配置。战略资产配置结构一旦确定,通常情况下在3~5年甚至更长的时期内不再调节各类资产的配置比例。这种资产配置方式重在长期回报,因此往往忽略资产的短期波动 (3)基金经理在进行战略资产配置时,可以采用量化的优化模型,也可以运用经验和判断,对每类资产进行甄选。在进行战略资产配置时,需要考虑资产配置是否能够达到预期收益和投资目标
战术资产配置	(1)战术资产配置(TAA)就是在遵守战略资产配置确定的大类资产比例基础上,根据短期内各特定资产类别的表现,对投资组合中各特定资产类别的权重配置进行调整 (2)战术资产配置是一种根据对短期资本市场环境及经济条件的预测,积极、主动地对资产配置状态进行动态调整,从而增加投资组合价值的积极战略。战术资产配置更多地关注市场的短期波动,强调根据市场的变化,运用金融工具,通过择时调节各大类资产之间的分配比例,管理短期的投资收益和风险。战术资产配置的周期较短,一般在一年以内,如月度、季度 (3)战术资产配置策略在动态调整资产配置状态时,需要根据实际情况的改变重新预测不同资产类别的预期收益情况,但没有再次估计投资者偏好与风险承受能力或投资目标是否发生了变化 (4)运用战术资产配置的前提条件是基金管理人能够准确地预测市场变化、发现单只证券的投资机会,并且能够有效实施动态资产配置投资方案 (5)基金管理人用各种工具来帮助战术资产配置的决策,如对政治经济状况的分析,对市场动态的把握,以及比较市场估值与过去的数字等 (6)战术资产配置的有效性是存在争议的。实践证明,只有少数基金管理人能通过择时得到超额收益。战术资产配置对战略资产配置的偏离往往被限制在一定范围内

二、股票投资组合构建

(一) 自上而下策略和自下而上策略

股票投资组合构建策略通常包括自上而下策略和自下而上策略。

1. 自上而下策略

自上而下策略从宏观形势及行业、板块特征入手,明确大类资产、国家、行业的配置,然后再挑选相应的股票作为投资标的,实现配置目标。

自上而下策略可以通过研究和预测决定经济形势的几个核心变量,如消费者信心、商品价格、利率、通货膨胀率、GDP等,决定大类资产配置;也可以通过积极的风格调整,如转换价值股与成长股的投资比例,追求风格收益;也可以进行积极的板块轮换,如从周期非敏感型行业转换为周期敏感型行业,从而获得板块的差额收益。

2. 自下而上策略

自下而上策略是依赖个股筛选的投资策略,关注的是各个公司的表现,而非经济或市场的整体趋势,因此自下而上策略并不重视行业配置。

自下而上策略主要关注个股的选择,在实施过程中没有固定模式,只要能够挑选出业绩突出的股票即可。前面在主动投资部分所介绍的各种分析方法均可以应用。例如,运用基本面分析深入研究个股的投资价值,利用技术分析把握股票的购买时机,运用量化分析寻找被低估或者高估的股票等。自下而上的选股理念在市场存在众多的定价无效的情况下能够发挥很好的作用。

越来越多的基金经理采用自上而下和自下而上相结合的方式。

(二) 组合构建所受的限制

无论是采用自上而下策略还是自下而上策略,基金的投资组合构建在大类资产、行业、风格以及个股几个层次上都可能受到基金合同、投资政策、基金经理能力等多方面的约束。

1. 大类资产配置

对于我国的公募基金,大类资产主要指的是两类资产:股票与固定收益证券。基金设立时的目标基本上决定了大类资产配置的范围,例如,股票型基金一般要求在股票资产上的配置比例不低于80%;债券型基金在债券资产上的配置比例一般不低于80%;混合型基金选择的范围比较广,介于股票型和债券型之间。

在不超出设立目标所允许的范围之内,信奉自上而下策略的投资经理需要结合自己对宏观经济形势的预测来选择合适的股票投资比例,信奉自下而上策略的投资经理在股票上的投资比例则主要取决于其掌握的可投资股票的深度和广度。

2. 行业与风格配置

在行业、风格层面上,有的基金契约就已经规定投资的行业或风格,如行业基金、大盘/小盘基金、价值/成长基金等。这些基金的投资范围受到较为严格的限制。有的基金没有明确的行业/风格限制,投资经理可通过对当前市场形势的研究和判断,决定行业和风格的配置。自下而上的投资经理可以不考虑行业与风格的配置,只是选择个股。

3. 个股的选择

个股的选择与权重受到基金契约、基金合规、投资比例等方面的限制。例如,基金公司常常对重仓股的最大权重进行限制。

（三）基金投资组合的基准选择

指数基金的业绩比较基准就是其跟踪的指数本身，其组合构建的目标就是将跟踪误差控制在一定范围内。其他类型的基金在选定业绩比较基准的时候，需要充分考虑其投资目标、风格的影响。投资目标决定了基金可投资资产的类别，如股票与债券的比例；投资风格则决定了基金在股票中的选择范围。

所有的基金都需要选定一个业绩比较基准，业绩比较基准不仅是考核基金业绩的工具，也是投资经理进行组合构建的出发点。

三、债券投资组合构建

（一）债券投资管理策略的发展历程

债券投资管理策略在20世纪经历了多种变迁。其具体内容见表7-9。

表7-9 债券投资管理策略的发展历程

时期	内容
20世纪60年代以前	大多数债券组合管理者采用的是买入并持有策略
20世纪70年代初期	人们对各种积极债券组合管理策略的兴趣与日俱增
20世纪70年代末和80年代初	随着通货膨胀率和利率创历史新高，债券市场收益率波动剧烈，导致许多新型金融工具应运而生

（二）债券投资组合的影响因素

债券型基金需要在其招募说明书中说明基金的投资目标、投资理念、投资策略、投资范围、业绩基准、风险收益特征等重要内容，这些因素决定了基金投资组合的构建理念和流程。自上而下的债券配置从宏观上把握债券投资的总体风险开始，分析市场风险和信用风险，进而决定在不同的信用等级、行业类别上的配置比例，通过大类资产配置、类属资产配置和个券选择3个层次自上而下地决策，最终实现基金的投资目标。

债券投资组合构建还需要考虑信用结构、期限结构、组合久期、流动性和杠杆率等因素。有些机构投资者会在投资政策说明中限制非投资级债券的比例。期限结构、组合久期的选择则与投资经理对市场利率变化的预期相关。投资经理还需要根据投资者的资金需求，对组合流动性做出安排。

（三）债券投资组合的基准选择

债券型基金同样需要选择一个业绩比较基准，以方便投资者或内部管理者考核基金的业绩。债券型基金在选择业绩比较基准的时候应以债券指数为主，在投资范围允许的前提下，可以加入一定比例的股票指数形成复合基准。股票指数的权重要符合基金投资比例和投资范围。

投资交易管理

　　本章共包含三个小节。
　　第一节主要讲述了报价驱动市场、指令驱动市场、经纪人市场概念及种类，做市商与经纪人的联系及区别，保证金交易的模式及买空、卖空交易。
　　第二节主要讲述了最佳执行的概念，交易成本中的显性成本及隐性成本、执行缺口、资产转持与T—Charter及算法交易策略。
　　第三节主要讲述了投资交易流程及交易过程中风险管理。

知识结构

- **投资交易管理**
  - **证券市场的交易机制**
    - 证券市场
      - 报价驱动市场、指令驱动市场、经纪人市场
    - 做市商与经纪人
      - 联系：有时共同完成证券交易
      - 区别：市场角色/利润来源/市场流动性贡献不同
    - 保证金交易
      - 模式：现货交易
      - 买空交易和卖空交易
  - **交易执行**
    - 最佳执行
    - 交易成本
      - 显性成本：佣金、经手费、监管费、印花税、过户费
      - 隐性成本：买卖差价、冲击成本、对冲费用、机会成本
    - 执行缺口
    - 资产转持与T—Charter
    - 算法交易策略
      - 成交量加权平均价格算法、时间加权平均价格算法等
  - **基金公司投资交易管理**
    - 投资交易流程
    - 交易过程中风险管理
      - 合规性风险、操作风险

第一节　证券市场的交易机制

一、报价驱动市场、指令驱动市场和经纪人市场

(一) 报价驱动市场

1. 做市商概述

在报价驱动市场上，最为重要的角色就是做市商，因此报价驱动市场也被称为做市商制度。做市商通常由具备一定实力和信誉的证券投资法人承担，其本身拥有大量可交易证券，买卖双方均直接与做市商交易，而买卖价格则由做市商报出。

做市商制度也被称为柜台交易（OTC）。因为早期的证券交易是在做市商办公室的柜台完成的。现在的 OTC 市场则通过网络交易系统、电话信息系统等途径进行交易。

2. 做市商的种类

做市商可以分为两种，即特定做市商和多元做市商。其具体内容见表 8-1。

表 8-1　做市商的种类

类型	内容
特定做市商	一只证券只由某个特定的做市商负责交易。在美国纽约证券交易所，每个特定做市商不仅可以全权负责一种证券的交易，而且可以同时为多种股票做市
多元做市商	每只证券同时拥有多家做市商进行做市交易，避免一家做市商垄断市场的现象发生，从而操纵价格。美国纳斯达克（NASDAQ）市场就采用这种交易制度

★ **考点回顾 | 单项选择题**

做市商可以分为多元做市商和（　　）。
A. 法定做市商　　　B. 非法定做市商　　　C. 特定做市商　　　D. 非特定做市商
【答案】C

3. 做市商的目标

做市商的目标之一是必须随时满足买卖双方的交易数量，给市场提供流动性。当接到投资者卖出某种证券的报价时，做市商以自有资金买入；当接到投资者购买某种证券的报价时，做市商将自有证券卖出。有时为了完成交易承诺，做市商之间也会进行资金或证券的拆借。其具体内容见表 8-2。

表 8-2　做市商与投资者

项目	要价	出价
做市商	卖价	买价
投资者	买价	卖价

做市商的另一个目标是维持证券的价格稳定。虽然做市商的利润来源于买卖差价，但如果买卖差价太大，那么做市商将很难促成交易，从而失去赚取差价的机会。另外，如果证券差价小但交易频繁，那么做市商仍可以赚取利润。

(二) 指令驱动市场

1. 指令驱动市场概述

在指令驱动市场上，指令是交易的核心，交易者向自己的经纪人下达不同的交易指令，

交易系统会根据已经设定好的交易规则撮合交易指令，直至完成交易。指令驱动的核心就是买方下达购买指令，包括购买数量和相应价格，卖方下达包含同样内容的卖出指令，满足成交条件的即可成功交易。

2. 指令驱动的成交原则

指令驱动的成交原则包括价格优先原则和时间优先原则等。其具体内容见表8-3。

表8-3　指令驱动的成交原则

原则	内容
价格优先原则	较高的买入价格总是优于较低的买入价格，而较低的卖出价格总是优于较高的卖出价格
时间优先原则	如果在同一价格上有多笔交易指令，此时会遵循"先到先得"的原则，即买卖方向相同、价格一致的，优先成交委托时间较早的交易

在某些特定情况下，还有其他优先原则可以遵循，如成交量最大原则等。

3. 交易指令的分类

（1）市价指令。

如果投资者希望以即时的市场价格进行证券交易，就会下达市价指令。在连续竞价交易中，证券价格是不断变化的，在投资者下达市价指令后仍可能发生变化，这时投资者将面临新的市场价格。

（2）随价指令。

市价指令让投资者暴露在价格变化的风险中，随价指令可使投资者在价格变化之前采取措施，当证券价格变动时，可以设定在某一价格买入或卖出证券。随价指令包括限价指令和止损指令两类，具体内容见表8-4。

表8-4　限价指令和止损指令

项目	内容
限价指令	限价指令分为限价买入指令和限价卖出指令
	如果投资者认为目前目标公司的股票价格偏高，还不适合买入建仓，那么可以给经纪人发出限价买入指令，即设定一个目标价格，当股票价格达到或者低于该目标价格时，执行买入指令；相反，如果投资者持有某上市公司的股票，目前的股票价格偏低，那么可以给经纪人发出限价卖出指令，这样当该公司的股票价格上涨达到或者高于目标价格时，执行卖出指令
止损指令	止损指令与限价指令类似，也是当证券价格达到目标价格时开始执行交易，但止损指令的目的在于将损失控制在投资者可接受的范围内
	当投资者持有某股票并预期未来股票价格有下跌趋势时，可以下达止损卖出指令，即当该股票价格达到或低于目标价格时，及时卖出所持股票，防止损失进一步增大；相反，当投资者卖空某只股票时，可以下达止损买入指令（卖空即看跌该股票价格，股票价格下跌时获利，上涨时亏损），即指定一个价格，当达到或超过这个价格时买入股票，如果股票上涨，那么在达到指定价格后就可以平仓，把损失降到可控范围内

（三）经纪人市场

经纪人是为买卖双方介绍交易以获取佣金的中间商人。在某些特定商品的交易中，如大宗股票或债券、房地产等，由于商品具有特殊性或只在少数投资者之间交易，经纪人市场便相应出现。经纪人可以根据自己客户的指令来寻找相应的交易者，也可以依靠自身的信息资源来寻觅买家和卖家，以此促成交易，赚取佣金。

与指令驱动市场相同的是，交易价格的形成是买卖双方谈判的结果，但市场流动性却不是由买卖双方来形成的，而主要依靠经纪人来维持。

二、做市商与经纪人

(一) 做市商与经纪人的区别

做市商与经纪人的区别见表 8-5。

表 8-5　做市商与经纪人的区别

区别	内容
市场角色不同	做市商在报价驱动市场中处于关键性地位,他们在市场中与投资者进行买卖双向交易;而经纪人则在交易中执行投资者的指令,并没有参与到交易中
利润来源不同	做市商的利润主要来自证券买卖差价;而经纪人的利润则主要来自给投资者提供经纪业务的佣金
对市场流动性的贡献不同	在报价驱动市场中,做市商是市场流动性的主要提供者和维持者;而在指令驱动市场中,市场流动性是由投资者的买卖指令提供的,经纪人只负责执行这些指令

(二) 做市商与经纪人的联系

做市商和经纪人有时可以共同完成证券交易。当做市商之间进行资金或证券拆借时,经纪人往往是不错的帮手,有些经纪人甚至是专门服务于做市商的。如美国纽约证券交易所中的特定做市商,同时也充当了经纪人的角色。

三、保证金交易

(一) 保证金交易概述

现货交易是证券市场的主要交易模式,即"一手交钱,一手交货",是指如果投资者要买入一定数量的证券,则必须具有与市场价格等值的货币资金;如果投资者要卖出证券,则其证券账户上必须有属于投资者支配范围内的足量的可交易证券。

现货交易将违约风险降到最低,却限制了投资者信用的作用。保证金交易让投资者可以从证券经纪商那里借得资金或证券,这样就能进行超过自己可支付范围的交易。此时,投资者的信用非常重要,因此也被称为信用交易。投资者用于投资的自有资金或证券称为保证金,而保证金除以所投资金额或证券总价值的比率就称为保证金率。

(二) 买空交易和卖空交易

买空交易和卖空交易的具体内容见表 8-6。

表 8-6　买空交易和卖空交易

项目	内容
买空交易	在我国,保证金交易被称为"融资融券"。融资即投资者借入资金购买证券,也叫买空交易
卖空交易	(1) 融券即投资者借入证券卖出,也称卖空交易。卖空交易即融券业务,与融资业务正好相反,投资者可以向证券公司借入一定数量的证券卖出,当证券价格下降时再以当时的市场价格买入证券归还证券公司,自己则得到投资收益。需要注意的是,融券交易没有平仓之前,投资者融券卖出所得资金除买券还券外,是不能用于其他用途的 (2) 与买空交易一样,在标的证券价格变化时,融券业务的维持担保比例也必须大于 130%。当维持担保比例小于 130% 时,投资者就会接到证券公司的催缴通知,这时,投资者可以选择在信用账户中增加资金,也可以用标的证券或其他认可的证券来增加担保比例。但用证券充抵保证金时,对于不同的证券,必须以证券市值或净值按不同的折算率进行折算。融券业务同样会放大投资收益率或损失率,如同杠杆一样增加投资结果的波动幅度

(三) 防范融资融券风险的规定与要求

为防范融资融券的投资风险，证券交易所对参与融资融券的证券公司做出了严格规定，只有符合一定标准的证券公司才能开展此项业务。同时，融资融券对于投资者的要求也较高，目前大部分证券公司要求普通投资者开户时间须达到 18 个月，且持有资金不得低于 50 万元人民币。

此外，在《上海证券交易所融资融券交易实施细则》中，上海证券交易所对于可用于融资融券的标的证券做出了详细规定，如标的证券为股票的，须符合以下 7 个条件。

(1) 在上海证券交易所上市交易超过 3 个月。

(2) 融资买入标的股票的流通股本不少于 1 亿股或流通市值不低于 5 亿元，融券卖出标的股票的流通股本不少于 2 亿股或流通市值不低于 8 亿元。

(3) 股东人数不少于 4 000 人。

(4) 在过去 3 个月内没有出现下列情形之一：①日均换手率低于基准指数日均换手率的 15%，且日均成交金额小于 5 000 万元；②日均涨跌幅平均值与基准指数涨跌幅平均值的偏离值超过 4%；③波动幅度达到基准指数波动幅度的 5 倍以上。

(5) 股票发行公司已完成股权分置改革。

(6) 股票交易未被上海证券交易所实行特别处理。

(7) 上海证券交易所规定的其他条件。

满足以上条件的股票往往不会出现剧烈的价格波动，一方面减少了投机机会，另一方面也降低了投资者的风险。

第二节 交易执行

一、最佳执行

交易执行是投资决策的实现过程。对基金管理公司而言，交易管理的核心不是识别每一单执行的优劣，而是建立一个可以全面评估交易绩效的交易管理体系。

"最佳执行"是交易管理领域的主流概念。CFA 协会将最佳执行定义为公司（包括买方和卖方）在规定的投资目标和限制内，为最大化客户投资组合价值而采用的交易流程。交易从决策到执行完毕的每一步都需要各方承担其最佳执行的责任。

CFA 提出了最佳执行的实施框架，包含过程、披露和记录三个方面。投资管理公司编制政策和流程，通过最佳执行管理来实现客户资产价值最大化。

二、交易成本

证券投资交易成本是指为了实施业务决策而发生的所有成本和费用，分为显性成本和隐性成本两类。

(一) 显性成本

显性成本，又称直接成本或价外成本，是指交易价格以外的费用支出，一般可以准确计量，也可以事先确定。按照收费主体划分，显性成本可分为经纪商佣金、税费、交易所规费/结算所规费三个主要部分。证券交易的显性成本的具体内容见表 8-7。

第八章 投资交易管理

表 8-7 证券交易的显性成本

项目	内容
佣金	是指交易成功后,投资者根据交易额,按照一定比例付给经纪人的费用,是证券交易中最普遍、最清晰的成本,是证券业收入的主要组成部分
经手费	是券商交给交易所的费用
监管费	是代监管机关收取的费用
印花税	是根据国家税法规定,在股票(包括A股和B股)成交后对买卖双方投资者按照规定的税率分别征收的税金,是交易费用的重要组成部分
	相关部门可以通过调节印花税税率和征收方向等来调节交易费用,进而调控市场活跃度。如股票市场低迷时,可以降低印花税税率或者单边征收(只对卖方征收)以刺激交易;当股票市场过热时,可以调高印花税税率来避免过度交易
	目前,我国A股印花税税率为单边征收(只在卖出股票时征收),税率为1‰
过户费	是指在证券交易结束后需要支付给证券登记结算机构的一定费用

拓展链接

近些年,为金融投资机构提供软硬件服务的技术供应商收费,作为一种新的显性成本也开始出现。目前在国内股票业务上已有实践。

★ 考点回顾 | 单项选择题

显性成本包括( )。

Ⅰ.佣金 Ⅱ.买卖价差
Ⅲ.印花税 Ⅳ.过户费

A. Ⅰ、Ⅱ、Ⅲ B. Ⅰ、Ⅲ、Ⅳ
C. Ⅱ、Ⅲ、Ⅳ D. Ⅰ、Ⅱ、Ⅲ、Ⅳ

【答案】B

(二)隐性成本

隐性成本,又称间接成本或价内成本,是包含在交易价格以内的、由具体交易导致的额外费用支出,一般无法准确测量,不能事先确定。隐性成本包括买卖差价、冲击成本、对冲费用、机会成本等,具体内容见表 8-8。

表 8-8 证券交易的隐性成本

项目	具体内容
买卖差价	是当前最高买入价与最低卖出价之间的差额
	买卖差价在很大程度上是由证券类型及其流动性决定的。一般而言,大盘蓝筹股流动性较好,买卖差价小;小盘股则反之。成熟市场的股票,流动性较好,价差较小;而新兴市场的股票的买卖差价则较大。另外,市场不同的时段也会表现出不同的流动性
冲击成本	是交易指令下达后形成的市场价格与交易指令没有下达情况下市场可能的价格之间的差额
	从本质上说,买卖差价就是流动性的体现,而冲击成本则是购买流动性的成本。除了流动性需要,信息泄露也是导致冲击成本的因素。作为一种事后计算指标,冲击成本难以精确计量
对冲费用	基金管理人可以使用远期、期货、互换等衍生工具在转持过程中进行风险对冲。市场交易活跃,成本低廉的单一对冲工具往往不能满足需要,而定制的对冲工具成本昂贵,且引入了对手方风险。常用方式是使用一篮子对冲工具对风险进行拟合
机会成本	基金经理提交指令后,交易员有时可能需要一些时间来分析市场,或者等待合适的价格。在此过程中,价格可能会向有利或者不利的方向变动,带来延迟成本。无法完成的交易意味着投资决策无法得到执行,也会带来机会成本。机会成本与冲击成本之间经常存在着相互冲突

三、执行缺口

执行缺口指的是采用投资决策时的证券市场价格建仓的模拟投资组合（理想组合）与采用实盘交易建仓的真实投资组合之间的收益率之差，其本质就是交易成本。在理想交易中，投资者可以迅速地以决策时的基准价格完成一定数量的证券交易，且不存在交易成本。执行缺口可以将交易过程中的所有成本量化。

面对复杂多变的全球资本市场，投资者需要根据经济周期、市场波动、外部基金经理业绩等因素，定期或不定期地对现有投资组合进行调整。在调整的过程中，投资组合内全部或部分资产被转换为其他资产，或从一个基金经理转到另一个基金经理。这个过程被称为资产转持。

在投资过程中，基金可能面对基金经理更换、基金风格转换、指数调仓等情况。这些情况往往会带来大规模的证券交易，产生较大的交易成本，给基金资产带来损失。这种大规模的组合调整被称为资产转持。执行缺口是测算资产转持成本的主要指标。基金管理人应当在日常交易和资产转持过程中，重视隐性成本，优化交易方法，缩小执行缺口。

在国际资本市场，资产转持通常交给专业的转持管理人操作。国际市场上的转持服务提供商在2008年修订了行业自律标准——《T章程》，规定了业绩报告的规范，并被业界普遍接受。《T章程》不具备强制性，也不具备合同性质，只是为促进资产转持管理业务健康发展，由转持管理人自愿遵从的行业规范。其中，T—Charter（章程）作为纲领性文件，规定了转持业务的基本原则；T—Standard（标准）作为具体标准，对转持业务的具体操作过程进行了规范。

四、算法交易简介

（一）算法交易的概念

算法交易是遵循数量规则、用户指定的基准和约束条件，使用计算机来确定订单最佳的执行路径、执行时间、执行价格以及执行数量的一种交易方法。算法交易的核心是交易模型，模型来源于交易理念和基于数据的有机结合。

（二）算法交易策略

常见的算法交易策略见表8-9。

表8-9 算法交易策略

策略	内容
成交量加权平均价格算法（VWAP）	是最基本的交易算法之一，旨在下单时以尽可能接近市场按成交量加权的均价进行，以尽量降低该交易对市场的冲击
时间加权平均价格算法（TWAP）	是根据特定的时间间隔，在每个时间点上平均下单的算法，旨在使市场影响最小化的同时提供一个平均执行价格
跟量算法（TVOL）	旨在帮助投资者跟上市场交易量，若交易量放大则同样放大这段时间内的下单成交量，反之则相应降低这段时间内的下单成交量。交易时间主要依赖交易期间市场的活跃程度
执行缺口算法（IS）	是在尽量不造成大的市场冲击的情况下，尽快以接近客户委托时的市场成交价格来完成交易的最优化算法

(三) 算法交易的优点

与传统交易相比，算法交易具有的优点包括：①实现了人工不能完成的优化策略的过程，实现最优化的策略，达到减少市场冲击和降低交易成本的目的。②程序判断的时间短，比人工交易更容易在即时价格成交，提高了交易的执行效率。③通过计算机下单，减少了传统交易在交易员上的人力投入。④算法交易可以最大限度地降低由于人为失误而造成的交易错误，能确保复杂的交易及投资策略得以执行。⑤模型确定后，可以在较长时期内观察其有效性和可复制性。

第三节　基金公司投资交易管理

一、基金公司投资交易流程

基金公司投资交易的流程见图 8-1。

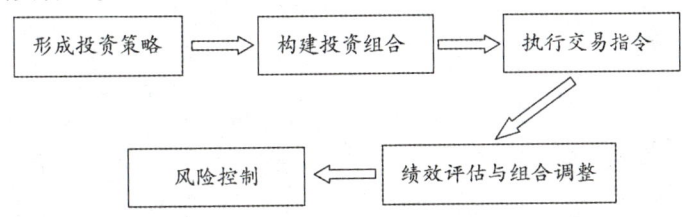

图 8-1　基金公司投资交易的流程

交易指令在基金公司内部的执行情况见图 8-2。

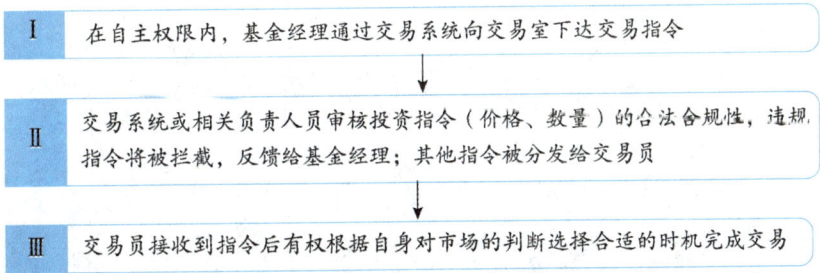

图 8-2　交易指令在基金公司内部的执行情况

注意

交易指令从基金公司到达经纪商时，交易指令已经从基金公司流出，经纪商会确认交易指令并执行，然后进行交易清算交割，完成交易过程。

二、基金投资交易过程的风险管理

基金投资交易过程中的风险管理见表 8-10。

表 8-10　基金投资交易过程中的风险管理

风险	概念	管理方式
合规性风险	违反法律、法规、交易所规则、公司内部制度、基金合同等导致公司可能遭受法律制裁、监管处罚、公开谴责等的风险	通过制度化、系统性地进行事前、事中和事后的监控和管理，以防范操纵证券市场、不公平对待不同投资组合、利用基金财产为基金份额持有人以外的第三人谋取利益等违法违规行为

续表

风险	概念	管理方式
操作风险	由于人员、流程、系统或外部因素带来的交易失误，导致基金资产或基金公司财产损失，或基金公司声誉受损、受到监管部门处罚等的风险	基金公司应当对业务风险进行评估，对风险点进行整理、评估，并制定相应的管理措施，在业务进行中对风险管理情况进行持续跟踪

拓展链接

基金公司在交易执行环节可能存在的风险包括：①未践行最佳执行原则，交易效率低或差错率高；②交易系统未经严格测试论证，系统缺陷造成交易失误；③交易与后台清算、托管银行的交收相互脱节，影响资金的使用；④交易价格显著偏离公允价格；⑤对交易对手风险的评估与控制不足；⑥交易执行不独立于基金经理；⑦公平交易、反向交易以及超过合规限制交易的管理机制不能得到有效执行；⑧交易员不能有效履行对基金经理交易指令的监督、复核职责。

投资风险的管理与控制

本章共包含三个小节。

第一节主要讲述了市场风险的类型及管理措施,流动性风险的表现及管理措施,信用风险的概念及管理措施。

第二节主要讲述了风险指标的分类及衡量风险的主要指标,风险价值的概念及估算方法,预期损失及压力测试。

第三节主要讲述了股票基金、债券基金、混合基金、货币市场基金、指数基金、ETF、避险策略基金及跨境投资基金的风险管理。

知识结构

- **投资风险的管理与控制**
  - **投资风险的类型**
    - 市场风险类型
      - 政策风险、经济周期性波动风险、利率风险、购买力风险、汇率风险
    - 流动性风险
      - 表现/管理措施
    - 信用风险管理的主要措施
  - **投资风险的测量**
    - 风险指标
      - 分类：事后风险测度、事前风险测度
      - 衡量指标：β系数、波动率、跟踪误差、主动比重、最大回撤、下行标准差
    - 风险价值估算方法
      - 参数法、历史模拟法、蒙特卡罗模拟法
    - 预期损失
    - 压力测试
  - **不同类型基金的风险管理**
    - 股票基金与债券基金的风险管理
      - 债券基金主要的投资风险
      - 衡量股票基金风险指标：标准差、β系数、持股集中度、行业投资集中度、持股数量
    - 混合基金与货币市场基金的风险管理
    - 指数基金和ETF的风险管理
    - 避险策略基金的风险管理
    - 跨境投资基金的风险管理
      - 政治风险、汇率风险、税收风险等

第一节　投资风险的类型

风险来源于不确定性，是未来的不确定事件可能对公司带来的影响。有的风险会影响公司的声誉，有的风险会影响公司的利润。投资风险来源于投资价值的波动。投资风险的主要因素包括：市场价格（市场风险），在规定时间和价格范围内买卖证券的难度（流动性风险），借款方还债的能力和意愿（信用风险）。

一、市场风险

（一）市场风险的类型

扫码听课

市场风险是指基金投资行为受到宏观政治、经济、社会等环境因素对证券价格所造成的影响而面临的风险。市场风险包括政策风险、经济周期性波动风险、利率风险、购买力风险、汇率风险等。其具体内容见表9-1。

表 9-1　市场风险的类型

类型	内容
政策风险	政策风险是指因宏观政策的变化导致的对基金收益的影响。宏观政策包括财政政策、产业政策、货币政策等，都会对金融市场造成影响，进而影响基金的收益水平。政策风险的管理主要在于对国家宏观政策的把握与预测
经济周期性波动风险	经济发展有一定周期性，由于基金投资的是金融市场已存在的金融工具，所以基金会追随经济总体趋向而发生变动。如当经济处于低迷时期时，基金行情也会随之处于低迷状态
利率风险	利率风险指的是因利率变化而产生的基金价值的不确定性。利率变动主要受通货膨胀预期、中央银行的货币政策、经济周期和国际利率水平等的影响。利率变动是不确定的，经常发生，并且利率变动是一个积累的过程，因此利率风险具有一定的隐蔽性
购买力风险	购买力风险，又称通货膨胀风险，指的是作为基金利润主要分配形式的现金，可能由于通货膨胀等因素的影响而导致购买力下降，降低基金实际收益，使投资者收益率降低的风险。通货膨胀是购买力风险出现的原因，使得资产总购买力发生变化。投资者的实际收益会随着通货膨胀的发生而下降，若物价上涨，则投资者的实际购买力就会下降
汇率风险	汇率风险指的是因汇率变动而产生的基金价值的不确定性。影响汇率的因素有国际收支及外汇储备、利率、通货膨胀和政治局势等。合格境内机构投资者（QDII）基金由于涉及外汇业务，对汇率变动较为敏感，因而受汇率影响较大。当投资境外的市场时，基金面临的最大风险也是汇率风险

（二）市场风险管理的主要措施

市场风险管理的主要措施包括：

（1）密切关注宏观经济指标和趋势、重大经济政策动向、重大市场行动，评估宏观因素变化可能给投资带来的系统性风险，定期监测投资组合的风险控制指标，提出应对策略。

（2）密切关注行业的周期性、市场竞争、价格、政策环境和个股的基本面变化，构造股票投资组合，分散非系统性风险。应特别加强投资证券的管理，对于市场风险较大的证券建立内部监督机制、快速评估机制和定期跟踪机制。

（3）关注投资组合的风险调整后收益，可以采用夏普比率、特雷诺比率和詹森比率等指标衡量。

（4）加强对场外交易（包括价格、对手、品种、交易量、其他交易条件）的监控，确保所有交易在公司的管理范围之内。

(5) 加强对重大投资的监测，对基金重仓股、单日个股交易量占该股票持仓显著比例、个股交易量占该股流通值显著比例等进行跟踪分析。

(6) 可运用定量风险模型和优化技术，分析各投资组合市场风险的来源和暴露。可利用敏感性分析，找出影响投资组合收益的关键因素。可运用情景分析和压力测试技术，评估投资组合对大幅和极端市场波动的承受能力。

二、流动性风险

(一) 流动性风险的表现

流动性是资产在短期内以低成本完成市场交易的能力。

基金投资的流动性风险主要表现在两方面：①基金管理人在建仓时或者在为实现投资收益而卖出证券时，可能会由于市场流动性不足而无法按预期的价格在预定的时间内买入或卖出证券；②开放式基金发生赎回时，若所持证券流动性不足，基金管理人被迫在不适当的价格大量抛售股票或债券，或无法满足投资者的赎回需求。

上述两者均可能使基金净值受到不利影响。当流动性供给者与需求者出现供求不平衡时便会带来流动性风险。流动性风险有两方面的影响，从资金供给的角度看取决于股票市场和货币市场的资金供给，从资金需求的角度则要看基金持有人的结构。

(二) 流动性风险管理的主要措施

流动性风险管理的主要措施包括：

(1) 制定流动性风险管理制度，平衡资产的流动性与盈利性，以适应投资组合日常运作需要。

(2) 及时对投资组合资产进行流动性分析和跟踪，包括计算各类证券的历史平均交易量、换手率和相应的变现周期，关注投资组合内的资产流动性结构和投资组合品种类型等因素的流动性匹配情况。

(3) 建立流动性预警机制。当流动性风险指标达到或超出预警阈值时，应启动流动性风险预警机制，按照既定投资策略调整投资组合资产结构，或剔除个别流动性差的证券，以使组合的流动性维持在安全水平。

(4) 进行流动性压力测试，测算当面临外部市场环境的重大变化或巨额赎回压力时，冲击成本对投资组合资产流动性的影响，并相应调整资产配置和投资组合。

(5) 分析投资组合持有人结构特征，关注投资者申赎意愿。

(6) 制定流动性风险处置预案，在流动性风险事件发生后能够及时有序地进行处置，建立健全自身的流动性保障和应对机制，防范风险外溢。

三、信用风险

(一) 信用风险的概念

信用风险指的是基金投资面临的基金交易对象无力履约而给基金带来的风险，如基金所投资债券的发行人不能或拒绝支付到期本息，不能履行合约规定的其他义务。

(二) 信用风险管理的主要措施

信用风险管理的主要措施包括：

(1) 建立针对债券发行人的内部信用评级制度，结合外部信用评级，进行发行人信用风险管理。

(2) 建立交易对手信用评级制度，根据交易对手的资质、交易记录、信用记录和交收违约记录等因素对交易对手进行信用评级，并定期更新。

(3) 建立严格的信用风险监控体系，对信用风险及时发现、汇报和处理。

> **拓展链接**
> 债券基金经理的核心任务是管理信用风险，控制基金持有的债券信用等级，并进行适度的分散化投资，避免基金对单一债券或债券类别承担过大的信用风险。

第二节　投资风险的测量

一、风险指标

(一) 风险指标的分类

风险测量指标可分为：①事前风险测量指标。即在风险发生前，衡量投资组合在将来的表现和风险情况。②事后风险测量指标。即在风险发生后用于分析的指标，主要目的是研究投资组合在历史上的表现和风险情况，常用来衡量风险调整后的收益情况。

(二) 衡量风险的主要指标

风险指标根据其度量风险的侧重不同，有不同的分类，具体内容见图9-1。

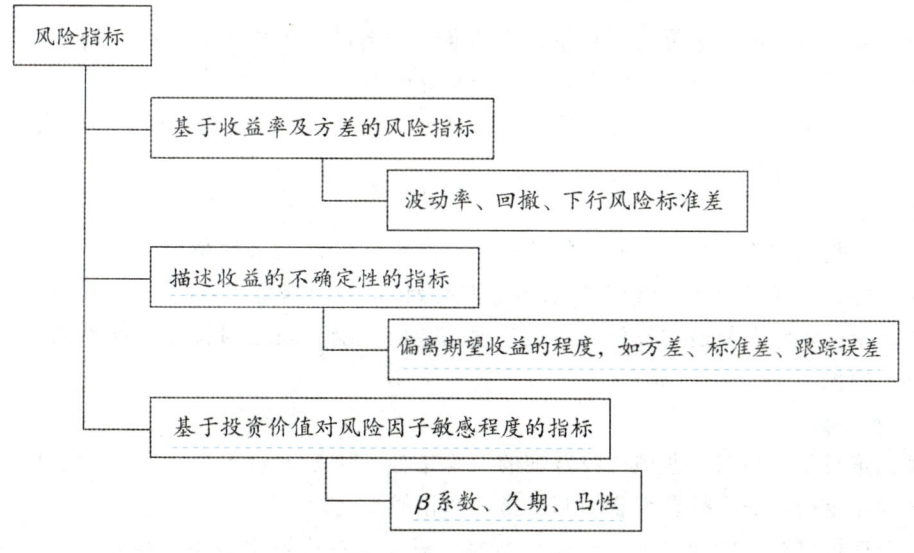

图 9-1　风险指标的类型

下面是常用的基础风险指标。

1. β 系数

(1) β 系数的概念和表达式

β 系数是评估证券或投资组合系统性风险的指标，反映的是投资对象对市场变化的敏感度。β 系数是一个统计指标，采用回归方法计算。其计算公式为：

$$\beta_p = \frac{\text{Cov}(r_p, r_m)}{\sigma_m^2}$$

式中，$\text{Cov}(r_p, r_m)$ 是投资组合 p 的收益与市场收益的协方差；σ_m^2 是市场收益的方差。

投资组合 p 与市场收益的相关系数为：

$$\rho_{p,m} = \frac{\text{Cov}(r_p, r_m)}{\sigma_p \cdot \sigma_m}$$

β 系数也可以通过相关系数计算得到：

$$\beta_p = \rho_{p,m} \cdot \frac{\sigma_p}{\sigma_m}$$

式中，σ_p 为投资组合 p 的标准差；σ_m 为市场的标准差。

当 $\beta_p > 0$ 时，该投资组合的价格变动方向与市场一致；当 $\beta_p < 0$ 时，该投资组合的价格变动方向与市场相反；$\beta_p = 1$ 时，该投资组合的价格变动幅度与市场一致；当 $\beta_p > 1$ 时，该投资组合的价格变动幅度比市场更大；当 $0 < \beta_p < 1$ 时，该投资组合的价格变动幅度比市场小。

(2) β 系数的作用

β 系数的作用包括：①用来衡量投资组合相对基准的风险水平；②用来比较两个投资组合的风险水平；③用来观察同一个投资组合的风险特征随时间变化的情况。

(3) β 系数的局限性

β 系数的局限性包括：①通常 β 系数是用投资组合与基准指数的历史收益数据计算而来的，无法反映新的变化；②β 系数会随着计算所使用的历史时间区间的变化而变化，特别是时间区间较短时。

2. 波动率

投资组合波动率可用单位时间收益率的标准差来衡量。单位时间根据数据来源和应用场景可以取每日、每月、每年等。波动率是一个绝对风险指标。

在计算波动率时，通常忽略交易所关闭的日子，仅计算交易数量。在估算年化波动率时，可以假定每年有 243 个交易日。

3. 跟踪误差

跟踪误差是相对于业绩比较基准的相对风险指标，可以用来衡量投资组合的相对风险是否符合预定的目标或是否在正常范围内。跟踪误差计量的前提是清晰的业绩比较基准。

指数基金的跟踪误差通常较低。主动管理基金由于受到投资目标和风格不同的影响，因此跟踪误差较大。

4. 主动比重

主动比重是一个相对于业绩比较基准的风险指标，用来衡量投资组合相对于基准的偏离程度。主动比重衡量一个投资组合与基准指数的相似程度。

假设全市场可投资股票有 n 只，$w_{p,i}$ 为第 i 只股票在投资组合中的权重，$w_{b,i}$ 为第 i 只股票在基准中的权重，则主动比重为：

$$\text{主动比重} = \frac{1}{2} \sum_{1}^{n} |w_{p,i} - w_{b,i}|$$

对主动比重数值的分析如下：

(1) 主动比重等于零，该投资组合实质上是一个指数基金；

(2) 主动比重等于 100%，该投资组合与基准完全不同；

(3) 较高的主动比重意味着投资组合的表现可能会与基准差别较大。

主动比重存在一定的局限性，具体表现在：①与基准不同并不意味着投资组合一定会跑赢或跑输基准。投资组合要跑赢基准必须在适当的时候以适当的方式偏离基准。②与基准不同并不意味着投资组合的业绩表现会与基准有显著区别。有的组合主动比重很高，但其持仓可能和基准有较高的相关性。

主动比重指标常用于分析追求相对收益的股票型基金。

5. 最大回撤

最大回撤是指在选定周期内任一历史时点往后推，产品净值走到最低点时的收益率回撤幅度的最大值（见图9-2）。最大回撤是测量投资组合在指定时间区间内从最高点到最低点的回撤，用来描述买入产品后可能出现的最糟糕的情况。最大回撤是一个重要的风险指标，对于对冲基金和数量化策略交易，该指标比波动率更重要。

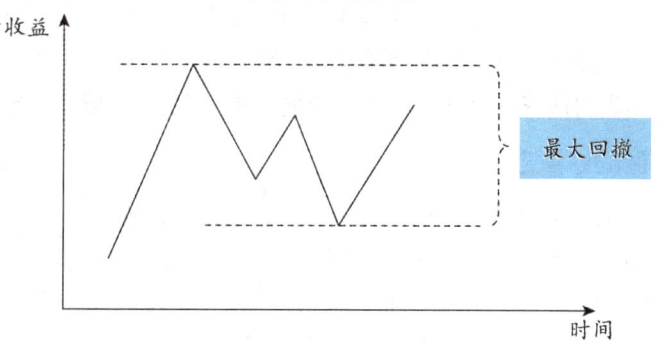

图9-2 最大回撤

最大回撤可以在任何历史区间做测度，用于衡量投资管理人对下行风险的控制能力。指定区间越长，这个指标就越不利，因此在不同的基金之间使用该指标时，应尽量控制在同一个评估期间。这个指标的缺点是只能衡量损失的大小，而不能衡量损失发生的可能频率。

6. 下行标准差

下行标准差可用于测量收益率不达目标时的风险。假定 r_i 表示第 i 期基金收益率，r_t 表示目标收益率（$r_i < r_t$），n 表示基金收益率小于目标收益率的期数，则有：

$$下行标准差 = \sqrt{\frac{\sum_{i=1}^{n}(r_i - r_t)^2}{n}}$$

> **注意**
> （1）通常需要对下行标准差进行年化处理，如果收益率采用每日收益，则乘以交易日数量的开方；如果收益率采用每月收益，则乘以12的开方。
> （2）目标收益率 r_t 可以采用：①区间平均收益率；②无风险收益率；③自定义的目标收益率。

下行标准差的局限性在于，其计算需要获取足够多的收益低于目标的数据。如果投资组合在考察期间表现一直超越目标，该指标将得不到足够的数据点进行计算。

二、风险价值

（一）风险价值的概念

风险价值（VaR），又称在险价值、风险收益、风险报酬，是指在一定的时间区间内和给定的置信水平下，利率、汇率等市场风险要素发生变化时投资组合面临的潜在最大损失。其具体内容见图9-3。

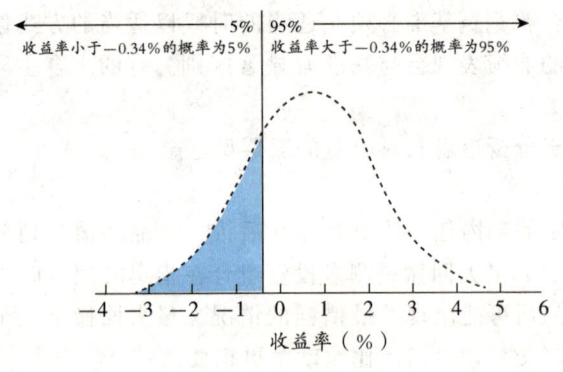

图 9-3 VaR 示例

由图 9-3 可知,某投资组合在持有期为 1 年、置信水平为 95% 的情况下,若所计算的风险价值为 -0.34%,则表明该资产组合在 1 年中的损失有 95% 的可能性不会超过 -0.34%。

(二)风险价值的估算方法

风险价值已成为计量市场风险的主要指标,也是银行采用内部模型计算市场风险资本要求的主要依据。目前常用的风险价值模型技术主要有三种:参数法、历史模拟法和蒙特卡罗模拟法。其具体内容见表 9-2。

表 9-2 风险价值的估算方法

方法	内容
参数法	参数法又称为方差—协方差法,该方法以投资组合中的金融工具是基本风险因子的现行组合,且风险因子收益率服从某特定类型的概率分布为假设,依据历史数据计算出风险因子收益率分布的参数值,如方差、均值和风险因子间的相关系数等
历史模拟法	历史模拟法假设市场未来的变化方向与市场的历史发展状况大致相同,该方法依据风险因子收益的近期历史数据的估算,模拟出未来的风险因子收益变化。利用历史模拟法可以根据历史样本分布求出风险价值,组合收益的数据可利用组合中投资工具收益的历史数据求得。由于历史模拟法是以发生过的数据为依据的,所以投资者容易接受该方法对未来的预测
历史模拟法	历史模拟法十分简单,因为该方法无须在事先确定风险因子收益或概率分布,只需利用历史数据对未来方向进行估算。然而也正是因为风险因子收益的历史数据是 VaR 值的来源,历史模拟法也有其局限性,即 VaR 所选用的历史样本期间非常重要。选用的历史区间应尽量与所测算区间大致相同,而且时间上越相近的区间越会有相似的发展方向,因此要选用最近的历史数据作为数据来源
蒙特卡罗模拟法	蒙特卡罗模拟法在估算之前,需要有风险因子的概率分布模型,继而重复模拟风险因子变动的过程。蒙特卡罗模拟法每次可以得到组合在期末可能出现的值,在进行足够数量的模拟之后,组合价值的模拟分布将会收敛于组合的真实分布,继而求出最后的组合 VaR 值。蒙特卡罗模拟法虽然计算量较大,但这种方法被认为是最精准贴近的计算 VaR 值的方法

★考点回顾 | 单项选择题

下列不属于最常用的 VaR 估算方法的是（   ）。

A. 参数法　　　B. 久期分析法　　　C. 蒙特卡罗模拟法　　　D. 历史模拟法

【答案】B

三、预期损失

预期损失（ES）,也称条件风险价值度、条件尾部期望或尾部期望,是指在给定时间区间和置信区间内投资组合损失的期望值。

四、压力测试

对于异常的但是无法彻底排除的、可能发生的巨大损失事件,压力测试可以测量其对投资组合的冲击。

压力测试的关键是选择压力情景,具体内容见图9-4。

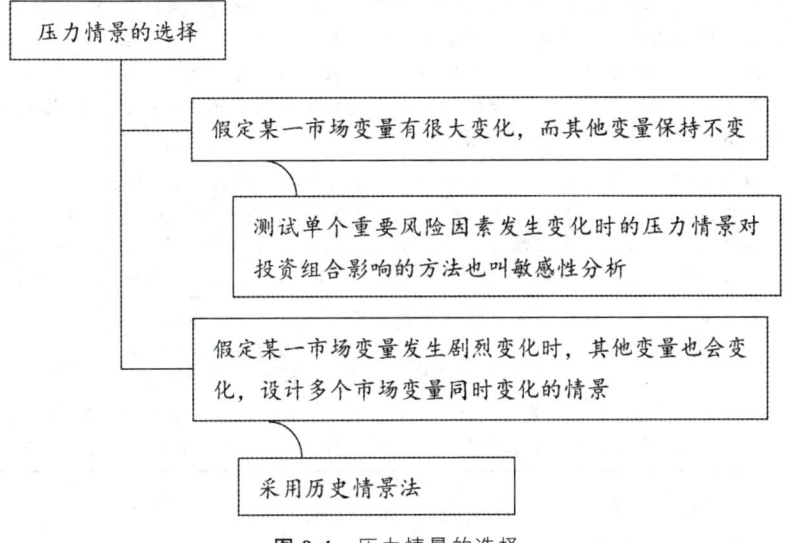

图 9-4 压力情景的选择

压力测试促使投资管理人考虑被风险价值和预期损失所忽略的但可能会发生的极端场景。投资管理人可以根据压力测试的结果采取措施,包括调整产品持仓结构、变更投资标的、暂停申赎等,必要时应实施应急预案。

监管机构要求基金公司自身要持有一定的风险准备金以应对压力情景。有时监管机构会设计压力场景,供所有机构一起使用。这有助于识别那些资本金不足的机构并发现与系统性风险有关的问题。

第三节 不同类型基金的风险管理

一、股票基金的风险管理

(一)股票基金概述

股票基金是指基金财产80%以上投资于股票的基金。相对于混合基金、债券基金与货币基金,股票基金的预期收益与风险是最高的。股票基金提供了一种长期而高额的增值性,但收益越高风险越大,股票基金面临较其他类型基金更高的投资风险,主要是非系统性风险和系统性风险。

股票基金通过分散投资可以大大降低个股投资的非系统性风险。可以设置个股最高比例来控制个股风险,实现风险分散化。

不同类型的股票基金所面临的系统性风险不同。例如,单一行业投资基金会存在行业投资风险,而以整个市场为投资对象的基金则不会存在行业风险;单一国家型股票基金会面临较高的单一国家投资风险,而全球股票基金则会较好地规避此类风险。系统性风险往往是投资回报的来源,是投资组合需要主动暴露的风险。

(二) 衡量股票基金风险的指标

常用来衡量股票基金风险的指标有标准差、β 系数、持股集中度、行业投资集中度、持股数量等。其具体内容见表 9-3。

表 9-3 衡量股票基金风险的指标

指标	内容
标准差	净值增长率波动程度越大，基金的风险就越高。基金净值增长率的波动程度可以用标准差来计量，并通常按月计算。在净值增长率服从正态分布时，可以期望 2/3（约 67%）的情况下，净值增长率会落入平均值正负 1 个标准差的范围内，95% 的情况下基金净值增长率会落在正负 2 个标准差的范围内
β 系数	通常可以用 β 系数的大小衡量一只股票基金面临的市场风险的大小。如果股票指数上涨或下跌 1%，某基金的净值增长率上涨或下跌 1%，那么该基金的 β 系数为 1，说明该基金净值的变化与指数的变化幅度相当。如果某基金的 β 系数大于 1，则说明该基金是一只活跃或激进型基金；如果某基金的 β 系数小于 1，则说明该基金是一只稳定或防御型基金
持股集中度、行业投资集中度、持股数量	前十大重仓股占比是衡量持股集中度的常用指标，其计算公式为： $$前十大重仓股占比 = \frac{前十大重仓股投资市值}{基金股票投资总市值} \times 100\%$$ 持股集中度越高，说明基金在前十大重仓股中的投资越多。类似地，可以计算基金在前三大行业或前五大行业上的行业投资集中度。持股数量越多，基金的投资风险越分散，风险越低

★ 考点回顾 | 单项选择题

反映股票基金风险大小的指标不包括（　　）。
A. 久期　　　　　　B. 持股集中度　　　　　　C. 标准差　　　　　　D. 行业投资集中度
【答案】A

(三) 基金持股平均市值的计算方法

基金持股平均市值的计算有不同的方法，既可以用算术平均法，也可以用加权平均法或其他较为复杂的方法。算术平均市值等于基金所持有全部股票的总市值除以其所持有的股票的全部数量。加权平均市值则根据基金所持股票的比例进行股票市值的加权平均。通过对平均市值的分析，可以看出基金对大盘股、中盘股和小盘股的投资风险暴露情况。

(四) 基金股票换手率

基金股票换手率通过对基金买卖股票频率的衡量来反映基金的操作策略。通常它可以用基金股票交易量的一半与基金平均净资产之比来衡量：

$$基金股票换手率 = \frac{期间基金股票交易量/2}{期间基金平均资产净值} \times 100\%$$

用基金股票交易量的一半作分子的原因在于，"一买一卖"才构成一次完整的换手。换手率的倒数为基金持股的平均时间。

(五) 基金周转率

如果一只股票基金的年周转率为 100%，则意味着该基金持有股票的平均时间为 1 年。低周转率的基金倾向于对股票的长期持有，高周转率的基金则倾向于对股票的频繁买入与卖出。周转率高的基金，所付出的交易佣金与印花税也较高，会加重投资者的负担，对基金业绩造成一定的负面影响。

二、债券基金的风险管理

债券基金是指基金资产 80% 以上投资于债券的基金。债券基金的投资对象主要包括国债、可转债、企业债等。由于债券收益波动较小,因此债券基金具有风险低、收益低的特点。

债券基金主要的投资风险包括:利率风险、信用风险、流动性风险、再投资风险、可转换债券的风险、债券回购风险和提前赎回风险。

(一)利率风险

债券的价格与市场利率呈反方向变动。当市场利率上升时,大部分债券的价格会下降;当市场利率降低时,债券的价格通常会上升。通常,债券的到期日越长,债券价格受市场利率的影响就越大。与此相类似,债券基金的价值会受到市场利率变动的影响。债券基金的平均到期日越长,其利率风险越高。

债券基金常常会以组合已有债券作为质押,融资买入更多债券,这个过程也叫加杠杆。杠杆会增大基金对利率变化的敏感度,增加基金的利率风险。

债券基金的久期是组合中所有债券的久期的加权平均值。债券基金久期越长,净值随利率的波动幅度就越大,所承担的利率风险就越高。

防范利率风险通常采用分散债券的期限,即长短期投资搭配。如果利率上升,短期投资可以迅速地找到高收益投资机会;若利率下降,长期债券可以保持高收益。

(二)信用风险

信用风险主要指交易契约的一方无法履行义务的风险。根据风险来源的不同,信用风险主要分为债券信用风险和交易对手信用风险。其具体内容见表 9-4。

表 9-4　债券信用风险和交易对手信用风险

类型	内容	风险监控指标/管理方式
债券信用风险	主要是指发行债券的借款人可能因发生财务危机等因素,不能按期支付契约约定的债券利息或偿还本金,而使投资者蒙受损失	基金所持债券的平均信用等级、各信用等级债的占比以及单个债券或发行人特定的信用风险
交易对手信用风险	主要指交易对手未能履行约定契约中的义务而造成经济损失的风险	定期评估交易对手的信用资质、控制交易对手集中度和组合流动性、交易对手限额管理以及根据组合实际情况合理配置资产的投资期限和比例等

(三)流动性风险

流动性风险的概念见图 9-5。

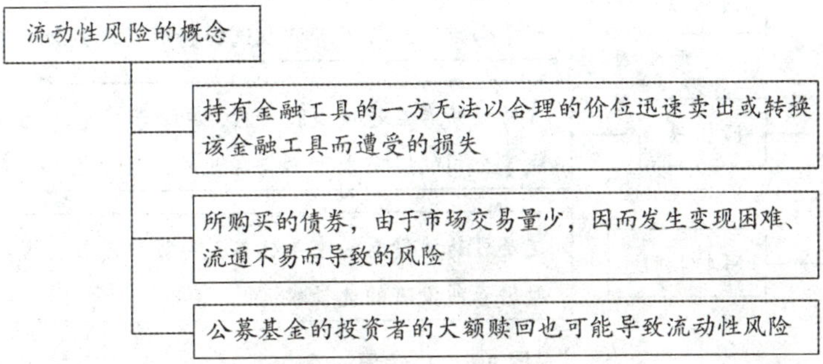

图 9-5　流动性风险的概念

衡量债券基金流动性风险的指标包括持仓集中度、现金比例、流动受限资产比例、区间可变现资产比例、短期可变现资产比例、可流通股票资产变现天数等。

流动性风险的应对及防范可从基金管理人和投资者两方面考虑，具体内容见表9-5。

表 9-5　流动性风险的应对及防范措施

主体	应对及防范措施
基金管理人	通常需要对基金组合的变现天数分布、长期停牌股票、定向增发、流动性较差证券的投资情况进行持续监控，并根据实际情况适当调整组合结构
投资者	尽量选择交易活跃的债券（如国债等），便于以较小的成本变现；合理安排投资组合，避免债券到期日或者存款到期日过于集中，适度控制存量，适时调节增量；应准备一定的现金以备不时之需（因为为了应对流动性进行的债券转让通常都会增加债券交易的成本，并降低投资者的收益）

（四）提前赎回风险

提前赎回风险是指对于含有提前赎回条款的公司债，发行公司可能在市场利率大幅下降时行使提前赎回权在到期日前赎回债券，从而降低投资者因提前赎回导致的利息损失和再投资回报的风险。

利率相对较高时，发行公司债经常附有提前赎回条款。附有该条款的债券发行人享有提前赎回债券的权利，可以按一定的金额在债券到期之前赎回债券。提前赎回条款保护的是发行人的利益，使其可以在债券市场利率下降时赎回债券，以避免高利率带来的损失，但对投资者不利。此外，提前赎回风险也会导致再投资风险。

（五）再投资风险

再投资风险是指债券持有者在持有期间收到的利息收入、到期时收到的本息、出售时得到的资本收益等，用于再投资所能实现的报酬，可能会低于当初购买该债券时的收益率。

再投资风险的防范措施类似于利率风险的防范措施，也是分散债券的期限，长短期投资搭配。若利率上升，短期投资可迅速找到高收益投资机会；若利率下降，长期债券却能保持高收益。

（六）可转换债券的风险

可转换债券，简称可转债，是一种可以在特定时间、按特定条件转换为普通股的特殊公司债券。

可转债具有一些特点，具体内容见图9-6。

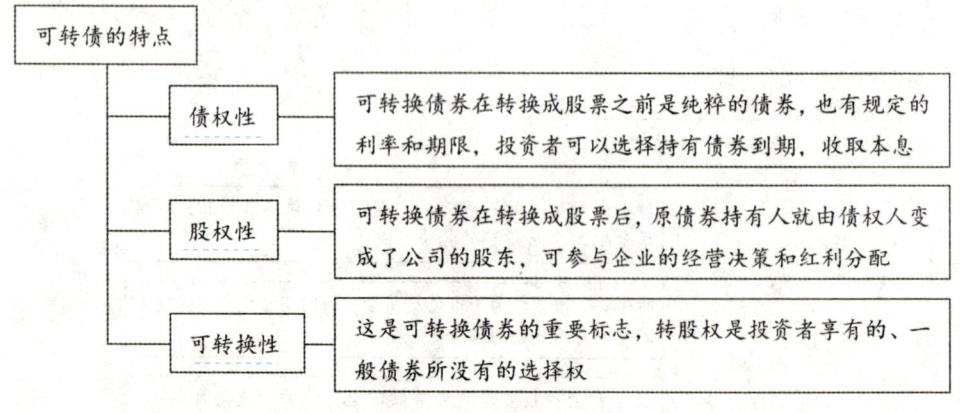

图 9-6　可转债的特点

可转债投资的风险：

（1）提前赎回风险。可转债都规定发行者可以在发行一段时间后以某一价格赎回债券。这不仅限定了投资者的最高收益，也会给投资者带来再投资风险。

（2）转换风险。债券存续期内的有条件强制转换，也限定了投资者的最高收益率，但一般会高于提前赎回的收益率；而到期的无条件强制转换，将使投资者无权收回本金，只能承担股票下跌的风险。

（3）当基准股票市价高于转股价格时，可转债价格随股价的上涨而上涨，但也会随股价的下跌而下跌，持有者要承担股价波动的风险。

（4）当基准股票市价下跌到转股价格以下时，持有者被迫转为债券投资者，因为转股会带来更大的损失；而可转债利率一般低于同等级的普通债券，故会给投资者带来利息损失风险。

（七）债券回购风险

债券回购是指双方以契约方式约定在将来某一日期以约定的价格（本金和按约定回购利率计算的利息），由债券的卖方（正回购方）向买方（逆回购方）再次购回该笔债券的交易行为。

债券回购风险的防范措施包括：建立健全逆回购交易质押品管理制度，根据质押品资质审慎确定质押率水平；质押品按公允价值应足额，并持续监测质押品的风险状况与价值变动；在进行逆回购交易时，严格规范可接受质押品的资质。

> **注意**
> 从交易发起人的角度出发：
> 债券正回购→抵押债券，借入资金；债券逆回购→借出资金，获取债券质押。

三、混合基金的风险管理

混合基金是指同时投资于股票、债券和货币市场等工具，且投资比例不符合股票基金、债券基金和基金中基金任何一类的基金。其风险和预期收益低于股票基金，高于债券基金。

混合基金的投资风险主要取决于股票与债券配置的比例。根据资产投资比例及投资策略，混合基金可再分为偏股型基金、偏债型基金、平衡型基金等。三者的风险及收益关系通常情况如下所示：

偏股型基金 > 平衡型基金 > 偏债型基金

由于混合基金的股票仓位比股票型基金和债券型基金的更灵活，因此其风险管理手段也更多样化，如混合基金股票仓位较高时，可参照股票型基金，对基金行业集中度、持股集中度等风险指标进行监控；在债券仓位较高时，可参照债券型基金，侧重对基金组合久期、持债集中度等风险指标进行监控。

四、货币市场基金的风险管理

货币市场基金是指仅投资于货币市场工具（如短期国债、银行存款、短期融资券以及信用等级很高的短期票券等）的一类基金。该类基金风险很小，适合短期投资。

（一）衡量货币市场基金的风险指标

由于债券也是货币市场基金的主要投资对象，货币市场基金也会面临利率风险、信用风险和流动性风险。衡量货币市场基金的风险指标主要有投资组合平均剩余期限和平均剩余存续期、融资回购比例、浮动利率债券投资情况以及投资对象的信用评级等。具体内容见表9-6。

表9-6 衡量货币市场基金的风险指标

风险指标	具体内容
投资组合平均剩余期限	货币市场基金投资组合平均剩余期限是货币基金所持有的各项资产的剩余期限的加权平均值
	根据《货币市场基金监督管理办法》,货币市场基金投资组合的平均剩余期限不得超过120天
投资组合平均剩余存续期	货币市场基金投资组合平均剩余存续期是货币基金所持有的各项资产的剩余存续期的加权平均值
	根据《货币市场基金监督管理办法》,货币市场基金投资组合的平均剩余存续期不得超过240天
融资回购比例	一般情况下货币市场基金的杠杆比例越高,其收益也越高,但风险也越大
	根据相关法规,除非发生巨额赎回,连续3个交易日累计赎回20%以上或者连续5个交易日累计赎回30%以上的情形外,货币市场基金债券正回购的资金余额不得超过净资产的20%
浮动利率债券投资情况	浮动利率债券,简称浮息债,是指票面利率定价为某一参考基准利率加上发行人规定的利差之和的债券。货币市场基金可以投资剩余期限小于397天但剩余存续期超过397天的浮动利率债券
	由于该债券实际剩余存续期往往很长(如10年),因此该券种在流动性、信用风险和利率风险上相对其他同样剩余期限的债券要高。在判断基金组合剩余期限分布时应充分考虑其浮息债投资情况
投资对象的信用评级	货币市场基金通常投资的是信用债券中的较高等级债券和其他金融工具
	根据《公开募集开放式证券投资基金流动性风险管理规定》:①货币市场基金投资于主体信用评级低于AAA的机构发行的金融工具占基金资产净值的比例合计不得超过10%,其中单一机构发行的金融工具占基金资产净值的比例合计不得超过2%。前述金融工具包括债券、非金融企业债务融资工具、银行存款、同业存单、相关机构作为原始权益人的资产支持证券及中国证监会认定的其他品种。②货币市场基金拟投资于主体信用评级低于AA+的商业银行的银行存款与同业存单的,应当经基金管理人董事会审议批准,相关交易应当事先征得基金托管人的同意,并作为重大事项履行信息披露程序

注意

(1)货币市场基金投资组合平均剩余期限和平均存续期越短,货币市场基金的流动性越好,利率风险越低。

(2)根据近年的信用情况,高等级债券并非就没有违约风险,短期内到期的债券也并非完全安全。为此,基金管理人可以通过加强信用研究水平、提高信用债券入池要求、紧密跟踪发行人情况、降低组合集中度等方式降低债券信用违约风险。

(二)货币市场基金的估值方法

货币市场基金的估值方法包括:

(1)**摊余成本法**。即估值对象以买入成本列示,按照票面利率或商定利率并考虑其买入时的溢价或折价,在其剩余期限内平均摊销,每日计提收益。

(2)**影子定价法**。摊余成本法配合影子价格的使用是当前市场环境下较优的货币市场基金会计核算方法,而使用公允的影子价格,并严格执行偏离度调整策略,是使用摊余成本估值方法的必要保障措施。

五、指数基金的风险管理

指数基金是以指数成分股为投资对象的基金,主要目的是取得与指数相近的收益率。指数基金采用被动投资策略,管理费、申赎费较低,具有成本优势。

指数基金可分为：①完全复制型指数基金。这类基金力求按照基准指数的成分和权重进行配置，其目标是最大限度地减小与标的指数的跟踪误差。②增强型指数基金。这类基金在将大部分资产按照基准指数权重配置的基础上也用一部分资产进行积极的投资。

指数基金的风险指标主要是跟踪误差。跟踪误差越大，反映其跟踪标的偏离度越大，风险越高；跟踪误差越小，反映其跟踪标的偏离度越小，风险越低。跟踪误差主要来源于基金分红、基金费用、现金留存和抽样复制等因素，可从这些因素入手，实现对跟踪误差的控制。

六、ETF 的风险管理

ETF 结合了封闭式基金和开放式基金的运作特点，是一种特殊的基金类型。根据投资方法不同，ETF 可分为指数基金和积极管理型基金。ETF 指数基金通常采用完全被动式的管理方法，以拟合某一指数为目标，兼具股票和指数基金的特色。

ETF 的风险主要包括：

（1）申购赎回清单出错。针对此类风险，基金公司的事前防范措施是尽量减少人工调整指数权重，多渠道保证数据源正确性，特别关注成分股公司行为，基金分红等处理要减少手工、严格权限、专门审核，设置成分股现金替代标志及标志设置完毕前再次确认等制度和行为要求。

（2）ETF 会不可避免地承担所跟踪指数面临的系统性风险。

（3）尽管套利交易的存在使得二级市场交易价格不会偏离基金份额净值太多，但受供求关系的影响，二级市场价格常常会高于或低于基金份额净值。

（4）ETF 的收益率与所跟踪指数的收益率之间往往存在跟踪误差。抽样复制、现金流存、基金分红以及基金费用等都会导致跟踪误差。

七、避险策略基金的风险管理

避险策略基金，是指通过一定的避险投资策略进行运作，同时引入相关保障机制，以在避险策略周期到期时，力求避免基金份额持有人投资本金出现亏损的公开募集证券投资基金。这类基金通常使用一种恒定比例投资组合保险技术（CPPI）实现避险。

为实现避险的目标，避险策略基金应符合一定要求，包括：①避险策略基金投资于稳健资产不得低于基金资产净值的 80%，以获取稳定收益，尽力避免到期时投资本金出现亏损；②稳健资产投资组合的平均剩余期限不得超过剩余避险策略周期；③稳健资产以外的资产为风险资产，基金管理人应当建立客观研究方法，审慎建立风险资产投资对象备选库，并采取适度分散的投资策略；④基金管理人应当审慎确定风险资产的投资比例；⑤选择符合审慎监管要求的商业银行、保险公司，作为基金的保障义务人。

八、跨境投资基金的风险管理

我国涉及跨境投资的基金包括 QDII 基金、港股通基金以及非本地基金公司管理的互认基金。

（一）跨境投资基金的风险

跨境投资基金的风险主要包括政治风险、汇率风险、税收风险、投资研究风险、交易和估值风险、合规风险。其具体内容见表 9-7。

表 9-7 跨境投资基金的风险类型

类型		内容
政治风险		基金所投资的国家或地区宏观政策、社会经济环境一旦发生变化，都有可能导致市场波动而影响基金收益
		基金公司应在内部及外部研究机构的支持下，密切关注有关国家或地区的政治、经济和产业政策的变化，适时调整投资策略以应对风险的变化
汇率风险		基金投资于多个国家的证券时，需要将人民币与各外汇币种进行兑换，在人民币汇率变动的情况下，与国内市场投资相比，需要面临因本币与外币之间汇率差异而引起的投资风险
税收风险		在投资各国或地区市场时，因各国或地区税收法律法规不同，投资者取得的资产回报会因税收受到一定影响
投资研究风险	债券信用风险	国外企业债券多数没有担保机构，而且担保机构本身也存在较大的信用风险，因此证券投资和交易对手都存在较大的信用风险暴露
	衍生证券风险	在使用衍生证券进行套期保值时，需要准确计算衍生工具和挂钩的基础证券之间的相关性，然后根据定价模型计算持有数量，此过程存在模型风险
交易和估值风险	交易结算风险	国外交易体系与国内存在较大差异，交易的确认、核对、清算交割等任何一个步骤发生错误，都可能造成交易失败和基金损失
	估值风险	跨境业务涉及多市场、多品种和多币种的估值核算问题，基金会计估值过程中会遇到数据来源不一致、证券交易不活跃、各国家税收制度不一样等问题
合规风险		由于各个国家的法规和制度不完全相同，对国外资金的监管限制也有所不同，因此应限制投资合规风险。风险管理人员需要实时更新和掌握国外的最新监管要求，也要非常熟悉投资交易系统的投资限制设置

（二）跨境投资基金的风险管理措施

跨境投资的风险管理措施内容见表 9-8。

表 9-8 跨境投资的风险管理措施

措施	具体内容
通过不同国家地区的资产组合配置分散风险	由于海外市场之间的关联性相对较低，基金可通过实施多个国家和地区之间的资产组合配置来有效分散系统性风险。当一个市场出现下跌时，其他市场的上升能够化解投资于单一市场所面临的风险，有助于提高经风险调整后的投资回报水平
多币种投资和汇率避险操作相结合	QDII 基金投资于全球多币种市场，不仅可有效降低投资单一市场所面临的汇率风险，还可享有比人民币走势更好的货币对人民币升值带来的好处
	QDII 基金还可通过一些外汇远期合约和货币交换等衍生工具来进行汇率的避险操作

基金业绩评价

本章共包含六个小节。

第一节主要讲述了基金业绩评价概念、原则及考虑因素。

第二节主要讲述了绝对收益与相对收益及风险调整后收益指标。

第三节主要讲述了绝对收益归因及相对收益归因。

第四节主要讲述了基金主动管理能力分析、业绩持续性分析、预测及风格分析方法。

第五节主要讲述了第一批具有协会会员资格的基金评价机构及国内外主流基金业绩评价方法体系的特点。

第六节主要讲述了GIPS概念、相关规定及审计。

知识结构

- **基金业绩评价**
  - 基金业绩评价概述
    - 基金业绩评价意义
      - 对基金管理人而言 / 对基金投资者而言
    - 基金业绩评价原则
      - 客观性原则、可比性原则、长期性原则
    - 基金业绩考虑因素
      - 基金管理规模、时间区间、综合考虑风险和收益
  - 绝对收益与相对收益
    - 计算绝对收益指标
      - 持有期间收益率、现金流和时间加权收益率、基金收益率、平均收益率
    - 相对收益
      - 几何法、算术法
    - 风险调整后收益指标
      - 夏普比率、特雷诺比率、詹森 α 等
  - 业绩归因
    - 绝对收益归因
    - 相对收益归因
  - 基金主动管理能力、业绩持续性和风格分析
    - 评价基金主动管理能力的主要模型
      - T—M模型、H—M模型、C—L模型
    - 基金业绩持续性研究方法
      - 基于基金输赢变化的或然表的方法等
    - 基金投资风格检验方法
      - 基于组合、收益率的风格分析
  - 基金业绩评价业务体系
    - 基金业绩评价机构
    - 国内外主流基金业绩评价方法体系的特点
  - 全球投资业绩标准
    - GIPS概念
    - GIPS相关规定
    - GIPS审计

第一节 基金业绩评价概述

基金业绩评价的具体内容见表10-1。

表10-1 基金业绩评价概述

项目		具体内容
概念		是指基金评价机构或评价人对基金的投资收益和风险及基金管理人的管理能力开展评级、评奖或单一指标排名等
意义	对基金管理人而言	满足信息披露或者品牌宣传等外部需求;有助于帮助基金公司更好地量化分析基金经理的业绩水平,为投资目标匹配、投资计划实施与内部绩效考核提供参考
	对基金投资者而言	可以辨识具有投资管理能力的基金经理,并通过跟踪基金策略理性选择与其投资目标相适应、反映相应投资管理能力的基金进行投资
原则	客观性原则	基金业绩评价应公平对待所有评价对象,具有确定、一致的评价标准、评价方法体系和评价程序,评价过程和评价结果客观准确,输入可量化,结果可重复,避免主观因素的干扰
	可比性原则	基金业绩评价应将同类基金的风险收益交换效率进行比较,或者对同等风险(同等收益)的基金收益率(风险)进行比较
	长期性原则	基金业绩评价应注重对基金的长期评价,基金评价的目的不仅是对基金经理专业能力和投资水平进行评价,也为未来的投资提供参考信息
应考虑的因素	基金管理规模	因为固定成本的存在,规模较大的基金比小规模基金的平均成本更低。同时,规模较大的基金可以有效地减少非系统性风险。但是基金规模过大,对可选择的投资对象、被投资股票的流动性等都有不利影响。基金管理规模的大小影响基金管理人的投资行为,进而影响基金业绩
	时间区间	同一基金在不同时间区间内的表现可能有很大差距,不同基金在不同时间区间内的收益、风险不具有可比性
	综合考虑风险和收益	基金业绩评价重在评价基金投资风险管理的能力,即基金产生风险调整后的超额收益的能力。风险调整后的超额收益有正负之分,基金产生正的风险调整后超额收益的能力是反映基金投资管理能力的最重要的指标,正的风险调整后的超额收益也是主动管理型基金为投资者创造经济效益的终极体现

第二节 绝对收益与相对收益

系统的基金业绩评估需要从四个方面入手:计算绝对收益,计算风险调整后收益,计算相对收益,进行业绩归因。

一、绝对收益

绝对收益是证券或投资组合在一定时间区间内所获得的回报,测量的是证券或投资组合的增值或贬值,常常用百分比来表示收益率。计算基金的绝对收益是基金业绩评价的第一步。绝对收益与相对收益的不同之处在于前者不与基准做比较。

计算绝对收益的指标包括以下几种。

(一)持有区间收益率

投资者购买证券、基金等投资产品,关心的是在持有期间所获得的收益率。持有区间所获得收益的来源见表10-2。

表 10-2　持有区间所获得收益的来源

回报类型	来源
资产回报	股票、债券、房地产等资产价格的增加/减少
收入回报	分红、利息、租金等

具体关系可表示为：

$$资产回报率 = \frac{期末资产价格 - 期初资产价格}{期初资产价格} \times 100\%$$

$$收入回报率 = \frac{期间收入}{期初资产价格} \times 100\%$$

$$总持有区间的收益率 = 资产回报率 + 收入回报率$$

(二) 现金流和时间加权收益率

现实中，计算基金的持有区间收益率还需要考虑：

(1) 基金可能包含多只不同的证券，每只证券发放红利或利息的时间都不一样。

(2) 基金的投资者在区间内会有申购和赎回，从而带来更多的资金进出。

时间加权收益率的计算方法：将收益率计算区间分为若干子区间，每个子区间可以是一天、一周、一个月等。每个子区间以现金流发生时间划分，将每个区间的收益率以几何平均的方式相连接。这样基金的申购、赎回与分红等资金进出不影响收益率的计算。以上过程用数学公式表达为：

$$R = (1+R_1)(1+R_2)(1+R_3)\cdots(1+R_n) - 1$$

式中，R 表示总区间的时间加权收益率；R_1 表示第一个区间的时间加权收益率；R_2 表示第二个区间的时间加权收益率；R_3 表示第三个区间的时间加权收益率；R_n 表示第 n 个区间的时间加权收益率。

这种计算方法符合中国证监会关于基金净值增长率计算的规定。

(三) 基金收益率的计算

公募基金每天公布单位资产净值（NAV），其计算公式为：

$$期末基金单位资产净值 = 期末基金资产净值 / 期末基金单位总份额$$

基金单位资产净值不受基金份额申购/赎回的影响，利用其计算收益率，只需考虑分红。

假定红利发放后立即对本基金进行再投资，且红利以除息前一日的单位净值为计算基准立即进行再投资，分别计算每次分红期间的分段收益率，考察期间的时间加权收益率可由分段收益率连乘得到：

$$R = [(1+R_1)(1+R_2)(1+R_3)\cdots(1+R_n) - 1] \times 100\%$$

$$= \left(\frac{NAV_1}{NAV_0} \cdot \frac{NAV_2}{NAV_1 - D_1} \cdots \frac{NAV_{n-1}}{NAV_{n-2} - D_{n-2}} \cdot \frac{NAV_n}{NAV_{n-1} - D_{n-1}} - 1\right) \times 100\%$$

式中，R_1 表示第一次分红前的收益率；R_2 表示从第一次分红后到第二次分红前的收益率；R_n 以此类推；NAV_0 表示期初份额净值；$NAV_1, \cdots, NAV_{n-1}$ 分别表示各期除息日前一日的份额净值；NAV_n 表示期末份额净值；$D_1, D_2, \cdots, D_n$ 分别表示各期份额分红。

以上计算方法的假设前提之一是，红利以除息前一日的单位净值减去每份基金分红后的单位净值为计算基准立即进行了再投资。但在实际操作中，基金往往规定红利以除息日的单位净值为计算基准确定再投资份额。

（四）平均收益率

平均收益率一般可分为算术平均收益率和几何平均收益率。其中，算术平均收益率即计算各期收益率的算术平均值。算术平均收益率（R_A）的计算公式为：

$$R_A = \frac{\sum_{t=1}^{n} R_t}{n} \times 100\%$$

式中，R_t 表示 t 期收益率；n 表示期数。

几何平均收益率（R_G）的计算公式为：

$$(1+R_G)^n = (1+R_1)(1+R_2)\cdots(1+R_n)$$

$$R_G = \left(\sqrt[n]{\prod_{i=1}^{n}(1+R_i)} - 1\right) \times 100\%$$

与算术平均收益率不同，几何平均收益率运用了复利的思想，即考虑了货币的时间价值。一般来说，算术平均收益率要大于几何平均收益率，两者之差随收益率波动加剧而增大。由于几何平均收益率是通过对时间进行加权来衡量收益的情况的，因此克服了算术平均收益率会出现的上偏倾向，能反映其真实情况。

> **注意**
> 时间加权收益率表示一笔投资在 n 期内所获得的总收益率，而几何平均收益率指的是计算一笔投资在 n 期内的平均收益率。

二、相对收益

基金的相对收益，又叫超额收益，代表一定时间区间，基金收益超出业绩比较基准的部分。投资者和基金管理公司可以根据基金特征选择适当的指数作为业绩比较基准，并进而评估基金的相对收益。

相对收益可采用算术法和几何法计算：

$$ER_a = R_p - R_b$$

$$ER_g = \frac{R_p + 1}{R_b + 1} - 1$$

式中，ER_a 表示算术法计算的相对收益；ER_g 表示几何法计算的相对收益；R_p 为基金收益；R_b 表示基准收益。

三、风险调整后收益指标

（一）夏普比率

1966 年，诺贝尔经济学奖得主威廉·夏普根据资本资产定价模型（CAPM）提出了经风险调整的业绩测度指标夏普比率（S_p）。该比率是用某一时期内投资组合平均超额收益除以这个时期收益的标准差。用公式可表示为：

$$S_p = \frac{\overline{R}_p - \overline{R}_f}{\sigma_p}$$

式中，S_p 表示夏普比率；$\overline{R}_p$ 表示基金的平均收益率；$\overline{R}_f$ 表示平均无风险收益率；σ_p 表示基金收益率的标准差。

夏普比率是经总风险调整后的收益指标，即单位总风险下的超额回报率。夏普比率数值越大,代表单位风险超额回报率越高,基金业绩越好。

注意

由于在夏普比率的计算过程中并未涉及业绩比较基准,而是选用市场的无风险收益率,因此夏普比率是对绝对收益率的风险调整分析指标。

(二) 特雷诺比率

特雷诺比率(T_p)来源于CAPM理论,表示的是单位系统风险下的超额收益率。用公式表示为:

$$T_p = \frac{\overline{R}_p - \overline{R}_f}{\beta_p}$$

式中,T_p表示特雷诺比率;$\overline{R}_p$表示基金的平均收益率;$\overline{R}_f$表示平均无风险收益率;β_p表示系统风险。

特雷诺比率与夏普比率相似,两者的区别在于特雷诺比率使用的是系统风险,而夏普比率则对全部风险进行了衡量。

拓展链接

使用夏普比率或者特雷诺比率时,若组合超额收益为负数,除以较大(小)的总风险或系统风险时,则得到较小(大)的负数,得出的基金业绩较佳。这是一种错误的评价。

(三) 詹森α

詹森α($Jensen's$ α)同样也是在CAPM基础上发展起出来的一个风险调整差异衡量指标。它衡量的是基金组合收益中超过CAPM模型预测值的那一部分超额收益。用公式表示为:

$$\alpha_p = (\overline{R}_p - \overline{R}_f) - \beta_p(\overline{R}_M - \overline{R}_f)$$
$$= \overline{R}_p - [\overline{R}_f + \beta_p(\overline{R}_M - \overline{R}_f)]$$

式中,$\overline{R}_M$表示市场平均收益率,其余字母含义同前。

若$\alpha_p = 0$,则说明基金组合的收益率与处于相同风险水平的被动组合的收益率不存在显著差异;当$\alpha_p > 0$时,说明基金表现要优于市场指数表现;当$\alpha_p < 0$时,说明基金表现要弱于市场指数表现。

(四) 信息比率与跟踪误差

信息比率(IR)的计算公式与夏普比率类似,但引入了业绩比较基准的因素,因此是对相对收益率进行风险调整的分析指标。用公式可以表示为:

$$IR = \frac{\overline{R}_p - \overline{R}_b}{\sigma_{p-b}}$$

式中,$\overline{R}_p$表示投资组合平均收益率,$\overline{R}_b$表示业绩比较基准平均收益率,两者之差即为超额收益率;σ_{p-b}表示跟踪误差。

信息比率是单位跟踪误差所对应的超额收益。信息比率越大,说明该基金在同样的跟踪误差水平上能获得更大的超额收益,或者在同样的超额收益水平下跟踪误差更小。

★ **考点回顾** | 单项选择题

下列不属于风险调整后收益指标的是( )。

A. 夏普比率　　　B. 速动比率　　　C. 特雷诺比率　　　D. 信息比率

【答案】B

第三节 业绩归因

一、绝对收益归因

绝对收益归因考察的是在特定区间内,每个证券和每个行业如何贡献到组合的整体收益。绝对收益归因提供了一个考察证券和行业收益的直观方式。

假设在考察区间内没有交易行为,每个证券的贡献为自身的收益率乘以其初始权重,即:

$$C_i = \frac{BMV_i}{\sum_{i=1}^{n} BMV_i} \times R_i$$

式中,BMV 表示证券期初市场价格;R 表示区间收益率;C 表示收益贡献;i 表示单个收益贡献因素;n 表示贡献因素总数量。

二、相对收益归因

最常用的对股票投资组合进行相对收益归因分析的是 Brinson 模型。在 Brinson 模型中,资产配置效应是指把资金配置在特定行业的子行业或其他投资组合子集带来的超额收益,而选择效应则是挑选证券带来的超额收益。它把基金收益与基准组合收益的差异归因于四个因素:资产配置、行业选择、证券选择以及交叉效应。

例如,假设有一只基金 X,按照 Brinson 模型原理对基金 X 当月业绩进行归因。

(一)资产配置

基金 X 当月的实际收益率为 5.02%。表 10-3 为该基金的基准投资组合 Y 的相关数据。

表 10-3 基准投资组合 Y 的组成及各部分收益

组成	基准权重	月指数收益率(%)
股票(上证 380 指数)	0.40	5.36
债券(中国债券指数)	0.50	1.32
期限 6 个月的中央银行票据(货币市场工具)	0.10	0.56

基金 X 的当月收益率为:(0.40×5.36%)+(0.50×1.32%)+(0.10×0.56%)= 2.86%;则基金 X 的超额收益率为:5.02%−2.86%=2.16%。

假设基金 X 的各项资产权重分别为股票 60%、债券 15%、货币市场工具 25%。基金 X 的超额收益必然与这些权重对预定标准权重(40:50:10)的偏离有关。

为了将基金管理者关于资产配置所产生的影响独立出来,先假设基金 X 的三类资产都是由市场基准指数产品构成的,即它是由权重为 60:15:25 的三种指数基金构成的。它的收益率仅反映了从 40:50:10 的基准权重转变到当前权重所引起的收益变化,而不包括基金经理在各个市场中积极选择证券所带来的收益变化,资产配置带来的贡献为:(0.60−0.40)×5.36%+(0.15−0.50)×1.32%+(0.25−0.10)×0.56%=0.694%。

换言之,基金 X 的资产配置所带来的超额收益率为 0.694%,在总超额收益率的 2.16%中,成功的资产配置贡献了 0.694%。这是因为在该月股票市场实现 5.36%的收益率时,基金经理大幅增加了当月股票的投资比重(从业绩比较基准权重的 40%提高到实际配置的60%)。

(二) 行业与证券选择

沿用上文的例子,如果业绩中有0.694%应归功于各资产类别间的成功配置,则剩下的1.466% (2.16%-0.694%)就应该源于在每一个大类资产中的行业及具体证券的选择。

表10-4给出了该月基金X在各类资产中的收益率及其与指数业绩的对比。

表10-4 基金X各类收益率及其与指数业绩的对比

市场	基金X业绩(%)	指数业绩(%)	超额业绩(%)
股票	6.89	5.36	1.53
固定收益证券	1.60	1.32	0.28
货币市场工具	0.56	0.56	0

由表10-4可知,该基金中股票部分所实现的收益率为6.89%,而上证380指数的收益率为5.36%,这说明基金X当月选择了收益较高的行业或个股,从而取得了高于大盘的超额收益。固定收益证券的收益率为1.60%,而中国债券指数的收益率为1.32%,说明基金X在债券具体类别或个券选择方面也做得很好。把股票部分和债券部分中的超额收益率乘以各自的投资比例,得出行业与证券选择带来的贡献:0.60×1.53%+0.15×0.28%=0.96%。

综上,基金X在该月的资产配置、行业与证券选择两方面均取得了超额收益,业绩表现优秀。

第四节 基金主动管理能力、业绩持续性和风格分析

一、基金主动管理能力分析

为有效评价基金主动管理能力,学者们提出不同的基于收益率的时间序列回归模型来检验基金经理有效获取超额收益的能力。其具体内容见表10-5。

表10-5 评价基金主动管理能力的主要模型

时间(年)	研究者	模型名称	方式
1966	Treynor Mazuy	T—M模型	首先对基金经理的时机选择能力进行了计量分析,原理是通过基金经理根据市场上涨或下跌的预测,进行相应资产调整后的组合风险收益波动情况与市场风险收益波动情况的关系呈现直线、折线还是曲线,判断基金经理是否持续跑赢了市场
1981	Henriksson Merton	H—M模型	假设投资组合的β只取两个值:当市场走好时,虚拟变量为1,β取较大值;当市场萎靡时,虚拟变量为0,β取较小值。当虚拟变量的参数平均值在统计上显著大于零时,表明基金存在时机选择能力
1984	Chang Lewellen	C—L模型	对H—M模型进行了改进,根据市场买卖盘的强弱引进双β概念,通过比较两个β差值的大小,判断基金的择时能力。这个模型相比前两个模型,具有更强的适用性
归纳			上述模型均通过检验组合β值变动的有效性来判断基金经理的时机选择能力,如果基金经理不进行市场时机选择的操作,仅采取证券选择操作,投资组合的β值应该是稳定的;如果基金经理能够成功地预测市场走势,并据此进行时机选择操作,组合的β值应该是变动的

二、基金业绩的持续性分析与预测

基金业绩的持续性是指前期业绩较好的基金在未来一段时间内的业绩也会相对较好,而

前期业绩较差的基金在未来一段时间内的业绩也会相对较差的现象。

对基金业绩持续性的研究方法主要包括：①基于基金输赢变化的或然表的方法；②基金收益序列的回归系数检验；③基金收益率排序的Spearman等级相关系数的检验。其具体内容见表10-6。

表10-6 基金业绩持续性的主要研究方法

方法	具体内容
基于基金输赢变化的或然表的方法	或然表实际上是一张简单的概率分布表，反映的是所有样本基金在连续两个时期内分布处于"输赢""输输""赢输""赢赢"地位的数量
基金收益序列的回归系数检验	回归系数法主要是通过检验一组基金后期的业绩对前期业绩进行回归的斜率系数是否显著对业绩持续性进行判断
基金收益率排序的Spearman等级相关系数的检验	Spearman等级相关系数检验法是将基金前后期的业绩进行排序，用Spearman等级相关系数检验前后期基金业绩排名顺序是否有变化。如果前后业绩排名具有显著正相关时，则表明基金业绩具有持续性

三、基金投资风格分析方法

基金投资风格分析方法包括事前分析和事后分析，具体内容见图10-1。

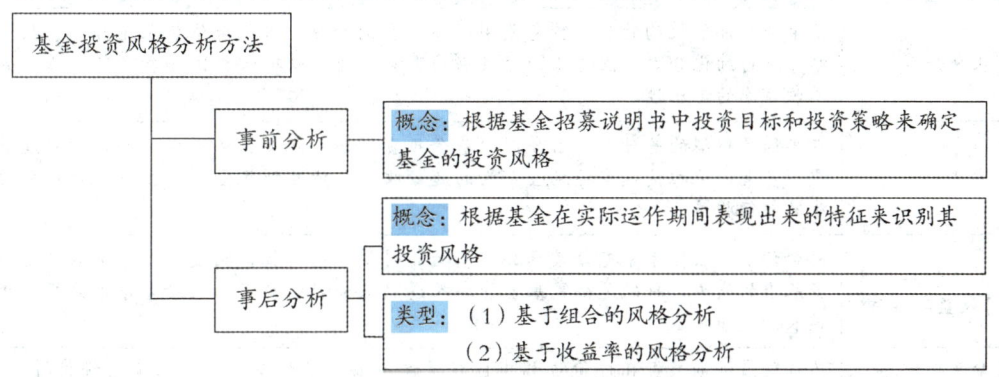

图10-1 基金投资风格分析方法

（一）基于组合的风格分析

基于组合的风格分析方法，一般是在某个时点上先将市场上所有股票分别按照某几项特征（如市值、账面市值比、过去收益率等）分档，然后再根据每只基金所持股票的各项特征值计算出该基金在每一项特征上的加权平均值（权重为各股票在投资组合中的市值比重），并比照股票分档点归入某一档，以此确定每只基金在该时点上的投资风格。在此基础上，再计算所有基金在每项特征上的平均值，与市场上所有股票在相应特征上的平均值相比较，或者计算在每一项特征的各档中，基金净值占全部基金总净值的比，与相应特征的各档中股票市值占所有股票总市值比较，以此评价基金的总体投资风格。

采用此方法进行风格分析时，不需要复杂的算法和模型，仅通过对单一的证券分类，并按照统一的框架来确定风格特征。其最大的缺点是数据的适时性和收集成本。

（二）基于收益率的风格分析

基于收益率的风格分析是资产收益率的多因素模型在风格分析中的运用，即根据基金的收益率对各种风格资产（以相应的风格指数代表）收益率的敏感性来确定基金的投资风格。

第五节 基金业绩评价业务体系

2010年5月,中国证券业协会公布了第一批具有协会会员资格的基金评价机构名单。其具体内容见表10-7。

表10-7 第一批具有协会会员资格的基金评价机构

机构	名称
证券投资咨询机构及独立基金评价机构(3家)	晨星资讯(深圳)有限公司、天相投资顾问有限公司、北京济安金信科技有限公司
证券公司(4家)	中国银河证券股份有限公司、海通证券股份有限公司、招商证券股份有限公司、上海证券有限责任公司
基金评奖机构(3家)	中国证券报社、上海证券报社、深圳证券时报社有限公司

基金业绩评价包括基金分类、评价指标计算、评价结果发布等多个环节,根据这些重要环节,可总结国内外主流基金业绩评价方法体系的特点。具体内容见表10-8。

表10-8 国内外主流基金业绩评价方法体系的特点

特点	具体内容
基金分类	基金业绩评价机构的业务特色集中于基金类别细分,将基金依据基金合同、投资策略等进行细化分类,注重基础源数据的采集处理,以确保相同分类层级中各基金简单收益率的可比性
方法模型	在单因素模型的基础上,结合国内基金投资实践,开发出多因素模型,精确度量股票型基金因承担债券市场风险产生的超额收益或债券型基金因承担股票市场风险产生的超额收益
充分考虑公募基金相对收益的特征	基金评价方法体系中充分考虑公募基金相对收益的特征,测度每只基金长期超越自身基准的能力,目的是鞭策基金管理人遵照基金契约与投资业绩基准,为投资者创造长期超额收益
充分考虑信息有效性因素	为体现最近期数据在评价过程中包括最新有效信息的重要性,在基金评价过程中,较近期赋予较高权重,综合考察基金创造超额收益的能力
重点关注基金的下行风险	注重考察基金风险管理能力、证券选择能力和时机选择能力三大投资管理能力的同时,重点关注基金的下行风险,因为组合向下的风险是投资者真正担心的
其他	有的基金评价机构除了关注收益的因子回归以外,也考察基金组合重仓持有证券的特征;除了采用定量指标进行评价外,也关注定性指标等

第六节 全球投资业绩标准

一、全球投资业绩标准(GIPS)的概念及作用

1995年,美国注册金融分析师协会(CFA)成立了全球投资业绩标准委员会,负责研究和发布单一的绩效考核标准。这是CFA在全球推广的一套以完整披露和公平陈述为基本原则的投资业绩评估体系标准。目前已经在发达市场资产管理行业中广泛应用,成为全球公认的投资业绩评估最高标准。该标准的作用是通过制定业绩报告,确保投资表现结果获得充分的声明与披露,并对实际情况做出完整的衡量与体现。

2005年,修订版的全球投资业绩标准(GIPS)被该协会采纳,并于2006年1月1日正式生效。

二、GIPS 的相关规定

(一) GIPS 输入数据的相关规定

(1) 自 2011 年 1 月 1 日起，组合必须以公允价值进行实际估值。对于交易不频繁或难以获取市价的证券，投资管理机构应采用受广泛认可的其他合理估值方式，并遵守 GIPS 估值原则。进行估值的日期应为月底或月内的最后一个交易日。

(2) 2001 年 1 月 1 日前，组合必须至少每季度进行一次实际估值；2001 年 1 月 1 日后，对于估值周期的要求由季度更改为月度。自 2010 年 1 月 1 日起，组合须至少每月度进行一次实际估值，并在所有出现大额对外现金流的日子进行实际估值。

(3) 自 2005 年 1 月 1 日起，投资管理机构必须采用交易日会计制。

(4) 对固定收益类等应计利息的证券，必须采用权责发生制。

(二) GIPS 收益率计算的相关规定

(1) 必须采用总收益率，即包括实现的和未实现的回报以及损失并加上收入。

(2) 必须采用经现金流调整后的时间加权收益率。不同时期的回报率必须以几何平均方式相关联。最低要求为：自 2005 年 1 月 1 日起，必须采用经每日加权现金流调整后的时间加权收益率；自 2010 年 1 月 1 日起，必须在所有出现大额对外现金流的日子对投资组合进行实际估值。

(3) 投资组合的收益必须以期初资产值加权计算，或采用其他能反映期初价值及对外现金流的方法。

(4) 在计算收益时，必须计入投资组合中持有的现金及现金等价物的收益。

(5) 所有的收益计算必须扣除期内的实际买卖开支，而不得使用估计的买卖开支。

(6) 自 2006 年 1 月 1 日起，投资管理机构必须至少每季度一次计算组合群的收益，并使用个别投资组合的收益以资产加权计算。自 2010 年 1 月 1 日起，必须至少每月一次计算组合群收益，并使用个别投资组合的收益以资产加权计算。

(7) 若实际的直接买卖开支无法从综合费用中确定并分离出来，则在计算未扣除费用收益时，从收益中减去全部综合费用或减去综合费用中包含直接买卖开支的部分，而不得使用估计的买卖开支；计算已扣除费用收益时，必须从收益中减去全部综合费用或综合费用中包含直接买卖开支及投资管理费用的部分，而不得使用估计的买卖开支。

(三) GIPS 组合群设定的相关规定

(1) 组合群必须以相同投资目标或策略定义。组合群应包含所有符合其定义的投资组合。组合群定义得太宽或太窄，均不利于投资者在投资管理机构间进行业绩比较。

(2) 投资管理机构应及时将新的投资组合纳入组合群。已终止投资组合的历史业绩应保留在组合群内，直至管理期限内的最后一个完整汇报期。

(3) 除非正式修订组合的投资目标、范围、策略等适当理由，投资管理机构不可随意将投资组合在组合群间转换。

(四) GIPS 信息披露与报告展示的相关规定

GIPS 关于信息披露与报告展示的条款众多，对于必须公开的具体信息以及必须在业绩报告里做出展示的内容做了详细的规定。具体条款在此不做详述，有兴趣者可上 GIPS 标准网站进行查询。GIPS 也允许投资管理机构在营销材料上按照 GIPS 有关规定，仅展示 GIPS 报告的简略版本，前提为必须注明 GIPS 详细报告可按需提供。

（五）GIPS 另类资产及独立管理

GIPS 对于房地产与具有固定资产和固定投资人数的私募基金等另类资产业绩也做了相应规定。与传统资产相比，这些资产具有流动性较低、估值困难等特点，GIPS 也做了相应的调整。此外，GIPS 针对缴纳捆绑费用及由第三方管理的独立账户做了额外的规定。

三、GIPS 审计

为了增加投资管理机构符合 GIPS 标准的可信性，机构可自愿聘请独立的第三方审计公司，审计 GIPS 合规情况。在通过审核后，机构可注明在符合 GIPS 标准的基础上，已通过第三方独立审计。如第三方认为机构不符合标准，则应出具说明解释具体原因。

基金的投资交易与结算

本章共包含三个小节。

第一节主要讲述了证券投资基金场内证券交易市场、登记结算机构、结算涉及的费用、特别规定及事项,以及结算原则、方式和内容。

第二节主要讲述了银行间债券市场概念、组织体系及交易制度,交易品种及交易方式,债券结算类型、重要日期、结算方式及业务类型。

第三节主要讲述了欧洲、美洲及亚洲主要证券交易所及世界主要交易所清算规则,QDII、境外投资顾问及资产托管机构,QDII基金境外投资流程。

知识结构

- 基金的投资交易与结算
  - 基金参与证券交易所二级市场的交易与结算
    - 基金场内证券交易场所与结算机构
      - 交易所组织形式：会员制、公司制
      - 我国登记结算机构：中国证券登记结算有限责任公司
    - 场内证券交易与结算涉及费用
      - 佣金、过户费、印花税
    - 场内证券交易特别规定——大宗交易、回转交易等
    - 场内证券交易计算原则、方式和内容
      - 原则：法人结算原则、共同对手方制度、货银对付原则、分级结算原则
    - PROP和D—COM系统
  - 银行间债券市场的交易与结算
    - 银行间债券市场组织体系与交易制度
      - 组织体系：市场主管部门、发行主体、投资主体、中介服务机构
      - 交易制度：公开市场一级交易商制度、做市商制度、结算代理制度
    - 银行间债券市场交易品种与方式——方式：询价
      - 品种：债券、回购、远期交易
    - 银行间债券市场债券结算
      - 结算类型、结算方式、结算业务类型
  - 海外证券市场投资的交易与结算
    - 交易所——欧洲、美洲、亚洲
    - 基金公司进行境外证券投资的交易与结算
    - 环球银行间金融通信协会及其报文

第一节　基金参与证券交易所二级市场的交易与结算

一、证券投资基金场内证券交易场所与结算机构

(一) 场内证券交易市场

1. 场内证券交易市场的概念

场内证券交易市场，即证券交易所，是指在证券交易所内按一定的时间、一定的规则集中买卖已发行证券而形成的市场。根据《证券法》，证券交易所是为证券集中交易提供场所和设施，组织和监督证券交易，实行自律管理的法人。证券交易所的设立和解散由国务院决定。

2. 证券交易所的组织形式

证券交易所的组织形式有会员制和公司制两种。我国上海证券交易所和深圳证券交易所都采用会员制，设会员大会、理事会和专门委员会。理事会是证券交易所的决策机构，理事会下面可以设立其他专门委员会。证券交易所设总经理，负责日常事务。总经理由国务院证券监督管理机构任免。

(二) 证券登记结算机构

1. 证券登记结算机构的概念

《证券法》规定，证券登记结算机构是为证券交易提供集中登记、存管与结算服务，不以营利为目的的法人。设立证券登记结算机构必须经国务院证券监督管理机构批准。

2. 证券登记结算机构的相关规定

证券登记结算机构为证券市场提供安全、高效的证券登记结算服务。根据自律管理的要求，证券登记结算机构应采取以下措施保证业务的正常运行：①制定完善的风险防范机制和内部控制制度；②建立完善的技术系统，制定由结算参与人共同遵守的技术标准和规范；③建立完善的结算参与人准入标准和风险评估体系；④对结算数据和技术系统进行备份，制定业务紧急应变程序和操作流程。

同时，为防范证券结算风险，我国还设立了证券结算风险基金，用于垫付或弥补因违约交收、技术故障、操作失误、不可抗力等造成的证券登记结算机构的损失。

3. 中国证券登记结算有限责任公司

中国证券登记结算有限责任公司（简称"中国结算公司"）是我国的证券登记结算机构。该公司在上海和深圳两地各设一家分公司。上海分公司（简称"中国结算公司上海分公司"）主要针对上海证券交易所的上市证券，为投资者提供证券登记结算服务；深圳分公司（简称"中国结算公司深圳分公司"）主要针对深圳证券交易所的上市证券，为投资者提供证券登记结算服务。

二、场内证券交易与结算涉及的费用

基金通过与券商签订交易单元租用合同，获得投资交易的路径。基金需要向券商支付交易佣金，还需要支付过户费、经手费、证管费、印花税等交易成本。

(一) 佣金

1. 佣金的概念

佣金是投资者在委托买卖证券成交后按成交金额的一定比例支付的费用，是证券经纪商

为客户提供证券代理买卖服务收取的费用。该项费用由证券公司经纪佣金、证券交易所手续费及证券交易所交易监管费等组成。

2. 佣金的收费标准

根据中国证监会、国家发展和改革委员会、国家税务总局联合发出的《关于调整证券交易佣金收取标准的通知》，从2002年5月1日开始，A股、B股、证券投资基金的交易佣金实行最高上限和向下浮动制度。证券公司向客户收取的佣金（包括代收的证券交易监管费和证券交易所手续费等）不得高于证券交易金额的3‰，也不得低于代收的证券交易监管费和证券交易所手续费等。A股、证券投资基金每笔交易佣金不足5元的，按5元收取；B股每股交易佣金不足1美元或5港元的，按1美元或5港元收取。国债现券、企业债（含可转换债券）、国债回购以及以后出现的新的交易品种，其交易佣金标准由证券交易所制定并报中国证监会备案，备案15天内无异议则正式实施。

（二）过户费

1. 过户费的概念

过户费是委托买卖的股票、基金成交后，买卖双方为变更证券登记所支付的费用。这笔收入属于中国结算公司的收入，由证券经纪商在同投资者清算交收时代为扣收。

2. 过户费的收费标准

上海证券交易所和深圳证券交易所在过户费的收取上略有不同，基金交易目前不收过户费。在证券交易所内，过户费的收费标准见表11-1。

表11-1 过户费的收费标准

收费标准	上海证券交易所	深圳证券交易所
A股	过户费均按照成交金额的0.02‰向买卖双方投资者分别收取。对于优先股交易的登记过户费，均按照普通股下调20%（即0.016‰）向买卖双方分别收取	
B股	无过户费，结算费是成交金额的0.5‰	称为"结算登记费"，是成交金额的0.5‰，但最高不超过500港元
可交换债券换股	按换股成交金额的0.02‰向投资者收取过户费	—
普通基金交易	目前不收过户费	
ETF申购/赎回	过户费按照相应组合证券过户面额的0.5‰向投资者收取，但在各ETF成立后3年内按正常标准减半征收，且仅对涉及沪市成分股票的ETF收取	过户费按证券过户面值的0.25‰向投资者收取，且不向债券ETF收取过户费

（三）印花税

1. 印花税的概念

印花税是根据《中华人民共和国印花税暂行条例》的规定，在A股和B股成交后对买卖双方投资者按照规定的税率分别征收的税金。我国税收制度规定，股票成交后，国家税务机关应向成交双方分别收取印花税。

为保证税源，简化缴款手续，现行的做法是：先由证券经纪商在同投资者办理交收的过程中代为扣收；然后在证券经纪商同中国结算公司的清算、交收中集中结算；最后由中国结算公司统一向征税机关缴纳。

2. 印花税税率调整

我国证券交易的印花税税率标准曾多次调整。21世纪以来的调整情况见表11-2。

表 11-2　印花税税率调整情况

时间	调整税率
2001年11月16日	A股、B股交易印花税税率统一下调为2‰
2005年1月24日	证券交易印花税税率从2‰再下调到1‰
2007年5月30日	证券交易印花税税率由1‰上调为3‰
2008年4月24日	证券交易印花税税率再由3‰下调为1‰
2008年9月19日	证券交易印花税只对出让方按1‰征收,对受让方不再征收

三、场内证券交易的特别规定及事项

(一)大宗交易

1. 大宗交易的概念

大宗交易是指单笔数额较大的证券买卖。我国现行有关交易制度规定,如果证券单笔买卖申报达到一定数额,则证券交易所可以采用大宗交易方式进行。

2. 大宗交易的交易时间

大宗交易的交易时间在上海证券交易所和深圳证券交易所有所不同,具体内容见表11-3。

表 11-3　大宗交易的交易时间

证券机构	交易时间
上海证券交易所	交易的时间为每个交易日9:30—11:30、13:00—15:30。但如果在交易日15:00前处于停牌状态的证券,则不受理其大宗交易的申报。每个交易日15:00—15:30,交易所交易主机对买卖双方的成交申报进行成交确认
深圳证券交易所	深圳证券交易所于2009年1月12日起,启用综合协议交易平台(简称"协议平台"),取代原有大宗交易系统。协议平台接受交易用户申报的时间为每个交易日9:15—11:30、13:00—15:30。申报当日有效。当天全天停牌的证券,协议平台不接受其有关申报。协议平台按不同业务类型分别确认成交,具体确认成交的时间规定为:①权益类证券大宗交易、债券大宗交易(除公司债券外),协议平台的成交确认时间为每个交易日15:00—15:30;②公司债券的大宗交易、专项资金管理计划协议交易,协议平台的成交确认时间为每个交易日9:15—11:30、13:00—15:30

(二)固定收益证券综合电子平台

固定收益证券综合电子平台的交易规则见表11-4。

表 11-4　固定收益证券综合电子平台的交易规则

规则	内容
试行时间	上海证券交易所固定收益平台的交易,自2007年7月25日起开始试行
交易时间	固定收益平台的交易时间为9:30—11:30、13:00—14:00
交易规定	①交易商参加固定收益平台交易前,应通过固定收益平台注册可用于交易的证券账户。②交易商在固定收益平台申报卖出固定收益证券的数量,不得超过其证券账户内可交易余额。③交易商当日买入的固定收益证券,当日可以卖出。当日待收处理的固定收益证券,下一交易日可以卖出
申报价格	在固定收益平台进行的固定收益证券现券交易实行净价申报。申报价格变动单位为0.001元,申报数量单位为1手(1手为1 000元面值)。交易价格实行涨跌幅限制,涨跌幅比例为10%。涨跌幅价格计算公式为: 涨跌幅价格=前一交易日参考价格×(1±10%) 上述公式中,前一交易日参考价格为该日全部交易的加权平均价,该日无成交的为上一交易日的加权平均价,依次类推

> **考点回顾|单项选择题**
>
> 在固定收益平台进行的固定收益证券现券交易实行净价申报,申报价格变动单位为( )元。
> A. 1　　　　　B. 0.1　　　　　C. 0.01　　　　　D. 0.001
> 【答案】D

(三)证券的回转交易

证券的回转交易是指投资者买入的证券,经确认成交后,在交收完成前全部或部分卖出。根据我国现行的有关交易制度规定,债券竞价交易和权证交易实行当日回转交易,即投资者可以在交易日的任何营业时间内反向卖出已买入但未完成交收的债券和权证;B股实行次交易日起回转交易。深圳证券交易所对专项资产管理计划收益权份额协议交易也实行当日回转交易。

(四)开盘价和收盘价

按照一般的意义,开盘价和收盘价分别是交易日证券的首、尾买卖价格。而在证券交易所,往往还要通过制度予以规范。开盘价与收盘价的具体内容见表11-5。

表11-5　开盘价与收盘价

项目	内容
开盘价	根据我国现行的交易规则,证券交易所证券交易的开盘价为当日证券的第一笔成交价。证券的开盘价格通过集合竞价的方式产生。不能产生开盘价的,以连续竞价方式产生。按集合竞价产生开盘价后,未成交的买卖申报仍然有效,并按原申报顺序自动进入连续竞价
收盘价	(1)上海证券交易所证券交易的收盘价为当日该证券最后一笔交易前1分钟所有交易的成交量加权平均价(含最后一笔交易)。当日无成交的,以前收盘价为当日收盘价。 (2)深圳证券交易所证券交易的收盘价通过集合竞价的方式产生。收盘集合竞价不能产生收盘价或未进行收盘集合竞价的,以当日该证券最后一笔交易前1分钟所有交易的成交量加权平均价(含最后一笔交易)为收盘价。当日无成交的,以前收盘价为当日收盘价

(五)除权与除息

因送股或配股而形成的剔除行为称为除权,因派息而引起的剔除行为称为除息。

我国证券交易所在权益登记日(B股为最后交易日)的次一交易日对该证券做除权、除息处理。除权(息)日该证券的前收盘价改为除权(息)日除权(息)参考价。除权(息)参考价的计算公式为:

$$除权(息)参考价 = \frac{前收盘价 - 现金红利 + 配股价格 \times 股份变动比例}{1 + 股份变动比例}$$

在权证业务中,标的证券除权、除息,对权证行权价格会有影响,因此需要调整。根据有关规定,标的证券除权、除息的,权证的发行人或保荐人应对权证的行权价格、行权比例做相应调整并及时提交证券交易所。

(1)标的证券除权的,权证的行权价格和行权比例分别按下列公式进行调整:

$$新行权价格 = \frac{原行权价格 \times 标的证券除权日参考价}{除权前一日标的证券收盘价}$$

$$新行权比例 = \frac{原行权比例 \times 除权前一日标的证券收盘价}{标的证券除权日参考价}$$

(2)标的证券除息的,行权比例不变,行权价格按下列公式调整:

$$新行权价格 = \frac{原行权价格 \times 标的证券除息日参考价}{除息前一日标的证券收盘价}$$

四、场内证券交易结算原则、方式和内容

(一)结算原则

1. 法人结算原则

证券登记结算机构以结算参与机构为单位办理证券资金的结算,即清算与交收。结算参与机构应以法人名义直接在证券登记结算机构开立结算账户,用于办理相关的结算业务。

(1)根据中国结算公司上海分公司的规定,结算参与人在中国结算公司上海分公司开立的结算资金账户包括五大类:担保交收账户、非担保交收账户、基金账户、结算保证金账户和价差保证金账户。

(2)根据中国结算公司深圳分公司的规定,结算参与机构可以选择仅开立综合结算备付金账户用于资金交收,也可以选择同时开立综合结算备付金账户和非担保结算备付金账户用于资金交收。同时开立非担保结算备付金账户的结算参与机构,其担保交收业务及交易所场内证券发行资金通过综合结算备付金账户完成交收,非担保交收及代收代付业务将通过非担保结算备付金账户完成交收。

2. 共同对手方制度

共同对手方是指在结算过程中,同时作为所有买方和卖方的交收对手并保证交收顺利完成的主体,一般由结算机构充当。如果买卖中的一方不能按约定条件履约交收,则结算机构也要依照结算规则向守约一方先行垫付其应收的证券或资金。

共同对手方的引入,使得交易双方无须担心交易对手的信用风险,有利于增强投资信心和活跃市场交易。对于我国证券交易所市场实行多边净额清算的证券交易,证券登记结算机构(中国结算公司)是承担相应交易交收责任的所有结算参与人的共同对手方。

3. 货银对付原则

货银对付是指证券登记结算机构与结算参与人在交收过程中,当且仅当资金交付时给付证券,证券交付时给付资金。通俗地说,就是"一手交钱,一手交货"。货银对付原则又称款券两讫或钱货两清原则。根据货银对付原则,一旦结算参与人未能履行对证券登记结算机构的资金交收义务,证券登记结算机构就可以暂时不向其交付买入的证券;反之亦然。货银对付通过实现资金和证券的同时划转,可以有效规避结算参与人交收违约带来的风险,大大提高证券交易的安全性。

目前,货银对付已经成为各国(地区)证券市场普遍遵循的原则。我国证券市场中,在多边净额结算方式下,已实现对ETF交易、单市场股票ETF及单市场债券ETF申购与赎回的份额和现金替代、货币ETF申购与赎回等业务进行T+1货银对付担保交收。

4. 分级结算原则

证券和资金结算实行分级结算原则。证券登记结算机构负责证券登记结算机构与结算参与人之间的集中清算交收,结算参与人负责办理结算参与人与客户之间的清算交收。但结算参与人与其客户的证券划付应当委托证券登记结算机构代为办理。

实行分级结算,意味着对证券公司接受投资者委托达成的证券交易,证券公司需承担相应的证券或资金的交收责任。实行分级结算原则主要出于防范结算风险的考虑。

(二)结算方式

1. 净额结算方式

净额结算方式具体内容见表11-6。

表 11-6 净额结算方式

项目	内容
概念	一般情况下，通过证券交易所达成的交易需采取净额结算方式。净额结算，又称差额清算，指在一个清算期中，对每个结算参与人价款的清算只计其各笔应收、应付款项相抵后的净额，对证券的清算只计每一种证券应收、应付相抵后的净额
分类	（1）双边净额结算是指将结算参与人相对于另一个交收对手方的证券和资金的应收、应付额加以轧抵，得出该结算参与人相对于另一个交收对手方的证券和资金的应收、应付净额 （2）多边净额结算是指将结算参与人所有达成交易的应收、应付证券或资金予以充抵轧差，计算出该结算参与人相对于所有交收对手方累计的应收、应付证券或资金净额

> **注意**
> 将结算参与人对应的所有双边净额结算结果加以累计，可以得出该结算参与人的多边净额结算结果；在引入共同对手方的情况下，计算该结算参与人相对于共同对手方的双边净额结算结果，也相当于实现了多边净额结算。

2. 全额结算方式

逐笔全额结算是指证券登记结算机构对每笔证券交易均独立结算，同一结算参与人应收资金（证券）和应付资金（证券）不轧差处理。在交收时点，买卖双方应付资金和证券都符合要求的，完成交收；任何一方或双方结算参与人应付资金或应付证券不足的，交收失败。证券登记结算机构不作为双方的共同对手方，不提供交收担保。

（三）结算内容

场内证券交易的结算包括证券交收和资金结算。

1. 证券交收

证券交收包含两个层面的含义，具体内容见表 11-7。

表 11-7 证券交收的含义

含义	内容
中国结算公司沪、深分公司与结算参与人的证券交收	（1）对于应付证券的结算参与人，中国结算公司沪、深分公司会将相应证券从其证券交收账户划转到中国结算公司沪、深分公司证券登记结算系统自身设立的"集中证券交收账户" （2）对于应收证券的结算参与人，中国结算公司沪、深分公司会将相应证券从"集中证券交收账户"划付到其证券交收账户 中国结算公司沪、深分公司与结算参与人的证券交收一般称为"集中证券交收"
结算参与人与客户之间的证券交收	（1）结算参与人与客户之间的证券交收是结算参与人（证券公司、托管人）和客户履行双方证券交易合同的一部分，但由于客户证券账户由中国结算公司沪、深分公司直接维护，因此，为完成相应的证券交收，结算参与人需委托中国结算公司沪、深分公司办理相应的证券划付 （2）对于应付证券的客户，结算参与人需委托中国结算公司沪、深分公司在办理前述集中证券交收前，将相应证券从客户的证券账户划付到证券公司的证券交收账户 （3）对于应收证券的客户，结算参与人需委托中国结算公司沪、深分公司在办理前述集中证券交收后，将相应证券从证券公司的证券交收账户划付到客户的证券账户

实践中，除 ETF、权证等新品种外，现行 A 股、基金等品种证券交收过程与上述流程不同，实际做法是根据成交记录直接记增或记减投资者证券账户。按照中国结算公司的货银对付实施方案，未来 A 股、基金等品种也将按照前述流程组织证券交收。

2. 资金结算

资金结算分为资金清算和资金交收两个过程。资金清算是确认交收日各交易参与方的债权、债务关系；资金交收是完成资金的实际交付。

目前，托管资产的场内资金清算主要采用两种模式，即托管人结算模式和券商结算模式。托管人结算模式和券商结算模式的内容见表11-8。

表11-8　托管人结算模式和券商结算模式

项目	内容
托管人结算模式	托管人结算模式是指托管资产场内交易形成的交收资金由托管人作为结算参与人与中国结算公司进行净额交收，然后由托管人负责与托管资产组合进行二级清算 （1）采用托管人结算模式的托管资产类型有证券投资基金、保险资产、企业年金基金、基金管理公司特定客户资产管理产品、证券公司单一客户资产管理计划、证券公司集合资产管理计划、QFII基金等 （2）采用托管人结算模式的前提条件是托管资产进行场内交易须通过专用交易单元，中国结算公司按交易单元将托管资产的交易和清算数据发送给托管人，并按交易单元合并清算与托管人进行净额交收 （3）托管人结算模式分为两级结算：一级结算由托管人作为结算参与人代表托管资产与中国结算公司完成净额交收；二级结算由托管人根据交易和清算数据拆分计算后与托管资产组合完成二级交收 （4）托管人以自身名义在中国登记结算公司上海分公司、深圳分公司分别开立结算备付金账户，用于与中国结算公司之间完成最终不可撤销的证券与资金交收，净额交收资金通过PROP和D—COM系统划转。托管人通过托管业务系统完成与托管资产组合之间的二级交收资金划转
券商结算模式	券商结算模式又称第三方存管模式，是指托管资产场内交易形成的交收资金由证券公司（经纪人）作为结算参与人与中国结算公司进行交收，然后由证券公司负责与其客户进行二级清算，客户的交易资金完全独立保管于存管银行，而不存放在证券公司 （1）采用券商结算模式（第三方存管模式）的托管资产主要是证券公司单一客户资产管理计划、信托计划等。由于相关交易制度或交易成本等因素的限制，当托管资产的场内交易不能通过专用交易单元进行时，只能采用券商结算模式（QFII基金除外） （2）证券公司作为托管资产的经纪人，代理进行场内交易、提供证券经纪服务。托管资产通过证券公司的交易单元进行场内交易，证券公司与中国结算公司进行其自有交易单元上所发生交易的资金清算，然后由证券公司依托其自身的柜台系统与托管资产组合之间进行场内证券交易资金的清算 （3）第三方存管中，证券公司为客户交易结算资金建立二级明细簿记账户（证券资金账户），实现为每个客户单独立户管理；客户资金进出通过封闭式银证转账完成 （4）证券公司在存管银行开立客户交易结算资金汇总账户，用于集中存管客户交易结算资金。交易结算资金账户只能用于客户取款、证券交易资金交收和支付佣金手续费等。客户的证券资金账户与托管账户一一对应 （5）客户交易结算资金进出只能通过银证转账方式完成，证券公司不再提供客户资金存取服务，客户取出的交易结算资金只能回到其指定的银行账户，从而实现了客户交易结算资金的封闭运行

五、PROP和D—COM系统

（一）参与人远程操作平台系统（PROP）

参与人远程操作平台系统是中国结算公司上海分公司为完善市场运作功能，规范清算交收、登记和存管业务，提高对市场服务的效率而开发的建立在中国结算公司上海分公司通信系统上的电子数据交换系统。结算参与人可通过PROP系统中的公用模块接收中国结算公司上海分公司发送的有关资金结算文件。

（二）深圳证券综合结算平台系统（D—COM）

深圳证券综合结算平台系统是中国结算公司深圳分公司为完善市场运作功能，规范清算交收、登记和存管业务，提高对市场服务的效率而开发的建立在深圳证券市场综合结算通信系统上的，用于实现结算参与人与中国结算公司深圳分公司之间的数据交换的系统。结算参与人可以通过D—COM系统实时查询各资金结算账户余额、结算备付金账户可提款金额、尚未支付金额等信息。

第二节 银行间债券市场的交易与结算

一、银行间债券市场概述

全国银行间债券市场是以现代远程计算机系统联网技术为基础建立起来的场外债券市场,自1997年6月创立发展至今,已成为我国债券市场非常重要的组成部分,是货币政策和财政政策实施的最重要的金融市场。

银行间债券市场经过近20年的发展,交易工具日益丰富,投资主体迅速扩大,交易结算量成倍递增,已发展成具有资本市场和货币市场双重功能的场外债券市场,成为中国债券市场的主体。

(一)银行间债券市场的组织体系

1. 市场主管部门

中国人民银行履行监督管理银行间债券市场职能,包括:①拟订债券市场发展规划;②研究开发债券市场新业务品种;③制定市场管理规定,对市场进行全面监督和管理;④审核、批准金融机构在银行间债券市场的有关资格;⑤就债券市场有关业务进行指导,授权中介机构发布市场有关信息。

中国人民银行分支机构对辖区内债券交易活动进行日常监督和管理:①对债券市场运行情况进行监测、研究和分析,防范跨市场风险,维护辖区内金融市场的平稳运行;②支持和引导辖区内结算代理业务的开展,对结算代理业务实施动态监督,防范业务风险;③组织辖区内的市场参与者进行业务培训和问题探讨;④定期向总行报告辖区内债券市场情况以及市场发展建议;⑤充分发挥服务职能,为债券交易提供资金支付服务;⑥中国人民银行分行可向债券登记托管结算机构和全国银行间同业拆借中心了解辖区内市场参与者的债券交易、结算等情况。

2. 发行主体

目前,银行间债券市场的发行主体主要有财政部、中国人民银行、政策性银行、商业银行,以及被批准可以发债的金融类公司、工商企业等。

3. 投资主体

目前可以投资于银行间债券市场的投资主体包括金融机构和非法人产品,具体内容见表11-9。

表11-9 银行间债券市场的投资主体

投资主体	具体内容
金融机构	商业银行、农村信用联社、非银行金融机构、香港和澳门地区人民币清算行、境外央行、境外其他金融机构
非法人产品	证券投资基金、企业年金基金、全国社保基金组合、保险产品、信托产品、基金公司特定客户资产管理计划、证券公司资产管理计划、商业银行理财产品、保险资产管理公司资管产品、RQFII产品、QFII产品

4. 中介服务机构

银行间债券市场的中介服务机构主要是全国银行间同业拆借中心、中央国债登记结算有限责任公司(简称"中央结算公司")和银行间市场清算所股份有限公司(简称"上海清算所")。其具体内容见表11-10。

表11-10 银行间债券市场的中介服务机构

中介服务机构	内容
全国银行间同业拆借中心	全国银行间同业拆借中心主要为市场的投资者提供报价平台,为其交易提供电子成交登记服务,并按照中国人民银行的有关规定,对通过交易系统开展的债券交易活动进行监测

续表

中介服务机构	内容
中央结算公司	中央结算公司主要为市场的发行人、投资人等各类参与主体提供国债、金融债券、企业债券和其他固定收益证券的发行、登记、托管、交易结算、信息发布等服务，并负责维护中债综合业务平台的正常运行
上海清算所	上海清算所主要为银行间市场提供以中央对手方净额清算为主的直接和间接的本、外币清算服务，包括清算、结算、交割、保证金管理、抵押品管理、信息服务、咨询业务等

（二）银行间债券市场的交易制度

银行间债券市场的交易制度包括公开市场一级交易商制度、做市商制度、结算代理制度。其具体内容见表11-11。

表11-11　银行间债券市场的交易制度

制度	内容
公开市场一级交易商制度	公开市场一级交易商制度是指中国人民银行根据规定遴选符合条件的债券二级市场参与者作为中国人民银行的对手方，与之进行债券交易，从而配合中国人民银行货币政策目标的实现
做市商制度	做市商制度是指在债券市场上，由具有一定实力和信誉的市场参与者作为特许交易商，不断向投资者报出某些特定债券的买卖价格，双向报价并在该价位上接受投资者的买卖要求，以其自有资金和债券与投资者进行交易的制度
结算代理制度	结算代理制度是指经中国人民银行批准可以开展结算代理业务的金融机构法人，受市场其他参与者的委托，为其办理债券结算业务的制度

二、银行间债券市场的交易品种与交易方式

（一）银行间债券市场的交易品种

1. 债券

债券的交易品种主要包括：国债、央行票据、地方政府债、政策性银行债、企业债、短期融资券、中期票据、商业银行债、资产支持证券、非银行金融债、中小企业集合票据、国际机构债券、政府支持机构债券、超短期融资券、同业存单等。

2. 回购

回购分为质押式回购和买断式回购两种。

质押式回购是指一方（正回购方）在将回购债券出质给另一方（逆回购方），逆回购方在首期结算日向正回购方支付首期资金结算额的同时，交易双方约定在将来某一日期（到期结算日）由正回购方向逆回购方支付到期资金结算额，同时逆回购方解除在回购债券上设定的质权的交易。

买断式回购是指一方（正回购方）在将回购债券出售给另一方（逆回购方），逆回购方在首期结算日向正回购方支付首期资金结算额的同时，交易双方约定在将来某一日期（到期结算日）由正回购方以约定价格（到期资金结算额）从逆回购方购回回购债券的交易。

首期、到期资金结算额的计算和应计利息的计算见表11-12。

表11-12　首期、到期资金结算额的计算和应计利息的计算

项目	内容
首期、到期资金结算额的计算	首期资金结算额指一笔交易中，交易双方约定的逆回购方在首期结算日向正回购方支付的资金额，单位为元 （1）在质押式回购中： 　　首期资金结算额＝正回购方融入资金数额 （2）在买断式回购中： 　　首期资金结算额＝（首期交易净价＋首期结算日应计利息）× $\dfrac{回购债券数量}{100}$

项目	内容
首期、到期资金结算额的计算	到期资金结算额指在一笔交易中,交易双方约定的正回购方在到期结算日向逆回购方支付的资金额,单位为元 (1) 在质押式回购中: $$到期资金结算额 = 首期资金结算额 \times \left(1 + 回购利率 \times \frac{实际占款天数}{365}\right)$$ (2) 在买断式回购中: $$到期资金结算额 = (到期交易净价 + 到期结算日应计利息) \times \frac{回购债券数量}{100}$$
应计利息的计算	(1) 首期结算日应计利息是指在买断式回购中,回购债券自上次付息日(或起息日)至首期结算日为止(不含首期结算日)累计的按百元面值计算的债券发行人应付给债券持有人的利息,单位为元/百元面值 (2) 到期结算日应计利息是指在买断式回购中,回购债券自上次付息日(或起息日)至到期结算日为止(不含到期结算日)累计的按百元面值计算的债券发行人应付给债券持有人的利息,单位为元/百元面值

3. 远期交易

债券远期交易(简称"远期交易")是指交易双方约定在未来某一日期,以约定价格和数量买卖标的债券的行为。其交易规则见表11-13。

表11-13 远期交易的交易规则

项目	内容
债券品种	远期交易标的债券券种应为已在全国银行间债券市场进行现券交易的中央政府债券、中央银行债券、金融债券和经中国人民银行批准的其他债券券种。远期交易的市场参与者应为进入全国银行间债券市场的机构投资者
交易期限	远期交易从成交日至结算日的期限(含成交日不含结算日)由交易双方确定,但最长不超过365天
结算方式	远期交易实行净价交易、全价结算。远期交易双方应于成交日或者次一工作日将结算指令及辅助指令发送至中央结算公司。远期交易到期时应实际交割资金和债券
交易限制	(1) 任何一家市场参与者的单只债券(基金管理公司运用基金财产进行远期交易的,为单只基金)的远期交易卖出与买入总余额分别不得超过该只债券流通量的20%,远期交易卖出总余额不得超过其可用自有债券总余额的200% (2) 市场参与者中,任何一只基金的远期交易净买入总余额不得超过其基金资产净值的100% (3) 任何一家外资金融机构在中国境内的分支机构的远期交易净买入总余额不得超过其人民币营运资金的100% (4) 其他机构的远期交易净买入总余额不得超过其实收资本金或者净资产的100%

(二)银行间债券市场的交易方式

银行间债券市场交易以询价方式进行,自主谈判,逐笔成交。

进行债券交易,应订立书面形式的合同。合同应对交易日期、交易方向、债券品种、债券数量、交易价格或利率、账户与结算方式、交割金额和交割时间等要素做出明确的约定,其书面形式包括同业中心交易系统生成的成交单、电报、电传、传真、合同书和信件等。

债券回购主协议和上述书面形式的回购合同构成回购交易的完整合同。参与者进行债券交易不得在合同约定的价款或利息之外收取未经批准的其他费用。

三、银行间债券市场的债券结算

(一)债券结算的类型

1. 全额结算与净额结算

债券结算是债券交易实现的关键环节。根据债券交易和结算的相互关系,债券结算可分为全额结算和净额结算两种类型。其具体内容见表11-14。

表11-14 全额结算与净额结算

类型	内容
全额结算	(1) 全额结算也称逐笔结算，是指结算系统对每笔债券交易都单独进行结算，一个买方对应一个卖方，当一方遇券或款不足时，系统不进行部分结算 (2) 逐笔全额结算是最基本的结算方式，适用于高度自动化系统的单笔交易规模较大的市场。在全额结算过程中，结算机构并没有参与到结算中去，不对结算完成进行担保 (3) 全额结算的优点在于，由于买卖双方是一一对应的，每个市场参与者都可监控自己参与的每一笔交易结算进展情况，从而评估自身对不同对手方的风险暴露；而且由于逐笔全额进行结算，有利于保持交易的稳定和结算的及时性，降低结算本金风险 (4) 全额结算的缺点在于，会对频繁交易的做市商有较高的资金要求，其资金负担较大，结算成本较高
净额结算	(1) 净额结算是指结算系统在设定的时间段内，对市场参与者债券买卖的净差额和资金净差额进行交收 (2) 净额结算是在指定时间段内只有一个结算净额，从而降低了市场参与者的流动性的需求、结算成本和相关风险，也提高了市场参与者尤其是做市商投资运用和市场动作的效率。但同时净额结算实际上是一条交易链，要求指定时间段内所有的结算都顺利进行 (3) 净额结算比较适合交易非常频繁和活跃的市场，尤其是在交易所撮合交易模式和做市商机制比较发达的场外市场，这种结算模式需要结算系统与资金清算系统紧密合作 (4) 净额结算有不同的分类：按净额交收的标的区分，有券款都实行净额交收、券或款有一种实行净额交收两种方式；按参与净额结算各方的关系区分，有双边净额结算和多边净额结算两种方式。按照结算机构在结算中是否担当中央对手方，多边净额结算又可以分为中央对手方净额结算和非中央对手方净额结算两种模式

2. 实时处理交收和批量处理交收

根据结算指令的处理方式，债券结算可分为实时处理交收和批量处理交收。

实时处理是指结算系统实时检查参与者券款情况，只要结算所需条件满足即可进行券款的交收。实时处理只能以全额结算方式进行交收。实时处理的全额结算也就是实时全额结算，结算效率较高。其结算的本金风险较小，但对市场参与者的流动性要求也相对较高。

批量处理是将某一时段内满足条件的所有结算集中在一个特定时间段内集中进行处理。批量处理一般按每个营业日进行，也有按其他时间段进行的。批量处理可以以全额结算或净额结算方式进行交收。

(二) 债券结算的框架

1. 制度基础

目前，在银行间债券市场办理债券结算业务的基本制度依据是中国人民银行颁布的《全国银行间债券市场债券交易管理办法》《银行间债券市场债券登记托管结算管理办法》《全国银行间债券市场债券交易流通审核规则》。

此外，具体业务的操作还应遵守中国人民银行颁发的相关部门规章和重要通知，中央结算公司和上海清算所制定的一些与结算业务相关的业务规则和实施细则，以及参与者签署的关于某项业务的主协议等。

2. 业务系统

目前，办理债券结算的业务系统是中债综合业务平台、上海清算所客户终端系统，与之相关的业务系统主要包括中国外汇交易中心本币交易系统和中国现代化支付系统。其具体内容见表11-15。

表 11-15　业务系统

项目	内容
中债综合业务平台	中债综合业务平台是中央结算公司自主开发的第四代业务系统产品，该平台覆盖债券发行、登记、托管、结算以及付息兑付、资金拨付等整个业务处理流程，为市场参与者提供跨部门及分组合权限等风险管理，提供个性化统计、债券估值等一系列信息产品服务，能够使债券登记托管、债权过户、债权质押等业务处理在指定的时间内准确、安全、迅速地完成
中国外汇交易中心	中国外汇交易中心的本币交易系统是为市场参与者提供达成债券交易的电子平台，中国外汇交易中心与中央结算公司、上海清算所实现了交易数据的接口联网运行，为银行间债券市场的参与者提供了数据直通式（STP）处理服务
中国现代化支付系统	中国现代化支付系统（CNAPS）是中国人民银行按照我国支付清算需要，并利用现代计算机技术和通信网络自主开发建设的，能够高效、安全地处理各银行办理的异地、同城各种支付业务及其资金清算和货币市场交易的资金清算的应用系统。它是各银行和货币市场的公共支付清算平台，是中国人民银行发挥其金融服务职能的重要核心支持系统

（三）债券结算的重要日期

1. 债券结算的重要日期的概念

结算成员在银行间债券市场参与债券的交易结算时，有几个应该把握的重要日期，即交易流通起始日、结算日、交易流通终止日和截止过户日。其具体内容见表 11-16。

表 11-16　债券结算的重要日期

重要日期	内容
交易流通起始日	是指某只债券在银行间债券市场开始交易流通的日期
交易流通终止日	是指某只债券在银行间债券市场交易流通终止的日期
结算日	是指债券交易双方达成交易后实际执行债券交割和资金交收的日期
截止过户日	是指债券登记托管结算机构为某只债券在银行间债券市场的交易结算办理相应债券过户的最后日期。该日日终后，债券登记托管结算机构不再办理该债券的交易结算业务

2. 相关债券品种的重要日期

相关债券品种的重要日期的具体内容见表 11-17。

表 11-17　相关债券品种的重要日期

项目	日期
中央政府债券、政策性金融债券	中央政府债券、政策性金融债券可交易且期限在 366 天以上的，交易流通起始日是为该只债券的债权债务登记日后的第三个工作日；可交易且期限在 366 天（含）以下的，交易流通起始日为该只债券债权债务登记日的次一工作日
证券公司、企业短期融资券	证券公司、企业短期融资券的交易流通起始日为该债券债权债务登记日的次一工作日。上述债券的债权债务登记日为债券缴款截止日的次一工作日（多次缴款的债券以最后一次缴款日为准）
央行票据	央行票据的交易流通起始日均为债权债务登记日当天，其债权债务登记日为债券缴款日
审批的债券	需中国人民银行逐期审批的债券，其交易流通起始日为收到中国人民银行批复和发行人交易流通公告的第三个工作日
企业债券	企业债券在其债权债务登记日后的五个工作日内由中央结算公司安排其交易流通

按规定，一般情况下各类债券的交易流通终止日为债券兑付日前的第三个工作日。债券的截止过户日与其交易流通终止日是同一天，该日日终后，债券登记托管结算机构不再办理该债券的结算业务。

3. 债券结算日期的分类

目前，银行间债券市场现券交易的结算日有 T+0 和 T+1 两种，其中 T 为交易达成日。T+0 结算是指在交易达成的当日办理债券结算，T+1 结算是指在交易达成的次一营业日办理债券结算。

回购业务的结算分为两次，第一次结算的执行日称为债券首期交割日，第二次称为债券到期交割日。办理债券远期交易业务时，结算双方应在成交当日或次一工作日发送和确认内容完整并相匹配的远期交易结算指令。

（四）债券结算方式

结算方式是指在债券结算业务中，债券的所有权转移或权利质押与相应结算资金的交收这两者之间不同的制约形式。债券结算可采用纯券过户、见券付款、见款付券、券款对付四种结算方式。目前银行间债券市场债券结算主要采用券款对付的方式。其具体内容见表 11-18。

表 11-18 债券结算方式

方式	内容
纯券过户（FOP）	是指交易结算双方只要求债券登记托管结算机构办理债券交割，款项结算自行办理。纯券过户的特点是快捷、简便，其本质是资金清算风险由交易双方承担。纯券过户的结算方式对结算双方都存在风险，即对手方可能不如期交易或付款的风险，因此采用此种结算方式应谨慎选择对手方
见券付款（PAD）	是指在结算日收券方通过债券登记托管结算机构得知付券方有履行义务所需的足额债券，即向对方划付款项并予以确认，然后通知债券登记托管结算机构办理债券交割的结算方式。这是一种对收券方有利的结算方式，有利于收券方控制风险，但付券方会有一个风险敞口，付券方在选择此方式时应充分考虑对方的信誉情况。采用见券付款方式往往是收券方信用比付券方要好
见款付券（DAP）	是指付券方确定收到收券方应付款项后予以确认，要求债券登记托管结算机构办理债券交割的结算方式。这是一种对付券方有利的结算方式，有利于付券方控制风险，但收券方会有一个风险敞口，该方式在收券方对付券方比较信赖的情况下可以采用。采用见款付券方式往往是付券方信用比收券方要好
券款对付（DVP）	是指在结算日债券交割与资金支付同步进行并互为约束条件的一种结算方式。券款对付的特点是结算双方风险对等，是一种高效率、低风险的结算方式。DVP 一般需要债券结算系统和资金划拨清算系统对接，同步办理券和款的交割与清算结算，是国际债券结算行业提倡且较为安全高效的一种结算方式，也是发达债券市场最普遍使用的一种结算方式

（五）债券结算业务类型

目前，我国银行间市场债券结算业务类型包括：①分销业务；②现券业务；③质押式回购业务；④买断式回购业务；⑤债券远期交易；⑥债券借贷；⑦利率互换业务。

1. 分销业务

分销业务是指承销商在发行期内将承销的债券向其他结算成员（和分销认购人）进行承销额度的过户。分销业务按单一券种进行，通过分销指令办理。一种债券上市流通之前允许办理分销业务。债券发行期内，债券承销商向分销认购人进行债券分销过户时可采用任意一种结算方式。

2. 现券业务

现券业务，即债券的即期交易，是指交易双方以约定的价格转让债券所有权的交易行为。现券交易的结算按单一券种办理，结算日为 T+0 或 T+1，可以选择任意一种结算方式。从 2001 年 7 月 2 日起，全国银行间债券市场现券交易采用净价交易。

3. 质押式回购业务

质押式回购是交易双方进行的以债券为权利质押的一种短期资金融通业务。在回购期内，资金融入方出质的债券，回购双方均不得动用。质押冻结期间债券的利息归出质方所有。其具体内容见表11-19。

表11-19 质押式回购业务

项目	内容
推出时间	质押式回购从1997年开始就在银行间债券市场开展
交易期限	中国人民银行规定，质押式回购期限最长为1年，在1年之内由投资者双方自行商定回购期限。在目前我国债券市场的质押式回购中，1天和7天回购是交易量最大、最为活跃的品种
交易合同	在办理质押式回购业务前，市场参与者应签订质押式回购主协议，而进行每笔交易时应订立书面形式的合同，主协议和书面形式的合同构成一笔质押式回购的完整合同
结算方式	办理质押式回购结算时可选择使用单一券种或多个券种进行质押。对质押式回购交易的首期结算应选择见付款或券款对付的结算方式，到期结算应选择见款付券或券款对付的结算方式

4. 买断式回购业务

买断式回购业务的具体内容见表11-20。

表11-20 买断式回购业务

项目	内容
推出时间	2004年5月20日，买断式回购在银行间债券市场正式推出
利息收入分配	买断式回购的资金融出方不仅可获得回购期间融出资金的利息收入，也可获得回购期间债券的所有权和使用权。在买断式回购期内，该债券归逆回购方所有，逆回购方可以使用该笔债券，只要到期有足够的同种债券返还给正回购方即可。回购期间回购债券如发生利息支付，则所支付利息归债券持有人所有
交易期限	按规定，目前买断式回购的期限最长不得超过91天，具体期限由交易双方确定
交易原则	买断式回购以净价交易、全价结算
结算方式	券款对付、见券付款和见款付券
相关规定	买断式回购的结算债券及用于担保的债券均应为单一券种，可选择的债券券种范围与现券买卖相同。买断式回购期间，交易双方不得换券、现金交割和提前赎回。在买断式回购中，交易双方需要商定首期交易净价、到期交易净价和回购债券数量。中国人民银行规定，到期交易净价加债券在回购期间的新增应计利息应大于首期交易净价。按照中国人民银行的规定，任何一家市场参与者在进行买断式回购交易时单只券种的待返售债券余额应小于该只债券流通量的20%，任何一家市场参与者待返售债券总余额小于其在债券登记托管结算机构托管的自营债券总量的200%

5. 债券远期交易

债券远期交易是指交易双方约定在未来某一日期，以约定价格和数量买卖标的债券的行为。其具体内容见表11-21。

表11-21 债券远期交易

项目	内容
推出时间	中国人民银行于2005年6月15日在银行间债券市场正式推出了债券远期交易
交易合同	根据中国人民银行的规定，债券市场参与者进行远期交易时应签订远期交易主协议。市场参与者开展远期交易应通过同业中心交易系统进行，并逐笔订立书面形式的合同，其书面形式的合同为同业中心交易系统生成的成交单。交易双方认为必要时，可签订补充合同。远期交易主协议、同业中心交易系统生成的成交单和补充合同构成远期交易的完整合同
交易期限	债券远期交易从成交日至结算日的期限（含成交日不含结算日）为2~365天
交易原则	远期交易实行净价交易、全价结算
结算方式	券款对付、见款付券和见券付款
相关规定	结算双方应在成交日或次一工作日向中央结算公司及时发送和确认内容完整并相匹配的远期交易结算指令。远期交易到期应实际交割资金和债券

6. 债券借贷

债券借贷是债券融入方以一定数量的债券为质物,从债券融出方借入标的债券,同时约定在未来某一日期归还所借标的债券,并由债券融出方返还相应质物的债券融通行为。其具体内容见表11-22。

表 11-22 债券借贷

项目	内容
推出时间	2006 年 11 月 20 日,中国人民银行在银行间债券市场推出债券借贷业务
交易期限	债券借贷的期限由借贷双方协商确定,但最长不得超过 365 天
利息和费用	债券借贷期间,如果发生标的债券付息,则债券融入方应及时向债券融出方返还标的债券利息。债券借贷的融入方应向融出方支付债券借贷费用,费用标准由借贷双方协商确定
结算方式	债券借贷首期采用券券对付(DVD)结算方式,到期可采用券券对付(DVD)、返券付费解券(BLDAP)和券费对付(BLDVP)结算方式中的任何一种
监控指标	单个机构自债券借贷的融入余额超过其自有债券托管总量的 30%(含 30%)或单只债券融入余额超过该只债券发行量的 15%(含 15%)起,每增加 5 个百分点,该机构应同时向全国银行间同业拆借中心和中央结算公司书面报告并说明原因

7. 利率互换业务

2013 年 12 月 31 日,中国人民银行批准上海清算所开展人民币利率互换集中清算业务。人民币利率互换集中清算,是指债券清算机构对市场参与者达成的利率互换交易进行合约替代,承继交易双方的权利及义务,成为中央对手方,并按多边净额方式计算各清算会员在相同结算日的利息净额,建立相应风险控制机制,保证合约履行,完成利息净额结算。

2014 年 1 月和 7 月,上海清算所分别推出人民币利率互换集中清算和代理清算业务,使利率互换成为我国第一个集中清算的场外衍生品,有力地支持我国成为全球第三个实施场外金融衍生品强制集中清算机制的国家。纳入强制集中清算的品种包括:浮动端参考利率为 SHIBOR 隔夜、SHIBOR 3 个月和 7 天回购定盘利率 3 个品种、期限在 5 年以下的利率互换交易。

第三节 海外证券市场投资的交易与结算

一、海外证券市场投资的交易与结算规则

(一)欧洲主要证券交易所

欧洲主要证券交易所包括伦敦证券交易所、法兰克福证券交易所、布鲁塞尔证券交易所—泛欧证券交易所、纽约—泛欧证券交易所。其具体内容见表11-23。

表 11-23 欧洲主要证券交易所

交易所	内容
伦敦证券交易所	伦敦证券交易所(LSE)是世界四大证券交易所之一,是欧洲最大的证券交易所,历史可追溯至 1801 年。作为世界上最国际化的金融中心,伦敦不仅是欧洲债务及外汇交易领域的全球领先者,还受理超过 2/3 的国际股票承销业务
法兰克福证券交易所	法兰克福证券交易所(FWB)是世界四大证券交易所之一,是仅次于伦敦证券交易所的欧洲第二大证券交易所,也是德国最大的证券交易所。法兰克福证券交易所的证券交易业务全部由德国政府商会管理
布鲁塞尔证券交易所—泛欧证券交易所	布鲁塞尔证券交易所于 1801 年由拿破仑诏令建立于比利时布鲁塞尔。最知名的布鲁塞尔证券交易所指数是 BEL20(比利时 20 种股票指数)。2000 年 9 月 22 日,布鲁塞尔证券交易所与巴黎证券交易所、阿姆斯特丹证券交易所合并,建立泛欧证券交易所(Euronext)。2002 年初,泛欧证券交易所又收购了葡萄牙里斯本证券交易所和伦敦国际金融期交所(LIFF)。目前的欧洲已经形成了泛欧证券交易所、伦敦证券交易所和法兰克福证券交易所三足鼎立的局面

续表

交易所	内容
纽约—泛欧证券交易所	2007年3月底,泛欧证券交易所与纽约证券交易所合并组成纽约—泛欧证券交易所(NYSE Euronext),并于2007年4月4日在纽约证券交易所和泛欧证券交易所同时挂牌上市

(二)美洲主要证券交易所

美洲主要证券交易所包括纽约证券交易所、纳斯达克证券交易所。其具体内容见表11-24。

表11-24 美洲主要证券交易所

交易所	内容
纽约证券交易所	纽约证券交易所(NYSE)是上市公司总市值第一(2009年数据)、IPO数量及市值第一(2009年数据)、交易量第二(2008年数据)的交易所。2005年4月末,NYSE收购全电子证券交易所(Archipelago),成为一家营利性机构。纽约证券交易所的总部位于美国纽约州纽约市百老汇大街18号,在华尔街的拐角南侧
纳斯达克证券交易所	纳斯达克证券交易所(NASDAQ)由全美证券交易商协会(NASD)创立并负责管理,是全球第一个电子交易市场。纳斯达克证券交易所是一个完全采用电子交易、为新兴产业提供竞争舞台、自我监管、面向全球的证券市场,是全美也是世界最大的股票电子交易市场,是世界上主要的股票市场中成长速度最快的市场,而且它是首家电子化的股票市场

(三)亚洲主要证券交易所

亚洲主要证券交易所包括中国香港交易所、东京证券交易所、新加坡证券交易所。其主要内容见表11-25。

表11-25 亚洲主要证券交易所

交易所	内容
中国香港交易所	香港交易及结算所有限公司(HKEx),通称香港交易所,简称"港交所",是全球主要交易所之一。香港交易所内多种产品的结算及交收程序分别由香港结算所、期权结算公司及期货结算公司这三家结算所办理。其中,香港结算所负责在联交所主板及创业板进行交易的符合资格的证券的结算及交收。香港结算实行持续净额交收制度。采用"T+2"日交收制度(交易/买卖日加两个交易日交收)
东京证券交易所	东京证券交易所是日本的证券交易所之一,简称"东证",总部位于东京都中央区日本桥兜町。东京证券交易所发展的历史虽然不长,却是仅次于纽约证券交易所的世界第二大证券市场。东京证券交易所与大阪证券交易所、名古屋证券交易所并列为日本三大证券交易所,也是日本最重要的经济中枢
新加坡证券交易所	新加坡证券交易所(SGX),简称"新交所",成立于1973年5月24日,同年6月4日开张营业。目前有两个主要的交易板,即第一股市(mainboard)及自动报价股市(SESDAQ)

(四)世界主要证券交易所的交易及清算规则

世界主要证券交易所的交易及清算规则见表11-26。

表11-26 世界主要证券交易所的交易及清算规则

国家/地区	主要交易所	币种	交易时间(北京时间)	主要清算周期
美国	纽约证券交易所、纳斯达克证券交易所	美元	21:30—4:00(夏令时) 22:30—5:00(冬令时)	T+3
韩国	韩国证券交易所、科斯达克证券交易所	韩元	8:00—14:00	T+2
中国香港	香港交易所	港元	9:00—16:00	T+2
巴西	圣保罗交易所	巴西里亚尔	21:00—4:00	T+3
南非	约翰内斯堡交易所	南非兰特	15:00—23:00	T+5

续表

国家/地区	主要交易所	币种	交易时间（北京时间）	主要清算周期
泰国	泰国股票交易所	泰铢	11:00—13:30 15:30—17:30	T+3
马来西亚	马来西亚交易所	林吉特	9:00—12:30 14:30—17:00	T+3
墨西哥	墨西哥交易所	墨西哥比索	21:30—4:00（夏令时） 22:30—5:00（冬令时）	T+3
印度尼西亚	印度尼西亚交易所	印尼卢比	10:30—18:00	T+3
印度	孟买国家证券交易所	印度卢比	12:15—18:30	T+2
俄罗斯	俄罗斯交易系统	卢布	14:00—23:05（夏令时） 15:00—23:45（冬令时）	T+2
英国	伦敦证券交易所	英镑	15:00—23:30（夏令时） 16:00—00:30（冬令时）	T+3
卢森堡	卢森堡交易所	欧元	15:00—23:35（夏令时） 16:00—00:35（冬令时）	T+2
以色列	特拉维夫交易所	谢克尔	14:45—22:30（夏令时） 15:45—23:30（冬令时）	T+1
德国	法兰克福交易所	欧元	15:00—03:30（夏令时） 16:00—04:30（冬令时）	T+2

资料来源：各国/地区证券交易所网站。

二、基金公司进行境外证券投资的交易与结算

（一）合格境内机构投资者

合格境内机构投资者（QDII）开展境外证券投资业务，应当由境内资产托管机构负责资产托管业务，可以委托境外证券服务机构代理买卖证券。中国证监会和国家外汇管理局依法按照各自职能对境内机构投资者境外证券投资实施监督管理。

（二）境外投资顾问

境外投资顾问（简称投资顾问）是指根据基金合同为境内机构投资者境外证券投资提供证券买卖建议或投资组合管理等服务并取得收入的境外金融机构。

（三）境内机构投资者委托进行的境外证券投资

境内机构投资者可以委托符合下列条件的投资顾问进行境外证券投资：

（1）在境外设立，经所在国家或地区监管机构批准从事投资管理业务。

（2）所在国家或地区证券监管机构已与中国证监会签订双边监管合作谅解备忘录，并保持着有效的监管合作关系。

（3）经营投资管理业务达5年以上，最近一个会计年度管理的证券资产不少于100亿美元或等值货币。

（4）有健全的治理结构和完善的内控制度，经营行为规范，最近5年没有受到所在国家或地区监管机构的重大处罚，没有重大事项正在接受司法部门、监管机构的立案调查。

境内基金管理公司、证券公司在境外设立的分支机构担任投资顾问的，可以不受第（3）项规定的限制。

(四)资产托管机构

境内机构投资者开展境外证券投资业务时,应当由符合有关规定的资产托管机构(简称托管人)负责资产托管业务。

托管人可以委托符合下列条件的境外资产托管人负责境外资产托管业务:

(1) 在中国大陆以外的国家或地区设立,受当地政府、金融或证券监管机构的监管。

(2) 最近一个会计年度实收资本不少于10亿美元或等值货币,或托管资产规模不少于1 000亿美元或等值货币。

(3) 有足够的熟悉境外托管业务的专职人员。

(4) 具备安全保管资产的条件。

(5) 具备安全、高效的清算、交割能力。

(6) 最近3年没有受到监管机构的重大处罚,没有重大事项正在接受司法部门、监管机构的立案调查。

(五)QDII基金境外投资的流程

QDII基金境外投资的流程如下:①基金会计在各投资市场开市前将头寸余额告知基金经理;②基金经理/交易员通过交易系统下单给券商;③券商在收到基金经理的指令后处理交易;④交易部与券商通过OMGEO系统对每一笔交易进行实时比对,若发现差异直接与券商沟通,重新下达交易指令;⑤在各交易市场收市后,券商按事先约定的时间将成交回报分别以电子和书面形式发送给管理公司;⑥基金会计接收券商发送的成交回报;⑦将券商发送的成交回报和彭博(Bloomberg)系统中导出的交易数据同时导入金手指系统进行各项字段明细的校验,无误后可用作估值数据;⑧成交回报复核无误后,将交易的结算指令通过与托管行约定的方式发给境内托管行;⑨境内托管行收到结算指令后,将结算指令发给境外托管行;⑩境外托管行在收到境内托管行的指令后,和券商做结算准备;⑪境外托管行和券商同时将结算结果反馈给管理人;⑫境外托管行将结算结果放在网银平台上供境内托管人和管理人自行查询。

三、环球银行间金融通信协会及其报文

(一)环球银行间金融通信协会

环球银行间金融通信协会(SWIFT)是为了解决各国金融通信不能适应国际支付清算的快速增长而设立的非营利性组织,负责设计、建立和管理SWIFT国际网络,以便在该组织成员间进行国际金融信息的传输和确定路由。其股东为来自美国、加拿大和欧洲的15个国家的239家银行,总部设在比利时的布鲁塞尔。

(二)SWIFT报文

SWIFT共有10类报文:①1字头:客户汇款与支票(Customer Payments & Checks);②2字头:金融机构间头寸调拨(Financial Institution Transfers);③3字头:资金市场交易(Treasury Markets—FX, MM, Derivatives);④4字头:托收与光票(Collections & Cash Letters);⑤5字头:证券(Securities Markets);⑥6字头:贵金属(Treasury Market-precious Metals);⑦7字头:跟单信用证和保函(Documentary Credits and Guarantees);⑧8字头:旅行支票(Traveler's Checks);⑨9字头:现金管理与账务(Cash Management & Customer Status);⑩第0类:SWIFT系统电报。

基金的估值、费用与会计核算

本章共包含四个小节。

第一节主要讲述了基金资产估值的概念、法律依据、重要性、需要考虑的因素、原则及方法，基金暂停估值的情形。

第二节主要讲述了基金费用的种类、计提标准及方式，不列入基金费用的项目。

第三节主要讲述了基金会计核算的概念、特点及主要内容。

第四节主要讲述了基金财务会计报告的概念、种类，基金财务会计报告分析的主要内容。

知识结构

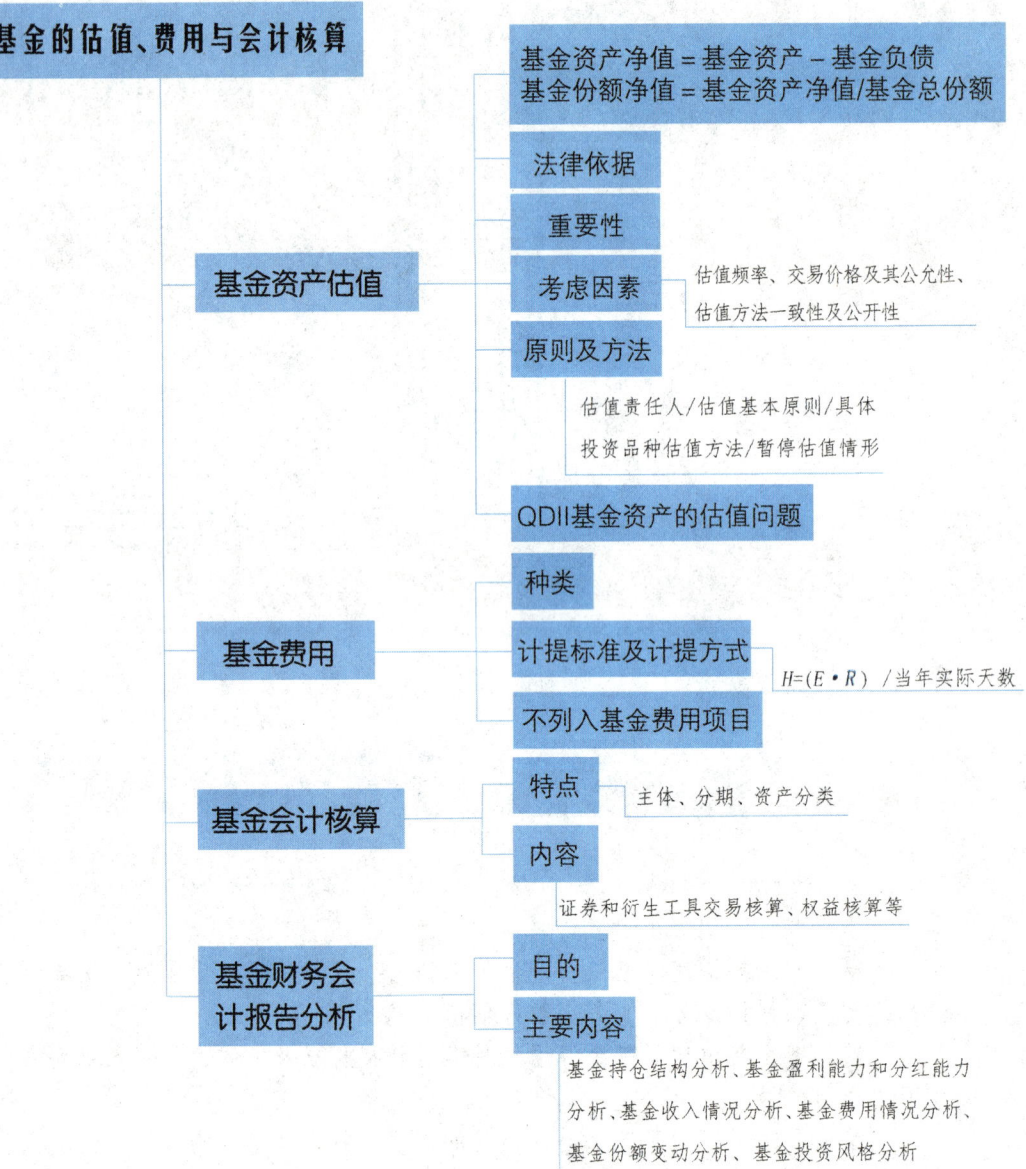

第一节 基金资产估值

一、基金资产估值的概念

基金资产估值是指通过对基金所拥有的全部资产及全部负债按一定的原则和方法进行估算,进而确定基金资产公允价值的过程。基金资产总值是指基金全部资产的价值总和。从基金资产中扣除基金所有负债是基金资产净值。基金资产净值除以基金当前的总份额就是基金份额净值。用公式表示为:

$$基金资产净值 = 基金资产 - 基金负债$$

$$基金份额净值 = \frac{基金资产净值}{基金总份额}$$

基金份额净值是计算投资者申购基金份额、赎回资金金额的基础,也是评价基金投资业绩的基础指标之一。

★考点回顾 单项选择题

从基金资产中扣除基金所有负债即为( )。

A. 基金资产总值　　B. 基金资产估值　　C. 基金资产净值　　D. 基金份额净值

【答案】C

二、基金估值的法律依据

(1) 基金估值主体在现有基金法律体系中是完备的,无论是《证券投资基金法》还是中国证监会关于基金合同的格式要求、基金估值业务规定等都明确规定,基金管理人是基金估值的第一责任主体。

(2) 根据《证券投资基金法》第19条和第36条的规定,基金管理公司应履行计算并公告基金资产净值的责任,确定基金份额申购、赎回价格;托管人应履行复核、审查基金管理公司计算的基金资产净值和基金份额申购、赎回价格的责任。

(3) 根据《基金合同的内容与格式》的要求,基金合同应列明基金资产估值事项,包括估值日、估值方法、估值对象、估值程序、估值错误的处理、暂停估值的情形、基金净值的确认和特殊情况的处理。

(4) 根据2017年9月5日公布并施行的《中国证监会关于证券投资基金估值业务的指导意见》要求,基金管理人应制定基金估值和份额净值计价的业务管理制度,明确基金估值的程序和技术;建立估值委员会,健全估值决策体系;使用可靠的估值业务系统;确保估值人员熟悉各类投资品种的估值原则及具体估值程序;完善相关风险监测、控制和报告机制。

三、基金资产估值的重要性

由于基金份额净值是开放式基金申购份额、赎回金额计算的基础,直接关系到基金投资者的利益,因而要求基金份额净值的计算必须准确。

对于基金投资者来说,申购者希望以低于实际价值的价格进行申购;赎回者希望以高于实际价值的价格进行赎回;而对于基金的现有持有人,他们希望流入比实际价值更多的资金,流出比实际价值更少的资金。因此,基金份额净值必须是公允的。

在基金估值过程中一般采用资产最新价格,否则,申购或赎回的价格错误将会引起基金资产价值的稀释或浓缩。

四、基金资产估值需考虑的因素

基金资产估值需考虑的因素包括估值频率、交易价格及其公允性、估值方法的一致性及公开性。其具体内容见表12-1。

表12-1 基金资产估值需考虑的因素

因素	内容
估值频率	(1) 基金一般都按照固定的时间间隔对基金资产进行估值,通常监管法规会规定一个最小的估值频率。对开放式基金来说,估值的时间通常与开放申购、赎回的时间一致。目前,我国的开放式基金于每个交易日估值,并于次日公告基金份额净值。封闭式基金每周披露一次基金份额净值,但每个交易日也都进行估值 (2) 海外的基金多数也是每个交易日估值,但也有一部分基金是每周估值一次,有的甚至每半个月、每月估值一次
交易价格及其公允性	(1) 当基金只投资于交易活跃的证券时,对其资产进行估值较为容易。在这种情况下,市场交易价格是可接受的,也是可信的,直接采用市场交易价格就可以对基金资产估值 (2) 当基金投资于交易不活跃的证券时,资产估值问题则要复杂得多。在这种情况下,基金持有的证券要么没有交易价格,要么交易价格不可信。在这种情况下对基金资产进行估值时就要非常慎重,其中证券资产的流动性是非常关键的考虑因素 (3) 如果证券的公允价值是由基金管理人通过估值技术获得的,基金托管人应对管理人所采取的估值技术的科学性、合理性、合法性等方面进行审查,以保证通过估值技术获得的估值结果是公允的
估值方法的一致性及公开性	(1) 估值方法的一致性是指基金在进行资产估值时均应采取同样的估值方法,遵守同样的估值规则。基金管理人对投资品种进行估值时应保持程序和技术的一致性 (2) 估值方法的公开性是指基金管理人应履行与基金估值相关的披露义务,应当在半年度和年度报告中披露估值程序、估值技术及重大变化、假设、输入值、对基金资产净值及当期损益的影响等对基金估值有重大影响的信息;当基金管理人改变估值技术时,应本着最大限度保护基金份额持有人的原则及时进行临时公告

五、基金资产估值的原则及方法

(一)估值责任人

我国基金资产估值的责任人是基金管理人,但基金托管人对基金管理人的估值结果负有复核责任。其具体内容见表12-2。

表12-2 估值责任人

责任人	内容
基金管理公司	为准确、及时地进行基金估值和份额净值计价,基金管理公司应履行以下责任:①应制定基金估值和份额净值计价的业务管理制度,明确基金估值的程序和技术;②建立估值委员会,健全估值决策体系;③使用可靠的估值业务系统;④确保估值人员熟悉各类投资品种的估值原则及具体估值程序;⑤完善相关风险监测、控制和报告机制;⑥建立定期复核和审阅机制,以确保相关估值程序和技术不存在重大缺陷
基金托管人	基金托管人在复核、审查基金资产净值以及基金份额申购、赎回价格之前,应认真审阅基金管理公司采用的估值原则和技术。当对估值原则或技术有异议时,基金托管人有义务要求基金管理公司做出合理解释,通过积极商讨达成一致意见
基金业协会	为提高基金资产估值的合理性和可靠性,基金业协会还成立了基金估值工作小组。工作小组定期评估基金行业的估值原则和程序,并对活跃市场上没有市价的投资品种和不存在活跃市场的投资品种提出具体估值意见。基金管理公司和托管人在进行基金估值、计算基金份额净值及相关复核工作时,可参考工作小组的意见,但是并不能免除各自的估值责任

(二)估值程序

基金份额净值的估值程序如下:

(1) 基金份额净值是按照每个开放日闭市后,基金资产净值除以当日基金份额的余额数量计算的。

(2) 基金日常估值由基金管理人进行。基金管理人每个交易日对基金资产估值后,将基金份额净值结果发给基金托管人。

(3) 基金托管人按基金合同规定的估值方法、时间、程序对基金管理人的计算结果进行复核,复核无误后签章返回给基金管理人,由基金管理人对外公布,并由基金注册登记机构根据确认的基金份额净值计算申购、赎回数额。月末、年中和年末估值复核与基金会计账目的核对同时进行。

(三)估值的基本原则

基金估值的基本原则见表12-3。

表12-3 基金估值的基本原则

品种	估值方法
存在活跃市场且能够获取相同资产或负债报价的投资品种	(1) 在估值日有报价的,除会计准则规定的例外情况外,应将该报价不加调整地应用于该资产或负债的公允价值计量 (2) 估值日无报价且最近交易日后未发生影响公允价值计量的重大事件的,应采用最近交易日的报价确定公允价值 (3) 有充足证据表明估值日或最近交易日的报价不能真实反映公允价值的,应对报价进行调整,确定公允价值
不存在活跃市场的投资品种	应采用在当前情况下适用并且有足够可利用数据和其他信息支持的估值技术确定公允价值。采用估值技术确定公允价值时,应优先使用可观察输入值,只有在无法取得相关资产或负债可观察输入值或取得不切实可行的情况下,才可以使用不可观察输入值
如经济环境发生重大变化或证券发行人发生影响证券价格的重大事件,使潜在估值调整对前一估值日的基金资产净值的影响在0.25%以上的,应对估值进行调整并确定公允价值	

(四)具体投资品种的估值方法

1. 交易所上市交易的非流通受限品种的估值

交易所上市交易的非流通受限品种的估值方法见表12-4。

表12-4 交易所上市交易的非流通受限品种的估值方法

品种	估值方法	
非流通受限股票和权证	以其估值日在证券交易所挂牌的市价进行估值	
不含权固定收益品种	按照第三方估值机构提供的相应品种当日的估值净价估值	第三方估值机构提供的估值价格与交易所收盘价存在差异的,若基金管理人认定交易所收盘价更能体现公允价值,应采用收盘价
含权固定收益品种	按照第三方估值机构提供的相应品种当日的唯一估值净价或推荐估值净价估值	
可转换债券	按当日收盘价作为估值全价	
股指期货合约	以估值当日结算价进行估值	
不存在活跃市场的有价证券	采用估值技术确定公允价值	
资产支持证券品种和私募债券	按成本进行估值	

2. 交易所上市交易的流通受限品种的估值

在发行时明确一定期限限售期的股票,包括但不限于非公开发行的股票、首次公开发行股票时公司股东公开发售的股份、通过大宗交易取得的带限售期的股票等,参考流通受限股票的估值指引进行估值。

(1) 流通受限股票按下列公式确定估值日该股票的价值:

$$FV = S \times (1 - LoMD)$$

式中,FV 表示估值日该流通受限股票的价值;S 表示估值日在证券交易所上市交易的同一股票的公允价值;$LoMD$ 表示该流通受限股票剩余限售期对应的流动性折扣。

(2) 引入看跌期权计算该流通受限股票对应的流动性折扣,计算公式为:

$$LoMD = \frac{P}{S}$$

式中,P 是估值日看跌期权的价值。

(3) 证券投资基金持有的流通受限股票在估值日按平均价格亚式期权模型(AAP 模型)确定估值日看跌期权的价值。AAP 模型计算公式为:

$$P = Se^{-qT} \left[N\left(\frac{v\sqrt{T}}{2}\right) - N\left(-\frac{v\sqrt{T}}{2}\right) \right]$$

$$v\sqrt{T} = \sqrt{\sigma^2 T + \ln[2(e^{\sigma^2 T} - \sigma^2 T - 1)] - 2\ln(e^{\sigma^2 T} - 1)}$$

式中,S 表示估值日在证券交易所上市交易的同一股票的公允价值;T 表示剩余限售期,以年为单位表示;σ 表示股票在剩余限售期内股价的预期年化波动率;q 表示股票预期年化股利收益率;N 表示标准正态分布的累积分布函数。

3. 交易所发行未上市品种的估值

交易所发行未上市品种的估值方法见表 12-5。

表 12-5 交易所发行未上市品种的估值方法

品种	估值方法
首次发行未上市的股票和权证	采用估值技术确定公允价值,在估值技术难以可靠计量公允价值的情况下按成本计量
送股、转增股、配股和公开增发新股等发行未上市股票	按交易所上市的同一股票的市价估值
交易所发行未上市或未挂牌转让的债券	(1) 在存在活跃市场的情况下,应以活跃市场上未经调整的报价作为计量日的公允价值 (2) 活跃市场报价未能代表计量日公允价值的情况下,应对市场报价进行调整以确认计量日的公允价值 (3) 对于不存在市场活动或市场活动很少的情况下,则应采用估值技术确定其公允价值

4. 交易所停止交易等非流通品种的估值

交易所停止交易等非流通品种的估值方法见表 12-6。

表 12-6 交易所停止交易等非流通品种的估值

品种	估值方法
因持有股票而享有的配股权	从配股除权日起到配股确认日止,如果收盘价高于配股价,则按收盘价高于配股价的差额估值;如果收盘价等于或低于配股价,则估值为零
对停止交易但未行权的权证	一般采用估值技术确定其公允价值
对于因重大特殊事项而长期停牌的股票	需要按估值基本原则判断是否采用估值技术,估值技术包括指数收益法、可比公司法、市场价格模型法和估值模型法等,供管理人对基金估值时参考

5. 全国银行间债券市场交易债券的估值

全国银行间债券市场交易的债券，采用第三方估值机构提供的相应品种当日的估值价格。其具体内容见表12-7。

表12-7 全国银行间债券市场交易的债券的估值

品种	估值方法
不含权的固定收益品种	以第三方估值机构提供的相应品种当日的估值净价进行估值
含权的固定收益品种	以第三方估值机构提供的相应品种当日的唯一估值净价或推荐估值净价进行估值。含投资人回售权的固定收益品种，回售登记期截止日（含当日）后未行使回售权的按照长待偿期所对应的价格进行估值
对银行间市场未上市，且第三方估值机构未提供估值价格的债券	在发行利率与二级市场利率不存在明显差异、未上市期间市场利率没有发生大的变动的情况下，按成本估值

6. 基金中基金投资的证券投资基金的估值方法

基金中基金投资的证券投资基金的估值方法见表12-8。

表12-8 基金中基金投资的证券投资基金的估值方法

品种		估值方法
基金中基金投资的境内非货币市场基金		按所投资基金估值日的份额净值估值
基金中基金投资的境内货币市场基金		按所投资基金前一估值日后至估值日期间（含节假日）的万份收益计提估值日基金收益
基金中基金投资的ETF基金		按所投资ETF基金估值日的收盘价估值
ETF联接基金投资的ETF基金		按所投资ETF基金估值日的份额净值估值
基金中基金投资的境内上市开放式基金（LOF）		按所投资基金估值日的份额净值估值
基金中基金投资的境内上市定期开放式基金、封闭式基金		按所投资基金估值日的收盘价估值
基金中基金投资的境内上市交易型货币市场基金	披露份额净值	按所投资基金估值日的份额净值估值
	披露万份（百份）收益	按所投资基金前一估值日后至估值日期间（含节假日）的万份（百份）收益计提估值日基金收益

> **注意**
> 如遇所投资基金不公布基金份额净值、进行折算或拆分、估值日无交易等特殊情况，基金管理人根据以下原则进行估值：①以所投资基金的基金份额净值估值的，若所投资基金与基金中基金估值频率一致但未公布估值日基金份额净值，按其最近公布的基金份额净值为基础估值。②以所投资基金的收盘价估值的，若估值日无交易，且最近交易日后市场环境未发生重大变化，按最近交易日的收盘价估值；如最近交易日后市场环境发生了重大变化，可使用最新的基金份额净值为基础或参考类似投资品种的现行市价及重大变化因素调整最近交易市价，确定公允价值。③如果所投资基金前一估值日至估值日期间发生分红除权、折算或拆分，基金管理人应根据基金份额净值或收盘价、单位基金份额分红金额、折算或拆分比例、持仓份额等因素合理确定公允价值。

7. 其他投资品种的估值方法

（1）黄金ETF投资的黄金现货实盘合约按估值日金交所的当日收盘价估值，估值日无交易的，以最近收盘价估值；黄金ETF投资的黄金现货延期交收合约按估值日金交所的当日结算价估值,估值日无交易的,以最近结算价估值;全现金替代申赎方式下,基金管理人和基金托管人应按照基金法律文件确定的估值方法对黄金 ETF 的可退申购退补款和可退赎回代卖款进行估值。

(2) 港股通投资的股票,在基金估值日,按其在港交所的收盘价估值;估值日无交易的,以最近交易日的收盘价估值。港股通投资持有外币证券资产估值涉及港币对人民币汇率的,可参考当日中国人民银行或其授权机构公布的人民币汇率中间价,或其他可以反映公允价值的汇率进行估值。基金合同对汇率有明确约定的,按照基金合同的约定执行。

(五)计价错误的处理及责任承担

基金管理公司应制定估值及份额净值计价错误的识别及应急方案:①当估值或份额净值计价错误实际发生时,基金管理公司应立即纠正,及时采取合理措施防止损失进一步扩大;②当计价错误达到或超过基金资产净值的 0.25% 时,基金管理公司应及时向监管机构报告。

基金管理公司和基金托管人在进行基金估值、计算或复核基金份额净值的过程中,未能遵循相关法律法规规定或基金合同约定,给基金财产或基金份额持有人造成损害的,应分别对各自行为依法承担赔偿责任。因共同行为给基金财产或基金份额持有人造成损害的,应承担连带赔偿责任。

(六)暂停估值的情形

当基金有以下情形时,可以暂停估值:①基金投资所涉及的证券交易所遇法定节假日或因其他原因暂停营业时;②因不可抗力或其他情形致使基金管理人、基金托管人无法准确评估基金资产价值时;③占基金相当比例的投资品种的估值出现重大转变,而基金管理人为保障投资人的利益已决定延迟估值;④如出现基金管理人认为属于紧急事故的任何情况,会导致基金管理人不能出售或评估基金资产的;⑤中国证监会和基金合同认定的其他情形。

六、QDII 基金资产的估值问题

(一)估值责任人

根据《合格境内机构投资者境外证券投资管理试行办法》的有关规定,基金托管人在履行职责时应确保基金的份额净值按照有关法律法规、基金合同和集合资产管理合同规定的方法进行计算。在实践中,基金管理公司是 QDII 基金的会计核算和资产估值的责任主体,托管人负有复核责任。

(二)QDII 基金份额净值的计算及披露

QDII 基金的净值计算及披露应符合以下规定:

(1) 基金份额净值应当至少每周计算并披露一次,如基金投资衍生品,应当在每个工作日计算并披露。

(2) 基金份额净值应当在估值日后 2 个工作日内披露。

(3) 基金份额净值应当以人民币或美元等主要外汇货币单独或同时计算并披露。

(4) 基金资产的每一买入、卖出交易应当在最近份额净值的计算中得到反映。

(5) 流动性受限的证券估值可以参照国际会计准则进行。

(6) 衍生品的估值可以参照国际会计准则进行。

(7) 境内机构投资者应当合理确定开放式基金资产价格的选取时间,并在招募说明书和基金合同中载明。

(8) 开放式基金净值及申购、赎回价格的具体计算方法应当在基金、集合计划合同和招募说明书中载明,并明确小数点后的位数。

考点回顾 单项选择题

QDII基金份额净值应当在估值日后( )个工作日内披露。
A. 2   B. 3
C. 5   D. 7
【答案】A

第二节　基金费用

一、基金费用的种类

在基金运作过程中提到的费用可分为两大类:①基金销售过程中发生的由基金投资者自己承担的费用,主要包括申购费、赎回费及基金转换费。这些费用直接从投资者申购、赎回或转换的金额中收取,并不参与基金的会计核算。②基金管理过程中发生的费用,主要包括基金管理费、基金托管费、持有人大会费用等。这些费用由基金资产承担,需直接从基金资产中列支。对于不收取申购费(认购费)、赎回费的货币市场基金,基金管理人可以依照相关规定从基金资产中持续计提一定比例的销售服务费,专门用于本基金的销售和对基金持有人的服务。

下列与基金有关的费用可以从基金资产中列支:①基金管理人的管理费;②基金托管人的托管费;③销售服务费;④基金合同生效后的信息披露费用;⑤基金合同生效后的会计师费和律师费;⑥基金份额持有人大会费用;⑦基金的证券交易费用;⑧按照国家有关规定和基金合同约定,可以在基金资产中列支的其他费用。

二、各种费用的计提标准及计提方式

(一)基金管理费、基金托管费和基金销售服务费

基金管理费、基金托管费和基金销售服务费的内容见表12-9。

表12-9　基金管理费、基金托管费和基金销售服务费

项目	概念
概念	基金管理费是指基金管理人管理基金资产而向基金收取的费用
	基金托管费是指基金托管人为基金提供托管服务而向基金收取的费用
	基金销售服务费是指从基金资产中扣除的用于支付销售机构佣金以及基金管理人的基金营销广告费、促销活动费、持有人服务费等方面的费用
计提方法	目前,我国的基金管理费、基金托管费及基金销售服务费均按前一日基金资产净值的一定比例逐日计提,按月支付
支付方式	计算公式为:$$H=\frac{E \cdot R}{当年实际天数}$$式中,H表示每日计提的费用;E表示前一日的基金资产净值;R表示年费率

(二)基金交易费

基金交易费的具体内容见表12-10。

表 12-10 基金交易费

项目	内容
概念	是指基金在进行证券买卖交易时所发生的相关交易费用
组成	目前,我国证券投资基金的交易费用主要包括印花税、交易佣金、过户费、经手费、证管费
费用收取	(1) 交易佣金由证券公司按成交金额的一定比例向基金收取 (2) 印花税、过户费、经手费、证管费等则由登记公司或交易所按有关规定收取 (3) 参与银行间债券交易的,还需向中央国债登记结算有限责任公司或银行间市场清算所股份有限公司支付银行间账户服务费,向全国银行间同业拆借中心支付交易手续费等服务费用

(三) 基金运作费

基金运作费的具体内容见表 12-11。

表 12-11 基金运作费

项目	内容
概念	是指为保证基金正常运作而发生的应由基金承担的费用
组成	包括审计费、律师费、上市年费、分红手续费、持有人大会费、开户费、银行汇划手续费等
费用处理	发生的这些费用如果影响基金份额净值小数点后第 4 位,则应采用预提或待摊的方法计入基金损益;发生的这些费用如果不影响基金份额净值小数点后第 4 位,则应于发生时直接计入基金损益

三、不列入基金费用的项目

不列入基金费用的项目包括:①基金管理人和基金托管人因未履行或未完全履行义务导致的费用支出或基金资产的损失;②基金管理人和基金托管人处理与基金运作无关的事项发生的费用;③基金合同生效前的相关费用,包括但不限于验资费、会计师和律师费、信息披露费等费用。

第三节 基金会计核算

一、基金会计核算的概念

基金会计核算是指收集、整理、加工有关基金投资运作的会计信息,准确记录基金资产变化情况,及时向相关各方提供财务数据以及会计报表的过程。我国基金的会计年度为公历每年 1 月 1 日至 12 月 31 日。基金核算以人民币为记账本位币,以人民币元为记账单位。

二、基金会计核算的特点

(一) 基金会计主体

企业会计以企业为会计核算主体,基金会计则以证券投资基金为会计核算主体。基金会计的责任主体是对基金进行会计核算的基金管理公司和基金托管人,其中前者承担主会计责任。

界定这一会计主体的意义在于:一是将证券投资基金的管理主体即基金管理公司的经营活动与证券投资基金的投资管理活动区别开来;二是将基金管理公司管理的不同基金之间的投资管理活动区别开来。

(二) 基金会计分期

传统的会计分期一般以年度、半年度、季度和月度为单位,分期反映会计主体的财务状况。目前,我国的基金会计核算均已细化到日。比如,开放式基金的申购赎回逐日进行,逐日计算债券利息、银行存款利息等,逐日预提或待摊影响到基金份额净值小数点后第 4 位的费用,逐日对基金资产进行估值确认,货币市场基金一般每日结转损益,等等。

(三) 基金资产会计分类

1. 金融资产

根据《企业会计准则第 22 号——金融工具确认和计量》,金融资产在初始确认时划分为四类:①以公允价值计量且其变动计入当期损益的金融资产;②持有至到期投资;③贷款和应收款项;④可供出售金融资产。其中,以公允价值计量且其变动计入当期损益的金融资产包括交易性金融资产和指定为以公允价值计量且其变动计入当期损益的金融资产。

2. 金融负债

金融负债在初始确认时划分为两类:①以公允价值计量且其变动计入当期损益的金融负债;②其他金融负债。其中,以公允价值计量且其变动计入当期损益的金融负债包括交易性金融负债和指定为以公允价值计量且其变动计入当期损益的金融负债。

除非基金合同另有约定,基金持有的金融资产和承担的金融负债通常归类为以公允价值计量且其变动计入当期损益的金融资产和金融负债。

三、基金会计核算的主要内容

根据《证券投资基金会计核算业务指引》,基金的会计核算对象包括资产类、负债类、资产负债共同类、所有者权益类和损益类的核算,涉及基金的投资交易、基金申购赎回、基金持有证券的上市公司行为、基金资产估值、基金费用计提和支付、基金利润分配等基金经营活动。

基金会计核算的主要内容见表 12-12。

表 12-12 基金会计核算的主要内容

业务	内容
证券和衍生工具交易核算	证券投资基金主要投资于政策允许范围内的有价证券和衍生金融工具,包括股票、债券、资产支持证券、权证等有价证券和衍生金融工具的买卖及回购交易等
权益核算	权益核算是指与基金持有证券的上市公司有关的、所有涉及该证券权益变动并进而影响基金权益变动的事项,包括发行新股、发放股息和红利、配股等公司行为的核算
利息和溢价核算	利息主要包括债券的利息、银行存款利息、清算备付金利息、回购利息等。各类资产利息均应按日计提,并于当日确认为利息收入
费用核算	费用主要包括计提基金管理费、托管费、预提费用、摊销费用、交易费用等。这些费用一般也按日计提,并于当日确认为费用
基金申购与赎回核算	开放式基金还须对基金份额的申购与赎回情况、转入与转出情况以及基金份额折分进行会计核算
估值核算	基金逐日对其资产按规定进行估值,并于当日将投资估值增(减)值确认为公允价值变动损益

续表

业务	内容
利润核算	利润核算是指会计期末结转基金损益，并按照规定对基金分红、除权、派息、红利再投资等进行核算。证券投资基金一般在月末结转当期损益，按固定价格报价的货币市场基金一般逐日结转损益
基金财务会计报告	根据有关规定，基金管理公司应及时编制并对外提供真实、完整的基金财务会计报告。财务会计报告分为年度、半年度、季度和月度财务会计报告。半年度、年度财务会计报告至少应披露会计报表和会计报表附注的内容。基金会计报表包括资产负债表、利润表及净值变动表等报表
基金会计核算的复核	目前，对于国内证券投资基金的会计核算，基金管理人与基金托管人按照有关规定，分别独立进行账簿设置、账套管理、账务处理及基金净值计算。基金托管人按照规定对基金管理人的会计核算进行复核并出具复核意见

第四节 基金财务会计报告分析

一、基金财务会计报告分析概述

（一）基金财务会计报告的概念

基金财务会计报告是指基金对外提供的反映基金某一特定日期的财务状况和某一会计期间的经营成果、现金流量等会计信息的文件。

（二）基金财务会计报告的种类

基金财务会计报告包括会计报表及其附注和其他应当在财务会计报告中披露的相关信息和资料。基金会计报表包括资产负债表、利润表和净值变动表等报表；基金会计报表附注包括重要会计政策和会计估计，会计政策和会计估计变更以及差错更正的说明，报表重要项目的说明和关联方关系及其交易等内容，以及其他应当在财务会计报告中披露的相关信息和资料。

（三）基金财务会计报告分析的目的

基金财务会计报告分析的目的包括：①评价基金过去的经营业绩及投资管理能力；②通过分析基金现时的资产配置及投资组合状况来了解基金的投资状况；③预测基金未来的发展趋势，为基金投资人的投资决策提供依据。

二、基金财务会计报告分析的主要内容

（一）基金持仓结构分析

1. 基金投资组合分析

股票投资、债券投资和银行存款等现金类资产分别占基金资产净值的比例等指标在基金定期报告的投资组合报告中披露。其计算公式为：

$$股票投资占基金资产净值的比例 = \frac{股票投资}{基金资产净值}$$

$$债券投资占基金资产净值的比例 = \frac{债券投资}{基金资产净值}$$

$$银行存款等现金类资产占基金资产净值的比例 = \frac{现金类资产合计}{基金资产净值}$$

2. 基金重点投资方向分析

在基金的定期报告中，还披露股票投资在各行业的分布情况，通过行业分布可以分析出基金的重点投资方向。其计算公式为：

$$某行业投资占股票投资的比例 = \frac{该行业股票投资市值}{股票投资总额}$$

3. 分析意义

在分析基金的持仓结构时，还可以将基金持仓结构的变化与基准指数的变化进行对比分析，从而了解基金的资产配置情况与能力。在进行持仓结构的分析时应注意，股票投资占基金资产净值的比例如发生少量变动，并不意味着基金经理一定进行了增仓或减仓操作，因为市场波动也可能引起计算结果的变动。

（二）基金盈利能力和分红能力分析

在基金定期报告中，基金一般会披露可以分析基金的盈利能力和分红能力的指标，具体包括：①本期利润；②本期已实现收益；③加权平均基金份额本期利润；④本期加权平均净值利润率；⑤本期基金份额净值增长率；⑥期末可供分配利润；⑦期末可供分配基金份额利润；⑧期末基金资产净值；⑨期末基金份额净值等。

（三）基金收入情况分析

基金收入情况分析的具体内容见表12-13。

表 12-13　基金收入情况分析

项目	内容
收入来源	①利息收入，包括存款利息收入、债券利息收入、资产支持证券利息收入和买入返售金融资产收入；②投资收益，包括股票投资收益、债券投资收益、资产支持证券投资收益、衍生工具收益和股利收益；③公允价值变动损益；④其他收入
分析意义	通过分析基金的收入结构可以了解基金的投资情况；通过对基金收入来源的分析，尤其是通过对基金间收入来源结构的比较分析，可以更为深入地了解该基金的具体投资状况

（四）基金费用情况分析

基金费用一般包括管理人报酬、托管费、销售服务费、交易费用、利息支出和其他费用。由于目前管理人报酬、托管费和销售服务费是按净值的一定比例计提支付的，在计算基金净值时已经将费用扣除，大部分股票基金投资者对此并不太敏感。但对于货币市场基金及债券型基金来说，费用的高低对于基金净值有着较大的影响。

（五）基金份额变动分析

基金份额变动分析的具体内容见表12-14。

表 12-14　基金份额变动分析

项目	内容
变动原理	①如果基金份额变动较大，则会对基金管理人的投资产生不利影响；反之则有助于基金投资的稳定。②如果基金持有人中个人投资者较多，则该基金的规模会相对稳定。③如果基金持有人中机构投资者较多，则表明机构比较认可该基金的投资
分析意义	通过对基金份额变动情况和持有人结构的比较分析，可以了解投资者对该基金的认可程度

（六）基金投资风格分析

不同基金有不同投资风格，根据基金披露的投资组合情况可以从不同角度进行分析，以了解基金的投资风格。基金投资风格分析的具体内容见表12-15。

表 12-15 基金投资风格分析

项目	作用
持仓集中度分析	通过计算持仓的前10只股票占基金净值的比例可以分析基金是否倾向于集中投资
基金持仓股本规模分析	通过基金持有股票的股本规模分析,可以了解基金所投资的上市公司股票的规模偏好
基金持仓成长性分析	通过分析基金所持有的股票的成长性指标,可以了解基金投资的上市公司的成长性

基金的利润分配与税收

本章共包含两个小节。

第一节主要讲述了基金利润的概念、来源及有关指标,基金利润分配对基金份额净值的影响,基金分红的不同方式及货币市场基金的利润分配。

第二节主要讲述了基金自身投资活动产生的税收及投资者买卖基金产生的税收,基金管理人和基金托管人的税收。

知 识 结 构

- **基金的利润分配与税收**
  - **基金利润及利润分配**
    - 基金利润
      - 来源：利息收入、投资收入、其他收入、公允价值变动损益
      - 财务指标：本期利润、本期已实现收益、期末可供分配利润、未分配利润
    - 利润分配
      - 利润分配对基金份额净值影响/封闭式基金利润分配/开放式基金利润分配/基金份额分拆、合并/货币市场基金利润分配
  - **基金税收**
    - 基金自身投资活动产生的税收
      - 增值税、印花税、所得税
    - 投资者买卖基金产生的税收
      - 机构投资者、个人投资者
    - 基金管理人和基金托管人的税收

第一节 基金利润及利润分配

一、基金利润

(一) 基金利润的概念

基金利润是指基金在一定会计期间的经营成果。利润包括收入减去费用后的净额、直接计入当期损益的利得和损失等。基金利润是基金资产在运作过程中所产生的各种利润。

(二) 基金利润的来源

利息收入、投资收益以及其他收入是基金利润的主要来源。基金资产估值引起的资产价值变动作为公允价值变动损益计入当期损益。其具体内容见表13-1。

表 13-1 基金利润的来源

来源		内容
利息收入	概念	指基金经营活动中因债券投资、资产支持证券投资、银行存款、结算备付金、存出保证金、按买入返售协议融出资金等而实现的利息收入
	构成	债券利息收入、资产支持证券利息收入、存款利息收入、买入返售金融资产收入等
投资收益	概念	指基金经营活动中因买卖股票、债券、资产支持证券、基金等实现的差价收益,因股票、基金投资等获得的股利收益,以及衍生工具投资产生的相关损益,如卖出或放弃权证、权证行权等实现的损益
	构成	股票投资收益、债券投资收益、资产支持证券投资收益、基金投资收益、衍生工具收益、股利收益等
其他收入	概念	指除上述收入以外的其他各项收入
	构成	赎回费扣除基本手续费后的余额、手续费返还、ETF替代损益,以及基金管理人等机构为弥补基金财产损失而付给基金的赔偿款项等
公允价值变动损益		指基金持有的采用公允价值模式计量的交易性金融资产、交易性金融负债等公允价值变动形成的应计入当期损益的利得或损失,并于估值日对基金资产按公允价值估值时予以确认

(三) 与基金利润有关的财务指标

根据目前的有关规定,以下财务指标与基金利润有关。其具体内容见表13-2。

表 13-2 与基金利润有关的财务指标

财务指标	内容
本期利润	(1) 概念:是基金在一定时期内全部损益的总和,包括计入当期损益的公允价值变动损益 (2) 构成:基金已经实现的损益和未实现的估值增值或减值 (3) 意义:是一个能够全面反映基金在一定时期内经营成果的指标
本期已实现收益	本期已实现收益指基金本期利息收入、投资收益、其他收入(不含公允价值变动损益)扣除相关费用后的余额,是将本期利润扣除本期公允价值变动损益后的余额,反映基金本期已经实现的损益
期末可供分配利润	是指期末可供基金进行利润分配的金额,为期末资产负债表中未分配利润与未分配利润中已实现部分的孰低数。由于基金本期利润包括已实现和未实现两部分,如果期末未分配利润的未实现部分为正数,则期末可供分配利润的金额为期末未分配利润的已实现部分;如果期末未分配利润的未实现部分为负数,则期末可供分配利润的金额为期末未分配利润(已实现部分扣减未实现部分)
未分配利润	是基金进行利润分配后的剩余额。未分配利润将转入下期分配

二、基金利润分配

（一）基金利润分配对基金份额净值的影响

基金进行利润分配会导致基金份额净值的下降，但对投资者的利益没有实际影响。

（二）封闭式基金的利润分配

根据《公开募集证券投资基金运作管理办法》的规定，封闭式基金的利润分配包括：①封闭式基金的收益分配，每年不得少于一次；②封闭式基金年度收益分配比例不得低于基金年度可供分配利润的90%；③基金收益分配后基金份额净值不得低于面值；④封闭式基金只能采用现金分红。

> **注意**
> 封闭式基金当前利润应先弥补上一年度亏损，然后才可进行当年分配。

（三）开放式基金的利润分配

开放式基金的利润分配的具体内容见表13-3。

表13-3 开放式基金的利润分配

项目	内容	
概念	是指基金管理人根据基金利润情况，按投资者持有基金份额数量的多少进行利润分配	
分配次数和分配比例	我国开放式基金按规定需在基金合同中约定每年基金利润分配的最多次数和基金利润分配的最低比例。同时要求基金收益分配后基金份额净值不能低于面值，即基金收益分配基准日的基金份额净值减去每单位基金份额收益分配金额后不能低于面值。每一基金份额享有同等分配权	
分红方式	现金分红	根据基金利润情况，基金管理人以投资者持有基金单位数量的多少，将利润分配给投资者。这是基金分红采用的最普遍的形式，也是基金收益分配的默认方式
	分红再投资转换为基金份额	分红再投资转换为基金份额是将应分配的净利润按除息后的份额净值折算为新的基金份额进行基金收益分配

（四）基金份额的分拆、合并

1. 基金份额的分拆、合并概述

基金份额分拆是指在保证投资者的投资总额不发生改变的前提下，将一份基金按照一定的比例分拆成若干份，每一基金份额的单位净值也按相同比例降低，是对基金的资产进行重新计算的一种方式。基金份额分拆通过直接调整基金份额数量达到降低基金份额净值的目的，但并不影响基金的已实现收益、未实现利得等。

基金份额的分拆、合并的具体内容见表13-4。

表13-4 基金份额的分拆、合并

项目	内容
定义	通常将分拆比例大于1的分拆定义为基金份额的分拆，而分拆比例小于1的分拆则定义为基金份额的合并
作用	当基金的净值过高时，通过基金份额的分拆可以降低其净值；当基金的净值过低时，通过基金份额的合并可以提高其净值，这种行为通常称为逆向分拆
意义	（1）基金份额分拆可以降低投资者对价格的敏感性，有利于基金持续营销，有利于改善基金份额持有人结构，有利于基金经理更为有效地运作资金，从而贯彻基金运作的投资理念与投资哲学 （2）基金份额分拆能有效解决"被迫分红"的问题，有效降低交易成本，减少频繁买卖对证券市场的冲击

2. 基金分拆与基金分红的异同点

基金分拆与基金分红的异同点的具体内容见表13-5。

表 13-5　基金分拆与基金分红的异同点

项目	内容
相同点	都可以降低基金单位净值，基金的分拆类似于基金分红中红利再投资的模式
不同点	①选择现金分红方式的投资者在获得现金分红的同时，其所拥有的基金份额不变；②这种情况下，基金分红有大量的现金流出，基金的资产规模也会发生改变；③基金分红时机的选择与基金分拆时机的选择有所不同。基金分红选择时机要求高，基金分拆时机的选择更为随意

（五）货币市场基金的利润分配

1. 分配方式和分配频率

对于每日按照面值进行报价的货币市场基金，可以在基金合同中将收益分配的方式约定为红利再投资，并应当每日进行收益分配。

2. 分配措施

货币市场基金的利润分配措施如下：

（1）当日申购的基金份额自下一个工作日起享有基金的分配权益，当日赎回的基金份额自下一个工作日起不享有基金的分配权益。

（2）货币市场基金每周五进行分配时，将同时分配周六和周日的利润；每周一至周四进行分配时，则仅对当日利润进行分配。

（3）投资者于周五申购或转换转入的基金份额不享有周五和周六、周日的利润，投资者于周五赎回或转换转出的基金份额享有周五和周六、周日的利润。

> **注意**
> 节假日的利润计算基本与在周五申购或赎回的情况相同。投资者在法定节假日前最后一个开放日的利润将与整个节假日期间的利润合并后于法定节假日前最后一日进行分配。法定节假日结束后第一个开放日起的分配规则同日常情况下的分配规则一样。投资者于法定节假日前最后一个开放日申购或转换转入的基金份额不享有该日和整个节假日期间的利润，投资者于法定节假日前最后一个开放日赎回或转换转出的基金份额享有该日和整个节假日期间的利润。

第二节　基金税收

一、基金自身投资活动产生的税收

基金自身投资活动产生的税收包括增值税、印花税和所得税。其具体内容见表13-6。

表 13-6　基金自身投资活动产生的税收

项目	内容
增值税	2016年5月1日起，全国范围内全面推开营业税改征增值税（简称营改增）试点，金融业纳入试点范围，由缴纳营业税改为缴纳增值税，增值税税率为6%
	根据《营业税改征增值税试点有关事项的规定》，存款利息不征收增值税
	根据《营业税改征增值税试点过渡政策的规定》，对下列金融商品转让收入免征增值税：香港市场投资者（包括单位和个人）通过基金互认买卖内地基金份额，证券投资基金（封闭式证券投资基金、开放式证券投资基金）管理人运用基金买卖股票、债券
	根据《关于进一步明确全面推开营改增试点金融业有关政策的通知》，证券投资基金开展质押式买入返售取得的金融同业往来利息收入免征增值税

续表

项目	内容
印花税	从2008年9月19日起,基金卖出股票时按照1‰的税率征收证券(股票)交易印花税,而对买入交易不再征收印花税,即对印花税实行单向征收
所得税	(1) 对证券投资基金从证券市场中取得的收入,包括买卖股票、债券的差价收入,股权的股息、红利收入,债券的利息收入及其他收入,暂不征收企业所得税 (2) 对基金取得的股利收入、债券的利息收入、储蓄存款利息收入,由上市公司、发行债券的企业和银行在向基金支付上述收入时代扣代缴20%的个人所得税 (3) 对证券投资基金从上市公司取得的股息红利所得,股息红利所得按持股时间长短确定实际税负。个人投资者持股时间越长,其股息红利所得个人所得税的税负就越低 (4) 对证券投资基金从上市公司取得的股息红利所得,根据财政部、国家税务总局和中国证监会联合发布的《关于实施上市公司股息红利差别化个人所得税政策有关问题的通知》,上市公司股息红利差别化个人所得税政策是指:个人从公开发行和转让市场取得的上市公司股票,持股期限在1个月以内(含1个月)的,其股息红利所得全额计入应纳税所得额;上述所得统一适用20%税率计征个人所得税。持股期限超过1年的,股息红利所得暂免征收个人所得税

二、投资者买卖基金产生的税收

(一) 机构投资者买卖基金的税收

机构投资者买卖基金的税收包括增值税、印花税和所得税。其具体内容见表13-7。

表13-7 机构投资者买卖基金的税收

项目	内容
增值税	根据《营业税改征增值税试点有关事项的规定》,机构投资者买卖基金份额属于金融商品转让,应按照卖出价扣除买入价后的余额为销售额计征增值税。但机构投资者购入基金、信托、理财产品等各类资产管理产品持有至到期,不属于金融商品转让
	根据《营业税改征增值税试点过渡政策的规定》,合格境外投资者(QFII)委托境内公司在我国从事证券买卖业务、香港市场投资者通过基金互认买卖内地基金份额取得的收入免征增值税
印花税	机构投资者买卖基金份额暂免征收印花税
所得税	机构投资者买卖基金份额获得的差价收入,应并入企业的应纳税所得额,征收企业所得税;机构投资者从基金分配中获得的收入,暂不征收企业所得税
	对内地企业投资者通过基金互认买卖香港基金份额取得的转让差价所得,计入其收入总额,依法征收企业所得税
	对内地企业投资者通过基金互认从香港基金分配取得的收益,计入其收入总额,依法征收企业所得税

(二) 个人投资者投资基金的税收

个人投资者投资基金的税收包括增值税、印花税和所得税。其具体内容见表13-8。

表13-8 个人投资者投资基金的税收

项目	内容
增值税	根据《营业税改征增值税试点过渡政策的规定》,个人买卖基金份额的行为免征增值税
印花税	个人投资者买卖基金份额暂免征收印花税

续表

项目	内容
所得税	（1）个人投资者买卖基金份额获得的差价收入，在对个人买卖股票的差价收入未恢复征收个人所得税以前，暂不征收个人所得税 （2）个人投资者从基金分配中获得的股票的股利收入、企业债券的利息收入，由上市公司、发行债券的企业和银行在向基金支付上述收入时，代扣代缴20％的个人所得税。证券投资基金从上市公司分配取得的股息红利所得，按《关于实施上市公司股息红利差别化个人所得税政策有关问题的通知》实施。个人投资者从基金分配中取得的收入，暂不征收个人所得税 （3）个人投资者从基金分配中获得的国债利息、买卖股票差价收入，在国债利息收入、个人买卖股票差价收入未恢复征收所得税以前，暂不征收所得税 （4）个人投资者从封闭式基金分配中获得的企业债券差价收入，按现行税法规定，应对个人投资者征收个人所得税 （5）个人投资者申购和赎回基金份额取得的差价收入，在对个人买卖股票的差价收入未恢复征收个人所得税以前，暂不征收个人所得税 （6）对内地个人投资者通过基金互认买卖香港基金份额取得的转让差价所得，自2015年12月18日起至2018年12月17日止，三年内暂免征收个人所得税 （7）内地个人投资者通过基金互认从香港基金分配取得的收益，由该香港基金在内地的代理人按照20％的税率代扣代缴个人所得税

三、基金管理人和基金托管人的税收

基金管理人、基金托管人从事基金管理活动取得的收入，依照税法的规定征收企业所得税。

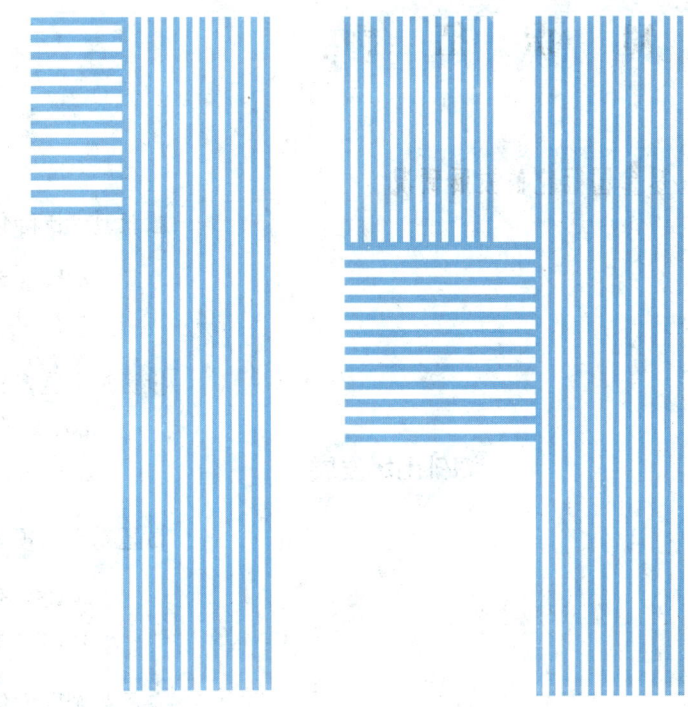

基金国际化的发展概况

本章共包含两个小节。

第一节主要讲述了基金国际化投资概况、海外市场的监管情况及各国基金国际化概况。

第二节主要讲述了QFII、RQFII、QDII的概念、规则及发展概况，基金互认、沪港通、深港通及债券通的重要意义。

知识结构

基金国际化的发展概况

海外市场发展

- **投资基金国际化意义**
  - 从投资角度/从风险分散角度/对于投资对象国而言

- **投资基金监管的国际化发展**
  - IOSCO投资基金监管基本制度/EU投资基金监管基本制度/OECD投资基金监管规定

- **欧盟基金法规与监管一体化进程**
  - UCITS一号指令、UCITS三号指令、UCITS四号指令、UCITS五号指令

- **各国基金国家化概况**
  - 英国、美国卢森堡、爱尔兰

中国基金国际化发展

- **概况**
  - QFII设立标准/QDII设立标准/合资基金管理公司设立形式及标准/境外分支机构设立形式及标准

- **中国证券投资基金国际化进展**
  - QFII业务概况：发展历程/机制特点/QFII投资A股市场形式及投资风格
  - QDII业务概况：发展历程/基金产品特点/投资风格
  - RQFII业务概况：获批情况/投资情况

第一节 海外市场发展

一、投资基金国际化投资概况

（一）投资基金国际化的产生与发展

投资基金国际化的产生与发展的具体内容见表14-1。

表14-1 投资基金国际化的产生与发展

项目	内容
概念	投资基金国际化是指投资基金进行跨境投资、销售或管理。国际化基金的投资标的遍布全球，通常以欧、美、日等发达国家和新兴市场国家为主要区域，其目的在于充分把握各国证券价格上升的潜力，并在一定程度上分散投资风险
产生	投资基金的国际化是伴随着经济全球化、证券市场国际化的发展趋势而出现的
发展	从20世纪80年代开始，基金的运营及销售出现了国际化的趋势。基金的跨国销售也成为大趋势。金融市场的国际化趋势主要表现在国际融资证券化、证券投资国际化、证券交易国际化等方面，为投资基金的国际化发展奠定了良好的基础。投资基金具有较强的渗透性，促进了世界各个国家或地区的基金行业组织之间的联系，克服了投资基金国际交流的障碍，有利于推动投资基金的国际化发展

（二）投资基金国际化的意义

投资基金国际化的意义的具体内容见表14-2。

表14-2 投资基金国际化的意义

角度	内容
从投资角度来看	本国基金投资于国际证券市场，目的是能够自由地选择投资地域和投资标的，把握不同区域的投资机会，最大化基金投资者利益；同时资产规模的扩大能使基金管理公司以较少的单位成本获取较大的规模效益
从风险分散角度来看	国际化基金在全球不同的证券市场上进行资产配置，可以较大幅度地减少非系统性风险，甚至对于系统性风险的对冲都能起到一定的作用
对于投资对象国而言	国外基金在本国证券市场上投资，购买本国证券市场上的投资产品，是一种较好的融资方式

二、投资基金监管的国际化发展概况

（一）国际证监会组织（IOSCO）投资基金监管的基本制度

1. 国际证监会组织

国际证监会组织成立于1983年，现有近200个成员机构，总部设在西班牙马德里。它是目前证券投资基金监管领域最重要的国际组织，也是在推进证券、期货、基金市场监管的全球性多边合作与协调方面做得最好的国际组织。目前，中国证监会已加入该组织的全部委员会。

2. IOSCO投资基金监管的基本制度

IOSCO投资基金监管的基本制度的具体内容见表14-3。

表 14-3 IOSCO 投资基金监管的基本制度

制度	内容
证券投资基金的监管原则	①监管机构应建立向希望出售或管理证券投资基金的个人或机构发牌并实施监管的一套标准；②监管机构应制定有关证券投资基金的法定模式、构成以及分离和保护客户资产的法规；③监管机构应依据发行人信息披露相同原则要求证券投资基金进行披露，从而判断证券投资基金是否适合一个特定投资者并评估投资者在该组合中权益的价值；④监管机构应确立证券投资基金资产评估、基金单位定价和赎回的一个适当和透明的依据
基金管理人的监管制度	（1）各国立法明确规定证券投资基金管理人的资格标准应考虑的因素包括：基金管理人的诚信程度，资本是否充足，是否具有特定的权力和职责，是否具备完善的内部管理程序和健全的内控机制 （2）监管：包括对证券投资基金的登记注册和审批权、对基金运作的检查权、涉嫌违规行为时的调查权及纠正权
保护投资者权益的制度	①向投资者充分披露有关信息；②保护客户资产；③公平、准确地进行资产评估和定价；④证券投资基金的份额赎回
基金跨境活动的监管合作与协调制度	①相互提供信息。②提供自发性协助。所谓"自发性协助"，系指一方主管机构未经他方主管机构的请求，将其所取得的与他方主管机构有关的信息主动提供给他方主管机构。③对证券投资基金管理人进行实地检查（三种模式：母国主管机构进行检查模式、双方主管机构联合检查模式、东道国主管机构进行检查模式）
证券投资基金监管机构职能的制度	监管机构在履行监管职能的过程中，应确保自身的独立性，拥有独立的经费来源、人力及其他资源以确保独立行使其职权，确保程序的合法性、公平性和公正性
自律监管的制度	国际证监会组织认为，基金业行业自律组织的监管是对政府监管的有益补充。由于自律组织对市场运作和行为的了解更为深入，专业水平更高，可能对市场变化的反应比政府机构更快、更灵活。同时，自律组织可以要求其管理对象除遵循政府法规之外，还要遵守一定的道德规范。因此，应根据基金市场的规模和复杂程度，适当发挥自律组织进行直接监管的职责

（二）欧盟（EU）投资基金监管的基本制度

1. 欧盟投资基金的种类

欧盟金融市场的投资基金大体上可以分为两类：①从事可转让证券集合投资计划业务的投资基金，即证券投资基金；②另类投资基金，是指活跃在欧盟市场上的诸如对冲基金、不动产基金、私募股权和风险投资基金、商品基金、基础设施基金以及投资于这些基金的基金等各类型投资基金的合称。

2. 欧盟投资基金的监管体系

欧盟的证券投资基金监管体系以《可转让证券集合投资计划指令》（UCITS 指令）为核心。UCITS 指令旨在为欧盟各成员国的开放式基金建立一套跨境监管标准，欧盟成员国各自以立法形式认可该指令后，本国符合 UCITS 指令要求的基金即可在其他成员国面向个人投资者发售，无须再申请认可。同时，符合 UCITS 指令要求的基金管理公司可以管理在其他成员国发行的基金。

另类投资基金受《另类投资基金管理人指令》（AIFMD）监管。AIFMD 结束了成员国对另类投资基金的监管各自为政且水平各异的状态，协调成员国对另类投资基金的活动实现有效监管。

（三）经济合作与发展组织（OECD）投资基金监管规定

1. 经合组织

经济合作与发展组织（简称"经合组织"）是由 30 多个市场经济国家组成的政府间国际

经济组织，旨在共同应对全球化带来的经济、社会和政府治理等方面的挑战，并把握全球化带来的机遇。经合组织的作用之一是聘请知名的专家学者探讨制定社会经济政策，为各国政府提供建议。

2. 集合投资计划

在经合组织国家内部，投资基金又被称作"集合投资计划"。该组织于20世纪六七十年代率先在国际范围内进行投资基金监管标准的研究和制定，1971年公布了《证券集合投资机构经营标准规则》，对基金公司的架构、基金估值与定价、投资范围、基金销售、信息披露等方面加以规范。经合组织制定的这份监管标准仍起到了较好的作用。

经合组织在2005年发表了《集合投资计划治理白皮书》（简称《白皮书》），提出了该组织对新时期投资基金治理及监管的原则性建议。《白皮书》由六个部分组成：①法律法规框架；②投资者权利；③基金行业经营者的角色；④市场纪律与市场体系；⑤透明度与信息公开；⑥投资基金的内部治理。

> **注意**
> 以上三个国际组织制定的投资基金监管标准具有很多的相同性：①要求基金管理人为投资人的利益服务，基金资产必须由独立的托管人保管，对基金的定价、估值、分散投资、信息披露等都有明确的规定；②要求基金的监管机构要有充分的监管权力和监管手段。

三、欧盟的基金法规与监管一体化进程

可转让证券集合投资计划（UCITS）是欧盟跨境投资基金的主要模式。1985年12月20日，欧洲委员会通过了《可转让证券集合投资计划指令》（UCITS Directive 85/611/EEC，简称UCITS一号指令），标志着欧洲投资基金市场开始朝着一体化方向发展。UCITS指令历经几轮修订，目前已经发展到UCITS四号指令，并且五号指令和六号指令的改革内容也已提上日程。

（一）UCITS系列指令的发展历程

UCITS一号指令规范了UCITS的批准、投资政策、信息披露和跨市场销售，以及单位信托、投资公司、托管机构的组织架构等内容。符合"指令"要求的UCITS可以获得所谓的"欧洲护照"，在发行国之外的成员国只要完成简单的注册程序即可销售。然而，在实际运作中，UCITS一号指令并未达到预期效果。

因此，欧盟在2001年年底通过了修订版的UCITS指令，即UCITS三号指令。UCITS三号指令由两项指令组成：①管理指令，旨在向合规的资产管理公司提供"欧盟护照"，方便其在欧盟成员国范围营运，同时放宽其可经营的业务范围；②产品指令，旨在消除跨境销售基金的障碍，允许基金投资于更多资产类别。2002年，UCITS三号指令又加入了一个重要的新指令，允许基金组合在满足特定的披露要求后投资股权挂钩的掉期协议等衍生金融工具。

2009年1月，UCITS四号指令在欧洲议会获得通过。UCITS四号指令在基金信息披露、注册手续与基金合并等方面进一步简化，允许主从结构基金跨境运营，敦促各国监管层开放信息平台进行跨国协作，以期达到以下目的：①更好地整合内部市场，使投资者能以更低的价格拥有更多的选择机会；②通过高标准的信息和更有效的监管向投资者提供适当的保护；③根据市场的发展情况及时调整监管框架，以维持欧洲该行业的竞争力。

2012年金融危机后欧盟为更好地保护投资者利益，提出了UCITS五号指令的提案，并于2014年4月15日最终通过了UCITS五号指令，于2014年9月17日起正式实施。整体看来，UCITS五号指令对UCITS托管机构的资格、职能及其责任，UCITS管理公司的薪酬政

策及处罚惩戒等方面进行了一系列补充和更新，以使 UCITS 五号指令的规定与 AIFMD 的监管要求一致或更高。

1. UCITS 一号指令

1985 年 12 月，欧盟的前身欧共体发布 UCITS 一号指令。UCITS 一号指令全文共有 11 章 59 条，包括一般规定和适用范围、UCITS 基金的核准、单位信托基金和公司型基金的组织结构及基金管理人和托管人的规定、投资政策、信息披露、基金销售、监管机关等。

（1）指令的适用范围。UCITS 基金是指从公众募集资金，以风险分散为原则，只投资于可转让证券的基金。持有人以基金单位净值进行申购和赎回。基金形式可以是共同基金、契约式单位信托基金或公司型基金。

指令规定，下列基金不属于 UCITS 基金的范围：①封闭式基金；②在欧盟内不向公众宣传并销售相应基金份额的基金；③基金份额只向非欧盟成员国的公众销售的基金；④投资与借款政策及指令规定不符的基金。

指令的管辖原则以母国为主，以东道国为辅。基金以其注册国或管理基金的基金管理公司的注册国为母国。各成员国应要求基金或基金管理公司的总部位于其注册地。根据母国管辖为主的原则，在基金及基金管理公司的核准、监管、投资、销售、信息披露、法律适用等方面都由母国的监管机关行使管辖权，东道国则可以在基金销售及信息披露等方面行使管辖权。

（2）UCITS 基金的核准，基金管理人和托管人的资格。指令要求，UCITS 基金必须获取其所在国监管机关的核准方可开展业务。对于单位信托而言，要求核准基金管理人、基金托管人和基金规则；对于公司型基金，则核准基金章程和基金托管人。监管机关在基金管理人及基金托管人的董事有良好的声誉和足够履行职务的经验时，方可给予核准。基金管理人、基金托管人、基金规则及基金章程的改变均要获得监管机关的批准。

（3）关于投资政策的规定。

1）关于投资品种的规定。基金可投资于成员国或非成员国证券交易所正式上市的可转让证券，或在成员国、非成员国其他有管制的、正常运作的、被认可的、对公众开放的可转让证券。基金还可投资于近期发行的、已取得许可将于一年内在证券交易所或有管制的市场上市的可转让证券。

基金投资于以上规定以外的可转让证券，不得高于基金资产的 10%；投资于可转让的并可确定价值的债券的比例也不得高于 10%。两者之和也不能高于 10%。基金可以获得为开展业务所需的动产和不动产。成员国可以批准基金在规定的条件与范围内，以实现有效的投资组合及规避汇率风险为目的，运用与可转让证券有关的技术与工具。

2）基金的投资比例限制与投资禁止。基金投资于同一主体发行的证券，不得超过基金资产净值的 5%。成员国可将此比例提高到 10%。但基金投资于一个主体发行的证券超过 5% 时，该类投资的总和不得超过基金资产净值的 40%。基金投资于一个成员国政府或其地方政府、非成员国政府、成员国参加的国际组织发行或担保的可转让证券，比例可提高到 35%。在持有人利益得到保护的前提下，成员国监管机关可允许基金 100% 投资于政府或国际组织发行或担保的证券，但在此情形下，应投资于不少于 6 个主体发行的证券，对每个主体发行证券的投资比例不得超过 30%。基金如拟进行此类投资，应事先在基金规则或章程中披露。基金投资于另一基金的比例不得超过基金资产的 5%，一般情况下不得投资于同一基金管理公司或关联公司所管理的其他基金。在投资对象为地区性或行业性基金的情形时，可不受此限，但应事先得到批准，并不得收取费用。

基金不得通过取得有表决权股票对发行主体的管理施加重大影响，不得持一发行主体10%以上无表决权的股票、债券和基金。但如投资于政府或国际组织发行或担保的可转让证券则不在此限。基金行使认购权时，可以不受以上规定的限制。基金不得持有贵金属或其证书。投资公司、管理人或托管人无权代表基金借款，但成员国可以允许基金临时借入不超过基金资产10%的款项。投资公司、管理人或托管人不得代表基金贷款或作担保人。

3) 基金信息披露的规定。指令的规定与其他国家的要求大致相同，如基金管理公司应公告招募说明书、年度报告、半年报告及其他重要信息。关于申购与赎回价格，规定应至少一个月公布两次。如不损害持有人利益，监管机关可以允许一个月公布一次。

4) 关于基金在其他成员国销售的规定。基金应遵守其他成员国有关不在指令范围内的销售规定。基金可以在其他成员国做销售广告，并遵守有关规定。其他成员国的销售与广告规定不得有歧视。

2. UCITS 三号指令

2000 年 5 月，欧盟形成了对 UCITS 一号指令的修改草案，简称为 UCITS 二号指令，但是 UCITS 二号指令最终未能进入实施阶段。2001 年 12 月 4 日，欧洲经济和财政部长委员会通过了对 UCITS 指令的修订。新的 UCITS 指令称为 UCITS 三号指令，自 2002 年 2 月 13 日起生效。

UCITS 三号指令与 UCITS 一号指令相比最大的突破在于为 UCITS 管理公司提供了"欧盟护照"，即在欧盟任何一个成员国都可设立 UCITS 管理公司，欧盟各成员国不得为非本国的 UCITS 管理公司设置额外障碍。UCITS 三号指令还规定，UCITS 管理公司所管理的投资公司以及基金，必须在募集工作完成之前免费向投资者提供一份简明易懂的招募说明书并涵盖所有能够帮助投资者得出正确判断的相关信息。此外，UCITS 三号指令扩大了 UCITS 基金可以投资的金融工具的范围。

UCITS 三号指令中管理指令和产品指令的具体内容包括：

（1）管理公司的护照。新指令为 UCITS 基金的管理公司颁发"护照"，允许这些管理公司在其他成员国开展已经获得批准的业务。与此同时，新指令对管理公司还提出新的最低资本要求：管理公司的起始资本不能低于 12.5 万欧元；管理资产超过 2.5 亿欧元时，管理公司资本应增加相当于管理资产 0.02% 的资本（起始资本和新增资本合计最高可不超过 1 000 万欧元）；资本在任何情况下不能低于 13 周的"固定经营成本"（固定经营成本根据欧盟的《资本充足指引》决定）。另外，根据新指令，管理公司可在满足若干条件的情况下将管理公司的义务委托给第三方。这些条件主要包括：①监管机构得到适时通知；②管理公司承担最终责任；③监管不受妨碍；④投资人的最大利益不受影响等。

（2）更复杂的风险分散规则。风险分散规则一直是 UCITS 指令针对投资者保护的一项基本措施。UCITS 产品指令制定的风险分散规则有：①沿用"5%—10%—40%规则"，即一只 UCITS 基金投资于同一机构发行的可转让证券的比例不超过基金资产的 5%，成员国可以将该比例提高至 10%，条件是一只 UCITS 基金持有的这类超过 5% 投资比例限制的可转让证券的总资产不能超过基金资产的 40%。②当可转让证券或货币市场工具由一个成员国、其他国家或成员国参与的国际组织发行或担保时，上述 5% 的比例限制可以提高到 35%。③一只 UCITS 基金投资于同一机构发行的货币市场工具、银行存款或 OTC 衍生产品的资产总值不能超过基金资产的 20%。④引入"同一机构"的定义。为计算投资比例限制的目的，凡是同一集团内根据会计准则合并报表的所有公司将被视为同一机构。

（3）更广泛的投资品种。UCITS 产品指令扩大了 UCITS 基金的投资范围，使得许多创新的基金品种可以符合 UCITS 的标准，从而获得自由进入其他成员国市场的"护照"。依据

UCITS 产品指令，UCITS 新增的投资品种包括货币市场工具、其他投资基金、银行存款、金融衍生工具和指数基金等。

（4）更广泛的业务范围。新指令允许 UCITS 基金的管理公司在提供基金管理服务之外，可同时为个人或机构（包括养老基金）提供投资组合管理服务，以及作为非核心业务的投资咨询、（包括第三方所管理基金的）基金保管和行政事务管理服务。

（5）引入简要招募说明书。简要招募说明书使用更加通俗易懂的语言，在内容和格式上使用统一的标准，便于投资者理解和进行比较。

（6）进一步加强对投资者的保护。这包括管理公司必须引入风险管理程序，随时监控和计算基金的风险水平；更广泛的信息披露义务，定期向监管机关报送基金信息；管理公司遵守为投资人最大利益服务的行为准则等。

（7）过渡条款。根据上述两个新指令的要求，欧盟成员国必须在新指令公布后 18 个月内（2003 年 8 月 13 日之前）将新指令的内容转化为国内法，该国内法必须在 2004 年 2 月 13 日前生效。与此同时，为了保障平稳过渡，新指令中规定了一个"祖父条款"，允许根据 UCITS 一号指令设立的 UCITS 基金可以延用原指令至 2007 年 2 月 13 日。

3. UCITS 四号指令

欧洲议会于 2009 年 1 月通过了 UCITS 四号指令以替代以前所有的 UCITS 指令，成员国须在 2011 年 7 月 1 日前将 UCITS 四号指令纳入其本国法律体系，并实施相关措施。UCITS 四号指令旨在加强欧盟 UCITS 基金体制的协调和统一，提高 UCITS 市场的效率，尤其是基金管理公司跨境业务的效率。

4. UCITS 五号指令

2014 年 7 月 23 日，欧盟正式发布 UCITS 五号指令，修订关于可转让证券集合计划托管职能、薪酬政策和处罚制裁等方面法律、条例和管理规定协调的 UCITS 四号指令。整体看来，UCITS 五号指令对 UCITS 托管机构的资格、职能及其责任，UCITS 管理公司的薪酬政策及处罚惩戒等方面进行了一系列补充和更新。

UCIUTS 五号指令中的补充和更新主要包括下列内容。

（1）有关托管机构的新规定。包括：①托管机构的资格条件；②托管机构的转授权；③托管机构的现金管理职能；④托管机构的责任承担。

（2）引入管理人薪酬政策。

（3）完善处罚惩戒体系。

（二）《另类投资基金管理人指令》

2011 年 6 月 8 日，欧洲议会和欧洲理事会为规范这些另类基金的管理进一步颁布了《另类投资基金管理人指令》（AIFMD）。该指令的颁布标志着欧盟境内的对冲基金、私募股权基金等另类基金的管理人不再处于监管真空中，其核准、持续经营和透明度等问题都有了明确的监管依据。

欧盟《另类投资基金管理人指令》（AIFMD）规范了另类投资基金（AIF）管理人的核准、运作条件、在欧盟境内销售和管理欧盟另类投资基金的权利、透明度要求等内容。它的出台为在欧盟全境建立统一的管理和监督另类投资基金管理人的监督体系扫除了法律障碍。

AIFMD 由 10 章 71 条和 4 个附录组成。与其他欧盟金融立法指令一样，AIFMD 旨在提供一个统一的欧盟内部市场，并为所有另类投资基金管理人（包括欧盟另类投资基金管理人和非欧盟另类投资基金管理人）在欧盟内的所有活动提供一个协调一致、严格的规制和监管框架。该指令的主要内容包括以下几方面：①注册监管；②监管机构设置；③基金杠杆水平和流动性要求；④管理人薪酬；⑤资金托管；⑥私募股权投资基金的"资产剥离"规定；⑦初始资本金要求。

> **注意**
> 欧盟实施 AIFMD 的主要目的是更好地管理 AIF 的系统性风险，提高 AIF 的透明度，加强对投资者的保护。

从总体上看，AIFMD 代表了迄今为止对包括对冲基金、私募股权基金在内的众多另类投资基金最严格的监管立法。它必然对另类投资基金的活动以及对国际金融市场产生深远的影响。

四、各国基金国际化概况

（一）英国

1997 年，英国政府专门为公司型开放式基金（OEIC）的创立确立了新的法律框架，通过 OEIC 制度来达到符合 UCITS 指令的要求，进而可以在全欧盟范围内进行销售。其对英国投资基金国际化发展来说具有里程碑意义。截至 2016 年年底，英国基金管理资产规模达 10 454 亿英镑，其中公司型开放式基金是英国基金业的主流组织模式之一。

目前，英国已发展成为欧洲最大的资产管理中心，在全球范围也是除美国之外最大的资产管理市场。

不论是从境外注册基金和境内注册基金的资产规模看，还是从资产管理公司总部所在地看，英国在资产管理机构以及境外注册产品的引进方面力度很大。同时，英国的资产管理机构也积极向外扩张。这种资产管理行业内的境外和境内资本的互动，已经完全淡化了公司和产品的国界特征。

（二）美国

美国首只国际投资基金出现于 1955 年。随着外国资本市场的逐步开放和金融全球化进程的提速，美国投资基金对外投资的力度也在加大。例如，美国共同基金投资于韩国证券市场就是随着韩国政府对资本市场管制的不断放开而逐步加深的。

美国基金国际化的另一表现是基金海外发行募集资金。基金的海外募集也取决于东道国证券市场的开放度和监管力度。一般而言，直接在国外募集基金成本很高，但是美国基金经常通过与东道国国内基金的合作来进行国际化发售，以降低募集成本。

（三）卢森堡

1. 发展概况

（1）作为欧洲第一、世界第八大金融中心，卢森堡拥有全球第二大基金资产管理市场、全世界 20% 的管理资产，同时也是另类投资基金的中心。

（2）目前，在卢森堡设有 3 800 多家基金法人机构，多为银行集团或投资银行集团在卢森堡的本土化机构，形成了独具特色的离岸基金服务。

（3）卢森堡是欧洲第一个推行 UCITS 指令的国家，是目前全球最大的 UCITS 基金注册地。

（4）1988 年 3 月，卢森堡国内以立法形式认可了《欧洲基金指令》，使卢森堡成为第一个将 UCITS 指令纳入国家法案之中的欧盟国家，这也使得卢森堡成为投资基金的主要中心。

（5）卢森堡是欧洲第一个推行公募发行开放式 UCITS 基金的国家。

截至 2015 年年底，卢森堡投资基金管理的净资产规模为 3.5 万亿欧元，仅次于美国的 17.86 万亿欧元，是欧洲大陆最大的投资基金管理中心和全球第一的基金分销中心。作为国际金融中心和全球第一的基金分销中心，卢森堡的优势并不在于货币清算、国际贸易或证券交易领域，而在于投资基金管理业务。

2. 卢森堡的优势

卢森堡之所以能够率先成为基金管理中心，一方面是因为它独特的基金税收环境，另一方面则是因为它能为投资者提供有利于投资的基础条件。这些有利条件包括：①保护投资者的优良传统；②稳定的政治环境和强劲的经济实力；③专业水平高且反应快速的监管机构；④前瞻性的立法；⑤涵盖几乎所有相关专业领域的金融机构；⑥众多擅长产品开发、管理和行销等各方面业务的投资基金专家；⑦投资基金技术解决方案领域的丰富经验，包括多个股份类别以及聚合投资；⑧在 UCITS 和非 UCITS 基金跨境注册领域拥有经验丰富的基金律师、审计师和税务顾问等人才储备。

（四）爱尔兰

1. 发展概况

爱尔兰是欧洲最主要的基金注册地之一。自 1985 年 UCITS 一号指令启动以来，爱尔兰已成为跨境 UCITS 基金的同义词，其注册基金资产的近 80% 都属于 UCITS 基金。2005—2015 年，爱尔兰 UCITS 净资产增长幅度达 313%，使爱尔兰成为主要跨境 UCITS 基金注册地中成长最快的地区。截至 2016 年 9 月，在爱尔兰注册的 UCITS 基金规模达到 14 488 亿欧元，占 UCITS 基金总规模的 17.4%，仅次于卢森堡的 30 510 亿欧元，是欧洲第二大 UCITS 基金注册国。

2. 爱尔兰的优势

爱尔兰之所以成为广受认可的国际投资基金中心，是因为其在国际合作、国内监管以及税收等方面具有显著优势，拥有完善的基金注册法规和制度，监管体系比较健全。

第二节　中国基金国际化发展

一、中国基金国际化发展概况

（一）QFII 的定义及其设立标准

1. QFII 的定义

合格境外机构投资者（QFII）是我国在资本项目未完全开放的背景下选择的一种过渡性资本市场开放制度。具体来说，是我国通过制度安排允许符合条件的境外机构投资者汇入一定额度的外汇资金，转换为我国货币，通过境内专门机构严格监管的账户投资境内证券市场，其在境内的资本利得、股息红利等经相关机构审核后方可汇出境外的制度。这一过渡性安排旨在实现在利用外资的同时，又通过外汇管制和宏观调控的手段避免外资对国内证券市场冲击的目标。

2. QFII 的设立标准

根据 2006 年 8 月发布的《合格境外机构投资者境内证券投资管理办法》（简称《管理办法》）、2012 年 7 月修订的《关于实施〈合格境外机构投资者境内证券投资管理办法〉有关问题的规定》，以及 2012 年 12 月修订、2016 年 2 月再次修订的《合格境外机构投资者境内证券投资外汇管理规定》，2016 年 8 月发布的《中国人民银行、国家外汇管理局关于人民币合格境外机构投资者境内证券投资管理有关问题的通知》，我国对 QFII 主体资格的认定、投资额度、投资范围和持股比例、资金管制、托管人资格等几方面做出相应规定。其具体内容见表14-4。

表 14-4　QFII 的设立标准

规定	内容
QFII主体资格的认定	申请合格境外投资者资格，应当具备下列条件： (1) 申请人的财务稳健，资信良好，达到中国证监会规定的资产规模等条件：①对资产管理机构（基金管理公司）而言，其经营资产管理业务应在2年以上，最近一个会计年度管理的证券资产不少于5亿美元；②对保险公司而言，成立2年以上，最近一个会计年度持有的证券资产不少于5亿美元；③对证券公司而言，经营证券业务5年以上，净资产不少于5亿美元，最近一个会计年度管理的证券资产不少于50亿美元；④对商业银行而言，经营银行业务10年以上，一级资本不少于3亿美元，最近一个会计年度管理的证券资产不少于50亿美元；⑤对其他机构投资者（养老基金、慈善基金会、捐赠基金、信托公司、政府投资管理公司等）而言，成立2年以上，最近一个会计年度管理或持有的证券资产不少于5亿美元 (2) 申请人的从业人员符合所在国家或者地区的有关从业资格的要求 (3) 申请人有健全的治理结构和完善的内控制度，经营行为规范，近3年未受到监管机构的重大处罚 (4) 申请人所在国家或者地区有完善的法律和监管制度，其证券监管机构已与中国证监会签订监管合作谅解备忘录，并保持着有效的监管合作关系 (5) 中国证监会根据审慎监管原则规定的其他条件
投资额度的规定	国家对合格投资者的境内证券投资实行额度管理。国家外汇管理局对单家合格投资者投资额度实行备案和审批管理。合格投资者在取得证监会资格许可后，可通过备案的形式，获取不超过其资产规模或管理的证券资产规模一定比例（简称基础额度）的投资额度；超过基础额度的投资额度申请，须经国家外汇管理局批准。境外主权基金、央行及货币当局等机构的投资额度不受资产规模比例限制，可根据其投资境内证券市场的需要获取相应的投资额度
投资范围、持股比例的规定	(1) 合格境外机构投资者在经批准的投资额度内，可以投资于下列人民币金融工具：①在证券交易所交易或转让的股票、债券和权证；②在银行间债券市场交易的固定收益产品；③证券投资基金；④股指期货；⑤中国证监会允许的其他金融工具 (2) 合格投资者可以参与新股发行、可转换债券发行、股票增发和配股的申购。境外投资者的境内证券投资应当遵循下列持股比例限制：①单个境外投资者通过合格投资者持有一家上市公司股票的，持股比例不得超过该公司股份总数的10%；②所有境外投资者对单个上市公司A股的持股比例总和不得超过该上市公司股份总数的30% (3) 境外投资者根据《外国投资者对上市公司战略投资管理办法》对上市公司实行战略投资的，其战略投资的持股不受上述比例限制
资金管制的规定	合格投资者的投资本金锁定期为3个月，自合格投资者累计汇入投资本金达到等值2 000万美元之日起计算。本金锁定期是指禁止合格投资者将投资本金汇出境外的期限
托管人资格的规定	(1) QFII基金托管人具有保管合格境外投资者托管的全部资产，办理有关结汇、售汇、收汇、付汇和人民币资金结算业务，监督投资者投资运作等职责。每个合格投资者只能委托1个托管人，并可以更换托管人。托管人应当具备下列条件：①设有专门的资产托管部；②实收资本不少于80亿元人民币；③有足够的熟悉托管业务的专职人员；④具备安全保管合格投资者资产的条件；⑤具备安全、高效的清算、交割能力；⑥具备外汇指定银行资格和经营人民币业务资格；⑦最近3年没有重大违反外汇管理规定的记录 (2) 外资商业银行境内分行在境内持续经营3年以上的，可申请成为托管人，其实收资本数额条件按其境外总行的计算

3. QFII机制的意义

QFII机制的实施吸引了境外符合资格的机构投资者来中国资本市场投资，为中国资本市场带来大量新增的境外资金，具有重大意义：①促使中国封闭的资本市场向开放的市场转变；

②QFII 机制促进国内证券市场投资主体多元化以及上市公司行为规范化；③QFII 机制促进国内投资者的投资理念趋于理性化；④QFII 机制加快我国证券市场金融创新步伐，实现我国证券市场运行规则与国际惯例的接轨。

（二）QDII 的定义及其设立标准

1. QDII 的定义

2007 年 6 月 18 日，中国证监会颁布的《合格境内机构投资者境外证券投资管理试行办法》规定，符合条件的境内基金管理公司和证券公司，经中国证监会批准，可在境内募集资金进行境外证券投资管理。这种经中国证监会批准可以在境内募集资金进行境外证券投资的机构称为合格境内机构投资者（QDII）。QDII 是在人民币没有实现可自由兑换、资本项目尚未开放的情况下，有限度地允许境内投资者投资境外证券市场的一项过渡性的制度安排。目前，除基金管理公司和证券公司外，商业银行等其他金融机构也可以发行代客境外理财产品。

2. QDII 的设立标准

现行的《合格境内机构投资者境外证券投资管理试行办法》对申请成立 QDII 的机构投资者资格、QDII 投资范围、境外投资顾问以及境外资产托管人的条件分别做出了规定。

（1）申请 QDII 资格的机构投资者应具备的条件。

申请 QDII 资格的机构投资者应当符合下列条件：①申请人的财务稳健，资信良好，资产管理规模、经营年限等符合中国证监会的规定。对基金管理公司而言，净资产不少于 2 亿元人民币，经营证券投资基金管理业务达 2 年以上，在最近一个季度末资产管理规模不少于 200 亿元人民币或等值外汇资产；对证券公司而言，各项风险控制指标符合规定标准，净资本不低于 8 亿元人民币，净资本与净资产比例不低于 70%，经营集合资产管理计划业务达 1 年以上，在最近一个季度末资产管理规模不少于 20 亿元人民币或等值外汇资产。②拥有符合规定的具有境外投资管理相关经验的人员，即具有 5 年以上境外证券市场投资管理经验和相关专业资质的中级以上管理人员不少于 1 名，具有 3 年以上境外证券市场投资管理相关经验的人员不少于 3 名。③具有健全的治理结构和完善的内控制度，经营行为规范。④最近 3 年没有受到监管机构的重大处罚，没有重大事项正在接受司法部门、监管机构的立案调查。⑤中国证监会根据审慎监管原则规定的其他条件。

★ 考点回顾 | 单项选择题

申请 QDII 资格的证券公司，净资本不低于（　　）亿元人民币。
A. 8　　　　　B. 6　　　　　C. 5　　　　　D. 4
【答案】A

（2）QDII 基金的投资范围。

根据有关规定，除中国证监会另有规定外，QDII 基金可投资于下列金融产品或工具：①银行存款、可转让存单、银行承兑汇票、银行票据、商业票据、回购协议、短期政府债券等货币市场工具；②政府债券、公司债券、可转换债券、住房按揭支持证券、资产支持证券及经中国证监会认可的国际金融组织发行的证券等；③与中国证监会签署双边监管合作谅解备忘录的国家或地区证券市场挂牌交易的普通股、优先股、全球存托凭证和美国存托凭证、房地产信托凭证；④在已与中国证监会签署双边监管合作谅解备忘录的国家或地区证券监管机构登记注册的公募基金；⑤与固定收益、股权、信用、商品指数、基金等标的物挂钩的结构性投资产品；⑥远期合约、互换及经中国证监会认可的境外交易所上市交易的权证、期权、期货等金融衍生产品。

除中国证监会另有规定外，QDII 基金不得有下列行为：①购买不动产。②购买房地产抵押按揭。③购买贵重金属或代表贵重金属的凭证。④购买实物商品。⑤除应付赎回、交易清算等临时用途以外，借入现金。该临时用途借入现金的比例不得超过基金、集合计划资产净值的 10%。⑥利用融资购买证券，但投资金融衍生品除外。⑦参与未持有基础资产的卖空交易。⑧从事证券承销业务。⑨中国证监会禁止的其他行为。

(3) 境内机构投资者进行境外证券投资时，可以委托境外投资顾问为其提供证券买卖建议或投资组合管理等服务。境外投资顾问应当符合下列条件：①在境外设立，经所在国家或地区监管机构批准从事投资管理业务；②所在国家或地区证券监管机构已与中国证监会签订双边监管合作谅解备忘录，并保持着有效的监管合作关系；③经营投资管理业务达 5 年以上，最近一个会计年度管理的证券资产不少于 100 亿美元或等值货币；④有健全的治理结构和完善的内控制度，经营行为规范，最近 5 年没有受到所在国家或地区监管机构的重大处罚，没有重大事项正在接受司法部门、监管机构的立案调查。

(4) 境内机构投资者开展境外证券投资业务时，应当由具有证券投资基金托管资格的银行（简称托管人）负责资产托管业务。而托管人可以委托符合下列条件的境外资产托管人负责境外资产托管业务：①在中国大陆以外的国家或地区设立，受当地政府、金融或证券监管机构的监管；②最近一个会计年度实收资本不少于 10 亿美元或等值货币，或托管资产规模不少于 1 000 亿美元或等值货币；③有足够的熟悉境外托管业务的专职人员；④具备安全保管资产的条件；⑤具备安全、高效的清算、交割能力；⑥最近 3 年没有受到监管机构的重大处罚，没有重大事项正在接受司法部门、监管机构的立案调查。

3. QDII 机制的意义

(1) QDII 机制可以为境内金融资产提供风险分散渠道，并有效分流储蓄，化解金融风险。同时，实行 QDII 制度有利于推动中国内地证券机构走向国际市场，给有实力的中国内地证券公司与基金公司更大的发展空间和积累国际业务经验的机会，增强自身竞争力。

(2) 实行 QDII 机制有利于引导国内居民通过正常渠道参与境外证券投资，减轻资本非法外逃的压力，将资本流出置于可监控的状态。由于人民币与外汇不能完全自由兑换，部分投资者投资国外资本市场时只能以非正常方式将外汇输往国外，通过 QDII 机制可以将这些非法资金重新导入国家允许的合理流动中。

(3) 建立 QDII 机制有利于支持香港特区的经济发展。在人民币资本项目尚不可自由兑换的阶段，QDII 制度是中国内地支持中国香港股市发展的一种较稳妥和有效的政策安排。QDII 机制使中国内地投资者可以投资中国香港股市，有助于增加中国香港证券市场的资金，增强中国香港投资者的信心，提升中国香港作为国际金融中心的地位。

(4) 在法律方面，通过实施 QDII 制度，必然增加国内对国际金融法律、法规、惯例等规则的关注，从长远来说能够促进我国金融法律法规与世界金融制度的接轨。

4. 我国 QDII 设立标准的改革方向

中国证监会修订了《合格境内机构投资者境外证券投资管理试行办法》，并于 2013 年 3 月向社会发布了征求意见稿，该意见稿反映了我国 QDII 设立标准及监督管理未来的发展方向，主要修订内容包括：①调整证券经营机构 QDII 资格准入条件；②豁免基金管理公司境外子公司担任 QDII 业务的境外投资顾问的条件，理顺母子公司的合作机制；③根据实践情况调整 QDII 产品的业绩披露标准；④调整 QDII 产品投资金融衍生品的市场范围；⑤完善外汇额度管理的有关表述。

(三) 合资基金管理公司的设立形式及标准

根据加入 WTO 的承诺，我国允许境外金融机构来华设立合资基金管理公司。2002 年 6 月，中国证监会颁布《外资参股基金管理公司设立规则》，对外资参股基金管理公司进行了明确规定。2004 年 9 月，中国证监会颁布《证券投资基金管理公司管理办法》，对合资公司的境外股东和参股比例等做出进一步规范。

根据《国务院关于管理公开募集基金的基金管理公司有关问题的批复》(国函〔2013〕132 号)规定，中外合资基金管理公司的境外股东应当具备以下条件：①为依其所在国家或者地区法律设立，合法存续并具有金融资产管理经验的金融机构，财务稳健，资信良好，最近 3 年没有受到监管机构或者司法机关的处罚；②所在国家或者地区具有完善的证券法律和监管制度，其证券监管机构已与中国证监会或者中国证监会认可的其他机构签订证券监管合作谅解备忘录，并保持着有效的监管合作关系；③实缴资本不少于 2 亿元人民币的等值可自由兑换货币；④经国务院批准的中国证监会规定的其他条件。

中外合资基金管理公司外资持股比例或者拥有权益的比例，累计(包括直接持有和间接持有)不得超过我国证券业对外开放所做的承诺。目前，外资持股比例上限为不超过 49％。根据中国香港与中国内地于 2013 年 8 月 29 日签署的《内地与香港关于建立更紧密经贸关系的安排》(CEPA)第十份补充协议，允许符合条件的港资金融机构按照中国内地有关规定在中国内地设立合资基金管理公司，港资持股比例可达 50％以上。

(四) 境外分支机构的设立形式及标准

中国证监会于 2008 年 4 月发布的《关于证券投资基金管理公司在香港设立机构的规定》提出了我国基金管理公司在境外设立分支机构的形式与标准。

上述规定指出基金管理公司可以根据自身业务发展需要，到中国香港特区设立机构，从事资产管理类相关业务，而到其他与中国证监会签署监管合作备忘录的国家和地区设立机构，也参照该规定执行。基金管理公司的境外机构可以采取分公司、办事处、子公司及中国证监会允许的其他形式。

上述规定对基金管理公司申请设立中国香港特区(或其他境外地区)分支机构提出相关要求。其具体内容见表 14-5。

表 14-5 申请设立分支机构的要求

项目	内容
具备设立分支机构的基本条件	基金管理公司申请到中国香港特区设立机构，应当具备《证券投资基金管理公司管理办法》中关于基金管理公司设立分支机构的基本条件。《证券投资基金管理公司管理办法》在 2012 年 9 月重新修订，修订后的基本条件为：①公司治理健全，内部监控完善，经营稳定，有较强的持续经营能力；②公司最近 1 年内没有因违法违规行为受到行政处罚或者刑事处罚；③公司没有因违法违规行为正在被监管机构调查，或者正处于整改期间；④拟设立的子公司、分支机构有符合规定的名称、办公场所、业务人员、安全防范设施和与业务有关的其他设施；⑤拟设立的子公司、分支机构有明确的职责和完善的管理制度；⑥中国证监会规定的其他条件
全面评估经营状况	基金管理公司到中国香港特区设立机构前应当对中国香港的市场状况、监管环境以及法律法规等进行认真研究，充分考虑公司本身的财务实力和管理能力，结合长远发展规划，兼顾现有业务的正常运营审慎决策，不应由于到中国香港设立机构而影响公司本身的业务运营，损害基金持有人的利益
保持良好的财务状况	基金管理公司申请设立中国香港特区分支机构应当符合公司内部决策程序，有明确的商业目标和商业计划，对中国香港机构的管理有明确安排，在对中国香港机构进行出资后公司仍能保持良好的财务状况

续表

项目	内容
加强风险管理	基金管理公司应当制定并实施与其中国香港特区机构之间的风险隔离措施,加强对中国香港机构的风险管理,防范由于中国香港机构的经营风险损害基金管理公司的正常运营
申请报批	基金管理公司到中国香港特区设立机构,应当经董事会或者股东会做出决议后,按照《关于证券投资基金管理公司在香港设立机构的规定》向中国证监会报送申请材料。中国证监会对基金管理公司到中国香港设立机构的申请进行审查,自受理之日起60日内做出批准或者不予批准的决定
重大事项报告	基金管理公司应当按相关规定对其中国香港特区机构发生的重大事项及时向中国证监会和公司经营所在地中国证监会派出机构报告

★ 考点回顾｜单项选择题

中国证监会对基金管理公司到中国香港设立机构的申请进行审查,自受理之日起（　　）日内做出批准或者不予批准的决定。

A. 30
B. 60
C. 90
D. 180

【答案】B

二、中国证券投资基金国际化进展情况

(一) QFII 的业务概况

1. 我国 QFII 的发展历程

我国 QFII 的发展历程见表 14-6。

表 14-6　我国 QFII 的发展历程

时间	内容
2002年11月5日	经国务院批准,中国证监会和中国人民银行发布了《合格境外机构投资者境内证券投资管理暂行办法》,并于当年12月1日起正式实施。这标志着QFII制度在我国正式进入操作阶段
2002年12月1日	上海证券交易所和深圳证券交易所发布了《合格境外机构投资者证券交易实施细则》
2003年5月23日	瑞士银行和野村证券株式会社成为我国第一批获准入境的境外机构投资者
2003年7月9日	瑞士银行通过电话下达了第一单交易指令,意味着QFII正式在我国证券市场上实际参与投资
2005年	以共同基金为代表的资产管理公司迅速进入,并很快成为我国QFII的主要类别
2008年	金融危机后,境外机构投资者申请QFII资格重新趋于活跃。QFII成为我国证券市场除基金公司、证券公司、信托公司之外的另一类重要机构投资者
2011年以来	我国开始重点引入主权财富基金、中央银行、养老金、保险公司等长期资金
2012年下半年开始	随着QFII准入门槛的进一步降低,越来越多中资金融机构的海外子公司或附属机构取得QFII资格

2. 我国 QFII 机制的特点

我国 QFII 机制具有的特点见表 14-7。

表 14-7 我国 QFII 机制的特点

特点	内容
QFII 机制引入时的跳跃式发展	我国绕过初期的试验阶段，QFII 的资格主体直接包括常见的各种境外机构投资者，一步到位
QFII 准入的主体范围扩大、要求提高	我国对 QFII 主体范围的认定比较宽泛，而且赋予了境外机构投资者更多的自主权。然而，我国从保障国内证券市场的稳定和健康发展出发，对注册资金数额、财务状况、经营期限等指标的要求有了进一步的提高
我国对 QFII 制度的设计内容进行局部调整	特别是针对国外发展比较蓬勃的各类养老基金、慈善基金、保险基金等做了政策上的倾斜，通过降低资格标准、加强资金流动性等方式吸引这类长期机构投资者

3. QFII 投资 A 股市场的形式及投资风格

（1）QFII 投资 A 股市场的形式。目前 QFII 在 A 股市场主要采取三种形式：自营模式、基金模式和客户资金管理模式。其具体内容见表 14-8。

表 14-8 QFII 投资 A 股市场的形式

投资形式	内容
自营模式	指采用自营资金进行投资，这种投资形式满足了很多境外养老金、捐赠基金等机构自主投资的需求，成为其全球投资组合的一部分
基金模式	是指机构投资者在境外直接面向海外投资者发行单纯 A 股基金，或者含有 A 股投资的基金
客户资金管理模式	是指发行私募或专户产品管理客户资金投资 A 股市场

（2）QFII 投资 A 股市场的投资风格。QFII 具有经营稳健、注重长期投资以及行为相对规范的投资风格。QFII 坚持贯彻分散化投资组合理论的核心思想，以基本面分析理论指导其进行长期投资，以技术分析理论对目标证券进行短期微调。

（二）QDII 的业务概况

根据金融监管部门核准的主体，我国 QDII 产品大致可以分为三类：商业银行发行的 QDII 产品、基金管理公司发行的 QDII 产品、保险企业发行的 QDII 产品。QDII 基金可以以人民币、美元或其他主要外汇货币为计价货币募集。

1. 我国 QDII 基金的发展历程

我国 QDII 基金的发展历程见表 14-9。

表 14-9 我国 QDII 基金的发展历程

时间	内容
2006 年 9 月 6 日	国家外汇管理局发出了《关于基金管理公司境外证券投资外汇管理有关问题的通知》，明确了符合规定条件的基金公司可以申请办理境外证券投资业务
2006 年 11 月 2 日	中国第一只试点债券型 QDII 基金——华安国际配置基金发行，初始额度为 5 亿美元
2007 年 6 月 18 日	中国证监会发布了《合格境内机构投资者境外证券投资管理试行办法》，对市场准入、审批程序、境外投资顾问设置、资产托管以及资金运作等方面做出了具体详细的规定
2007 年 9—10 月	首批股票型 QDII 基金发行，作为试点，南方、华夏、嘉实和上投摩根四家基金公司先后推出其首只 QDII 产品。我国的 QDII 基金正式开始投入运行
2008 年下半年	金融危机最严重的时刻，QDII 基金暂停发行，在此期间，受金融危机影响，QDII 基金大幅亏损，净值损失较大

续表

时间	内容
2010年以后	在全球宏观经济逐渐好转时，QDII基金重新发起募集。随后几年，QDII基金逐渐建立起自己的操作风格，整体上获得了不错的收益
2016年12月31日	我国QDII基金数目为177只，基金净值为984亿元人民币

2. 我国QDII基金产品的特点

我国QDII基金产品的特点见表14-10。

表14-10　我国QDII基金产品的特点

特点	内容
投资范围广泛	QDII基金的投资范围较为广泛，包括了几乎所有发达国家和绝大部分新兴市场的股票和（非对冲）基金。QDII基金可以直接投资境外证券市场不同风险层次的产品，在理论上没有设置权益类资产比例上限，因此投资者可以在更高的风险水平上追求收益
投资组合丰富	部分QDII基金持有ETF、FOF、权证、期权、股指期货等金融衍生产品。这些投资品种，在国内的市场环境下，或存在严格限制，或者没有相关品种。通过QDII基金，国内基金公司可以演练构建多样化投资组合，提前实践各种创新品种
专业性强、投资主动	在投资管理过程中，国内基金公司除借助境外投资顾问的力量外，还可以组成专门的投资团队参与境外投资的整个过程，具有完全的主动决策权，体现出专业性强、投资更为积极主动的特点
产品门槛较低	QDII基金产品的门槛较低，大部分金融投资产品认购门槛为几万元甚至几十万元人民币，而QDII基金产品的认购起点仅为1 000元人民币，适合更为广泛的投资者参与

3. 我国QDII基金的投资风格

QDII基金本质上是一个跨国投资组合。根据中国证监会的规定，QDII基金投资目的地为与中国证监会签署了双边监管合作谅解备忘录的国家或地区，投资工具为股票、基金、债券、金融衍生品等。

（1）从投资风格来看，我国QDII基金有增值型、积极成长型、稳健成长型和指数型等各种投资风格。其具体内容见表14-11。

表14-11　我国QDII基金的投资风格

风格	内容
增值型基金	着眼于资本快速增长，由此带来资本增值，风险高，收益也高
积极成长型基金	目标是获取最大资本利得，投资标的以具有高度发展潜力但目前股利不多或并无股利分派的新兴产业或刚设立公司的普通股为主
稳健成长型基金	投资于具有发展潜力的股票，但是较为保守
指数型基金	完全复制某一指数的组合，我国部分QDII基金就是以纳斯达克100指数或者H股指数为参照组合的

（2）从投资类型来看，我国QDII基金多数为股票型，资产配置和交易方式多种多样。在行业配置上，按照全球行业分类标准（GICS），目前我国QDII基金较多投资于金融和能源行业，投资组合的权重股偏重于中国香港特区上市的红筹股。就投资地域组合而言，各基金以中国香港特区市场和美国市场为主，部分QDII基金国别配置较为分散，包含的国家（地区）数目超过10个，基本以欧美发达市场为主，同时搭配新兴国家市场，例如东南亚国家逐渐被纳入投资组合中。

（3）在QDII基金业绩标准方面，除指数型基金跟踪特定指数之外，我国QDII基金的业绩比较基准多数采用了国际上比较通行的基准,即摩根士丹利资本国际(MSCI)制定的各种指数,或者由几个指数加权平均作为业绩比较基准。

(三)RQFII的业务概况

1. 获批情况

在 2011 年年底推出人民币合格境外机构投资者(RQFII)试点的基础上,2013 年 3 月 1 日,中国证监会发布《人民币合格境外机构投资者境内证券投资试点办法》和《关于实施〈人民币合格境外机构投资者境内证券投资试点办法〉的规定》,明确境内商业银行、保险公司等中国香港子公司或注册地以及主要经营地在中国香港地区的金融机构可参与 RQFII 试点,并放宽了对 RQFII 的资产配置限制,允许机构根据市场情况自行决定产品类型。同年 7 月,中国证监会、中国人民银行及国家外汇管理局决定将 RQFII 试点在新加坡、伦敦等地进一步拓展,为推动人民币离岸市场发展、扩大资本市场对外开放注入了新的活力。

2. RQFII 投资情况

在各类 RQFII 机构中,基金系 RQFII 机构成为主力。随着 RQFII 政策逐步放宽,RQFII 机构也开始陆续拓展美国、欧洲市场。2013 年 11 月,嘉实国际联合德意志资产及财富管理公司合作发行的"嘉实沪深 300 中国 A 股 ETF"在纽约交易所上市,成为首只在美国上市的直接投资于中国 A 股的实物 ETF,也是第一只在美国上市的 RQFII 产品。2013 年 11 月,嘉实国际联合德意志资产及财富管理公司合作在卢森堡发行了投资于中国 A 股的 ETF,成为欧洲的首只 RQFII 产品。

(四)合资基金管理公司的发展

1. 发展历程

合资基金管理公司的发展历程见表 14-12。

表 14-12 合资基金管理公司的发展历程

时间	内容
2002 年 6 月	中国证监会颁布《外资参股基金管理公司设立规则》,正式允许外资参股基金管理公司
2002 年 12 月 26 日	首家合资基金公司——招商基金管理公司成立
2014 年 8 月	我国共批准设立合资基金管理公司 48 家,占到全部 95 家基金管理公司的一半

2. 发展意义

合资基金公司的外资股东带来了先进的投资、风控和人才培养理念,合资基金公司的发展是中国基金行业国际化进程的重要组成部分。

(五)海外分支机构业务情况

截至 2015 年年底,共有 23 家中国内地基金公司、29 家中国内地证券公司在中国香港设立了子公司。目前,这些子公司总体盈利情况良好,具有一定的市场竞争力,部分公司还通过股权收购的方式,收购了中国香港当地的证券经营机构。

由于许多机构的境外子公司仍着眼于为中国内地的相关业务服务,在进行中国香港与中国内地相关业务时,中资机构相比外资具有较为明显的资源优势,因此我国证券服务机构的境外子公司普遍集中在中国香港。同时,RQFII 的开通也促进了中国内地证券和资产管理公司在中国香港设立分支机构的进程。

（六）基金互认、沪港通、深港通、债券通

1. 基金互认

基金互认是基金跨市场销售的一种制度性安排。在这种制度下，在一国监管体系下注册的基金，不需要在另一个国家或地区都进行注册，或履行一定简便程序后就可以直接销售。如 UCITS 基金就是一种执行较好的基金互认安排。

2015 年 5 月 22 日，中国证监会与中国香港证监会就正式开展中国内地与中国香港基金互认工作签署备忘录，同时发布《香港互认基金管理暂行规定》，自 2015 年 7 月 1 日起施行，标志着中国内地与中国香港基金互认工作正式启动。

2. 沪港通与深港通

为了推动新一轮高水平对外开放，进一步促进中国内地和中国香港资本市场双向开放和健康发展，2014 年 4 月 10 日，中国证监会正式批复上海证券交易所和中国香港联合交易所开展沪港股票交易互联互通机制试点，简称"沪港通"。

沪港通分为沪股通和港股通两个部分。沪股通是指投资者委托中国香港经纪商，经由中国香港联合交易所设立的证券交易服务公司，向上海证券交易所进行申报（买卖盘传递），买卖规定范围内的上海证券交易所上市的股票。港股通是指投资者委托中国内地证券服务公司，经由上海证券交易所设立的证券交易服务公司，向中国香港联合交易所进行申报（买卖盘传递），买卖规定范围内的中国香港联合交易所上市的股票。

深港通主要制度安排参照沪港通，也分为深股通和港股通两部分。而深港通下的港股通股票范围是在现行沪港通下的港股通标的基础上，新增恒生综合小型股指数的成分股（选取其中市值 50 亿港元及以上的股票），以及同时在中国香港联合交易所、深圳证券交易所上市的 A＋H 股公司股票。

沪港通和深港通的开展，在中国内地与中国香港之间搭建起资本流通的桥梁，极大地活跃了人民币资本市场。其重要意义见表 14-13。

表 14-13　沪港通和深港通的意义

意义	内容
刺激人民币资产需求，加大人民币交投量	与 QDII、QFII 不同的是，沪港通的双向交易均以人民币作为结算单位，这在一定程度上促进了人民币的交投量与流转量增加，为人民币国际化打下了坚实的基础
推动人民币跨境资本流动	当前中国资本账户尚未完全开放，投资渠道的匮乏严重地制约了境外资本投资于人民币资产。沪港通允许境外投资者通过中国香港经纪商购买在上海证券交易所上市的股票，这种方式增加了境外人民币资本的投资品种，扩展了投资渠道
构建良好的人民币回流机制	人民币国际化要求人民币具备良好的流动性：①港股通为国内人民币提供了收益更高的投资出路；②沪股通又为人民币创造了回流渠道。境内与境外资本流动性的加强为人民币注入了新鲜活力。这种闭合回路式的资本流动设计保障了人民币资本账户渐进有序的开放
完善国内资本市场	沪港互通机制的构建将倒逼中国内地资本市场制度进行改革，形成更加完善的监管、交易制度

3. 债券通

2017 年 5 月 16 日，中国人民银行和中国香港金融管理局发布联合公告，宣布开展中国香港与中国内地债券市场互联互通合作，简称债券通。债券通遵循"先北后南"的逐步开放格局，即首先开放中国香港与其他国家和地区的境外投资者购买中国内地债券的"北向通"，再由两地监管当局适时扩展允许中国内地投资者投资中国香港债券市场的"南向通"。2017

年7月3日,"北向通"正式启动。

继沪港通、深港通后,债券通的开通标志着人民币国际化的重要进展,也是中国扩大金融市场特别是银行间债券市场开放的有力举措。